# 写给大家的
# 世界简史

THE OUTLINE OF HISTORY

【英】威尔斯 著 徐建萍 译

天津出版传媒集团
天津人民出版社

**图书在版编目（CIP）数据**

写给大家的世界简史 / (英) 威尔斯著 ; 徐建萍译
. -- 天津 : 天津人民出版社 , 2018.8
ISBN 978-7-201-13791-9

Ⅰ . ①写… Ⅱ . ①威… ②徐… Ⅲ . ①世界史 - 通俗读物 Ⅳ . ① K109

中国版本图书馆 CIP 数据核字 (2018) 第 155756 号

**写给大家的世界简史**

XIE GEI DAJIA DE SHIJIE JIANSHI

［英］威尔斯 著　徐建萍 译

---

出　　版　天津人民出版社
出 版 人　黄　沛
地　　址　天津市和平区西康路 35 号康岳大厦
邮政编码　300051
邮购电话　（022）2332469
网　　址　http://www.tjrmcbs.com
电子信箱　tjrmcbs@123.com

责任编辑　章　赪
封面设计　王　鑫

制版印刷　大厂回族自治县德诚印务有限公司
经　　销　新华书店
开　　本　620 × 899 毫米　1/16
印　　张　20
字　　数　183 千字
版次印次　2018 年 8 月第 1 版　2018 年 8 月第 1 次印刷
定　　价　69.00 元

---

# 目 录

Contents


第 1 章　空间的世界　/001

第 2 章　时间的世界　/004

第 3 章　生命的起源　/007

第 4 章　鱼类时代　/010

第 5 章　炭沼时代　/014

第 6 章　爬行动物时期　/018

第 7 章　最早的鸟类和哺乳动物　/022

第 8 章　哺乳动物时代　/026

第 9 章　猿、类人猿、原始人　/030

第 10 章　尼安德特人和罗得西亚人　/034

第 11 章　最初的真正的人类　/038

第 12 章　原始人类的思维　/042

第 13 章　耕种的开始　/046

第 14 章　新石器时代的原始文明　/050

第 15 章　苏美尔、古埃及和文字　/054

第 16 章　原始游牧民族　/058

第 17 章　最早的航海者　/062
第 18 章　埃及、巴比伦和亚述　/067
第 19 章　原始雅利安人　/073
第 20 章　巴比伦帝国末期和大流士一世帝国　/077
第 21 章　犹太人的早期历史　/081
第 22 章　犹太的祭司和先知　/086
第 23 章　希腊人　/090
第 24 章　希波战争　/095
第 25 章　希腊的繁荣　/099
第 26 章　亚历山大大帝的帝国　/103
第 27 章　亚历山大城的博物馆和图书馆　/107
第 28 章　释迦牟尼的生平　/112
第 29 章　阿育王　/117
第 30 章　孔子和老子　/119
第 31 章　罗马的兴起　/124
第 32 章　罗马与迦太基　/129
第 33 章　罗马帝国的发展　/133
第 34 章　罗马和中国　/142

第 35 章　早期罗马帝国平民的生活　/146
第 36 章　罗马帝国的宗教发展　/151
第 37 章　耶稣的教导　/157
第 38 章　基督教义的发展　/162
第 39 章　蛮族入侵和罗马帝国的分裂　/165
第 40 章　匈奴人与西罗马帝国的终结　/169
第 41 章　拜占庭帝国和萨桑帝国　/174
第 42 章　中国的隋唐时代　/178
第 43 章　阿拉伯世界的黄金时代　/180
第 44 章　拉丁语基督教世界的发展　/183
第 45 章　十字军东征与教皇统治的时代　/190
第 46 章　王侯们的反抗与教会的分裂　/198
第 47 章　蒙古人的远征　/206
第 48 章　欧洲人理性的复活　/210
第 49 章　拉丁教会的改革　/218
第 50 章　皇帝查理五世　/222
第 51 章　政治实验的时代：
欧洲的君主制、议会制和民主制　/230

第 52 章　欧洲人在亚洲和海外的新帝国　/239
第 53 章　美国的独立战争　/244
第 54 章　法国革命和君主制在法国的复辟　/249
第 55 章　拿破仑失败后欧洲不稳定的和平局面　/256
第 56 章　物质知识的发展　/260
第 57 章　工业革命　/268
第 58 章　现代政治与社会思想的发展　/272
第 59 章　美利坚合众国的扩张　/281
第 60 章　德国在欧洲的崛起　/288
第 61 章　轮船和铁路的海外新帝国　/290
第 62 章　欧洲入侵亚洲与日本的崛起　/295
第 63 章　1914 年的大英帝国　/299
第 64 章　欧洲军备竞赛的时代与第一次世界大战　/302
第 65 章　饥荒与俄国革命　/306
第 66 章　世界政治和社会的重建　/310

# ◆ 第1章　空间的世界 ◆

世界的历史仍然不完全为人们所知。200多年前，人们还仅仅知道在此之前3000年的历史。至于3000年以前发生的事情还只是一些传说或者猜测。相当一部分文明世界的人还认为这个世界是在公元前4004年被突然创造出来的。这个说法被一代代传承下去。当然，学者们对于这个世界到底是在那年的春天还是秋天被创造出来，意见并不一致，存在争议。这种非常荒谬的见解源于对希伯来经典《旧约》做出拘于字面上的简单解释，也源于对与此相关的神学武断的假设。如今，这些见解早已为神学家所抛弃。人们普遍认为，从各种现象来看，我们生存的这个世界早就存在，而且已经存在了无限久远的年代。当然像在房子两端各安一面镜子，房子就好像没有尽头一样，这些现象也可能是假象。尽管如此，那种认为我们生存的世界只有六七千年历史的说法，无疑可以看作一种应该被彻底推翻的谬论了。

现在世人皆知，地球是一个直径8000英里（1.28万千米）的略微有点扁的椭圆形球体，就像橘子的形状。大约2500年前，少数学者就已经知道地球是球形的。但是在此之前，人们都认为地球是一个平面，并且还用各种在今天看来十分荒诞的说法解释地球与天空、恒星、行星的关系。现在我们知道，地球每24小时以地轴（约比赤道直径短24英里或约39千米）为中心自转一周，形成昼夜更替；与此同时，地球沿着微微倾斜的椭圆形轨道绕太阳公转，公转一周就是一年。地球与太阳的距离并不总是相同，最近时约为9150万英里（1.47亿千米），最远距离为9450万英里（1.52亿千米）。

距离地球239000英里（38万千米）处，还有一个小星球——月亮围绕着地球运行。围绕太阳运行的星球不止地球和月亮，还有距离太阳3600万英里（5800万千米）和6700万英里（1亿多千米）的水星和金星两颗行星。在地球公转轨道的外围，还有无数呈带状的小星体、小行星。此外，还有火星、木星、土星、天王星和海王星围绕太阳公转，它们和太阳的距离分别是1.41亿英里（2.27亿千米）、4.83亿英里（7.77亿千米）、8.86亿英里（14.3亿千米）、17.8亿英里（28.6亿千米）和27.9亿英里（44.94亿千米）。对于我们来说，这些动辄以百万计的数字理解起来相当困难。但如果我们把太阳和其他行星按照一定的比例缩小到可以接受的尺寸，读者理解起来可能会更容易一些。

我们假定地球是一个直径1英寸（2.5厘米）的小球，太阳就是一个远在323码（295米）之外的直径9英尺（2.7米）的大球，两者相距也就是五分之一英里，步行大约四五分钟。而月球就是一粒离地球约2.5英尺（0.76米）的小豌豆。在地球和太阳之间还有两颗行星，即水星和金星，它们离太阳分别是125码（114米）和250码（228米）。围绕这些星体的是茫茫无际的空间，直到距离地球约175码（160米）外的火星。木星直径1英尺（0.3米），距离地球约1英里（1.6千米）。2英里（3.2千米）处有稍小的土星；天王星和海王星在4英里（6.4千米）和6英里（9.6千米）外。数千里外的地方只有细微的尘埃和稀薄的气体。即使按照这种缩小的比例来计算，离地球最近的恒星也要远在 8 万千米之外。

这些数字，或许会使人们对于生命之剧不断上演的茫茫无际的空间有一个概念。

在这个浩瀚的空间里，我们真正了解的只是生活在地球表面的生命而已。我们居住的地方距离地心有 4000 多英里（6400 千米），而生物生活的空间深入地下不超过 3 英里（5 千米），高出地面也不到 5 英里（8 千米）。而其余的茫茫空间显然是空洞、无生命的空间。

最深的海洋，其深度也只有 5 英里（8 千米），飞机飞行的最高纪录也刚刚超过 4 英里（6.4 千米）。虽然人们曾经乘气球上升到距离地面 7 英里（11 千米）的高空，但那是以遭受巨大痛苦为代价的。没有一种鸟类能飞到 5 英里（8 千米）以外的高空。那些随飞机升到高空的小鸟和昆虫，上升到超过这一高度时就会因窒息而失去知觉。

# ◆ 第 2 章　时间的世界 ◆

最近 50 年里，科学家对地球的年龄和起源已经做出了许多很有价值并且很有趣的推测。在这里，我们不能对这些推测妄加概括，因为其中包涵着许多深奥的数学和物理学问题。实际上，现有的物理学和天文学发展程度，使得对于这些事物的科学研究成果还很难超越主观推断和猜想。就目前研究的总体趋势来看，估测的地球年龄是越来越长。现在看来，地球在 20 亿年前就已经存在，并围绕着太阳运转了。也许实际上地球存在的时间比这更久远，甚至久远得超出了我们的想象。

在地球分离出来之前的漫长时间里，太阳、地球及其他围绕太阳运行的行星可能是一些由空间中弥漫的物质组成的巨大漩涡。通过望远镜，我们可以看到天空中到处都有发光的螺旋形物质围绕着一个中心旋转，这就是所谓的“涡状星云”。许多天文学家都认为，太阳和它的行星在聚结一团成为现在状态之前，也是这样的一种涡状形体。经过无数次的聚结，经历过久远的年代，也就是我们假定的大约 25 亿年前，地球和月球才有了现在的雏形。那时，它们自转的速度比现在要快得多，离太阳的距离也更近，绕太阳公转的速度也更快，它们的表面都在燃烧或熔解着。太阳本身在天空中是一个大火球。

如果我们能够回到无限久远的过去，亲眼去看一下地球的最初状况，我们将看到与现在迥然不同的景象：那时的地球更像是熔炉的炉膛，或者遇冷前滚动的岩浆的表层。当时还没有水，因为所有的水还只是混合在硫磺蒸气和金属蒸气中的极热的水蒸气。在大气之下，是一片翻滚沸腾的熔岩的海洋。穿过弥漫着火云的天空，急速运转的太阳与月亮的炫目的光，犹如赤热焰火般飞掠而过。

几百万年过去了，火海那股灼热慢慢地减退了。天空中的蒸汽凝结成雨降落到地面，高空中的气体也越来越稀薄；大块大块凝固的岩石在岩浆的海洋里时沉时浮，与其他漂浮物相互碰撞着。太阳和月亮距离越来越远，也变得越来越小，在天空中运行的速度也渐渐变慢。由于月球体积相对较小，所以很早就从炽热状态冷却下来。它交替遮挡或反射太阳光线，从而形成了日蚀和满月的景象。

地球就这样以极其缓慢的速度变化着，在经历了漫长久远的年代以后，终于变成了现在我们所居住的地球的雏形。当蒸汽遇冷凝结成云，降落在最初的岩石上的第一滴雨在嘶嘶作响。在此后不知多少千万年的岁月里，地球上大部分的水还是以蒸汽的形式存在于空气中。不过终于有一天，这些蒸汽凝结成滚烫的水流奔流在逐年凝固的岩石上，从而形成了池沼湖泊，并把岩石上的岩屑和沉淀物冲刷进去。

最后，地球上的一切事物都能够满足人类繁衍生息了。如果我们能够参观那时的地球，我们可能头顶急风暴雨，脚踩遍地熔岩，没有一点土壤，没有一草一木。灼热的风暴让今天最可怕的飓风都自叹弗如，当时的倾盆暴雨更是让我们难以想象。那倾盆暴雨夹杂着岩石碎屑，狂怒般冲向大地，冲出一道道深谷和巨大的沟壑，把沉积物冲进最初的海洋。穿过云隙，我们一定能很清楚地看见巨大的太阳驰过太空；随着太阳和月球的运行，地球上不断发生地震及其他地壳运动。而现在只以永久不变的一面对着地球的月球，那时也一定是很明显地自转着，偶尔把如今羞于显露给我们的那一面对着我们。

100 万年接着 100 万年过去了，地球老了。白天增长了，太阳也渐渐远去，并且变得温和而平静了。月球运行的速度也明显缓慢了，暴风雨的强度减弱了。最初的海水不断增加，汇流到大海，成为此后地球永远穿着的外衣。

然而当时地球上还没有任何生物，海洋里也没有，岩石上更是一片不毛之地。

# ◆ 第 3 章　生命的起源 ◆

众所周知，人类在有记载和传说之前的那些生物知识是从层状岩的生物足迹和化石中推论出来的。在页岩、板岩、石灰岩和砂岩中，我们发现了大量的骨骸、贝壳、纤维、根茎、果实、足迹和爪印等。它们与最早的潮汐留下的波痕以及最初的暴雨洗刷而成的洼坑同时并存。地球上生物的历史，就是通过持续不断地研究这些“岩石记录”而连贯起来的。今天，这些发现已经成了一种人人皆知的常识。沉积岩并不是一层一层整齐地排列起来的，就像多次被抢劫焚毁后的图书馆的书页一样，它们被折皱、弯曲、挤压、扭曲，并混合在一起，所以需要花费许许多多学者毕生的精力，才能将这些记录整理好，供人阅览。据现在估计，这些岩石记录着大约 16 亿年的历史。

地质学家们称其中最古老的岩石为原生岩，因为从这里看不到任何生命的迹象。北美洲有很多裸露着的原生岩，地质学家们认为它们的厚度至少可以向我们展现 8 亿年的历史，即全部地质记录 16 亿年的一半。现在让我再重申一下这个事实的重大意义：这说明自陆地和海洋分离至今的至少一半时间里，地球上没有出现过生物。因为，尽管这些原生岩上留有许多潮汐和暴雨的遗痕，但是却没有任何生物的足迹或遗迹。

顺着记录追寻下去，我们看到生命的痕迹出现并逐渐增多。地质学家把这个能够看到古生物痕迹的时期叫作古生代早期。生命开始的最初迹象是比较简单的低等生物，如小贝壳、植物状动物（如珊瑚、海绵等无脊椎动物）的茎和花状头、海藻、海虫和甲壳类动物的足迹和遗骸。最早出现的动物是一种形态类似蚜虫的动物，它们能像蚜虫一样把身体蜷曲成球状，会爬行，生物学家称之为三叶虫。此后过了大约数百万年，世界上又出现了一种比以前的动物适应性更强、更有活力的动物——海蝎。

这些动物体积都不是很大。其中最大的一种海蝎，身长也不过9英寸（23厘米）。在这个时期的岩石记录中，没有任何陆地生物——不论是动物或者植物——的迹象，大海里也没有出现鱼类或者其他脊椎动物。这段时期，只有浅水动物或生活在潮汐涨落区的生物留下了生命的痕迹。如果我们想从今天的地球上看那时生物的模样，最好的办法是从岩穴或水沟中取一滴水放在显微镜下观察。除了体积上的差异，我们会发现，那一滴水里的小海蝎、小贝壳、植虫及海藻等，就像那些曾经是地球上惟我独尊的又大又笨拙的古代动物的缩影。

然而我们必须清楚，古生代早期的岩石中可能并没有给我们提供任何地球生命开端的记录。因为，如果这种生物没有骨骸或者其他坚硬的部分，如果它没有贝壳，或者没有足以在泥土上留下足迹或痕迹的足够大的体积或足够重的重量，它也就不可能留下足以证明其曾经在地球上生活过的任何化石痕迹。就像在今天我们这个世界上，仍然生存着成百上千种小型软体动物一样，他们也不可能给未来的地质学家留下发现其存在的任何痕迹。这就意味着，在过去的世界里，不知有过几万亿种这类动物曾经在地球上生存过、繁殖过、甚至昌盛过，但都不留痕迹地从这个世界上消失了。在所谓的“无生代”时期的温暖的浅湖或浅海中，也许曾生活着无数低级的、类似流质的、无贝壳的、无骨骼的动物，在阳光能够照到的岩石和海滩上，也许曾经有过大堆绿色漂浮植物。就像银行簿不能完全记录邻居的生活一样，“岩石记录”也无法将过去的生物完全记录下来。只有当生命进化到能够分泌出壳质、骨刺、甲胄或硬茎的时候，生物才能留下痕迹传到后世，编入历史。然而在有生命化石以前年代的更古老的岩石中，也曾经发现了石墨，一种游离形态的炭。一些权威人士认为，这些东西也许就是我们所未知的生物，它们通过自身剧烈的生命活动而从化合状态中分离出来的。

# ◆ 第 4 章　鱼类时代 ◆

在地球被认为只有几千年历史的时候，人们以为各种动植物从创造出来的那一刻起就像今天一样，没有发生过任何变化。但自从人类发现了“岩石记录”并对其进行研究以后，人们就放弃了这种观点。人们开始怀疑，许多物种都是经过久远的年代慢慢发展进化而来的，正是这一怀疑最终导致了生物进化论的产生。这一理论认为地球上的一切生物，无论是动物还是植物，都是从无生代海洋中一些极其简单的原始生物、一些几乎没有组织的生物体，经过缓慢而持续的演化而形成的。

就像地球的年龄这个问题一样，生物进化论这个问题在过去也是一直引发争执矛盾的话题。曾经有一段时间，生物进化的理论因为一些莫名其妙的原因，被认为是与完美的天主教、犹太教、伊斯兰教等教义格格不入的异端邪说。当然那个时代已经过去了。现在，大多数正统的天主教、基督新教、犹太教和伊斯兰教的教徒们，都自愿地接受了这种更新更宽泛的万物同源的思想。看起来，没有什么生物是突然出现在地球上的，无论是哪一种生物都是逐渐发展起来的。在意识仍处于混沌状态的久远的年代里，生物经过了一代又一代，终于从潮水涨落处的泥沙中产生了蠕动的生命，并逐渐进化成了拥有自由、力量并具有意识的生命。

生命是由许多个体组成的。这些个体是确定的东西，而不是块状或团状的非生物体，也不是无界限、无运动的结晶体。它们具有非生物体所没有的两种特性：一是它们能把其他物体摄入体内，使之变成自身的一部分；二是它们能够再生。它们能够吃东西，能够繁殖，能够产生大部分与自己相似但通常又与自己有某些细微差别的新个体。在每个生命体与其后代之间，存在着某些种族相似性，也存在着个体的差异。这是不同物种、不同时代的生物所具有的共同情况。

现在，科学家无法向我们解释为什么生物与后代既有相似性又会存在差异。由于我们经常会看到后代与亲代之间存在的相似性或差异性，因此，这个问题与其说是科学知识，不如说是常识。如果一个物种生存的环境发生变化了，这个物种也会发生相关的变化。因为物种的每一代中总有许多个体的特性使它们能够更好地适应所处的新环境，也总有一些个体的特性使它们在新环境中难以生存。总体而言，前者比后者更长寿，繁殖力也更强。这样一代代下去，这个物种的平均水平就会向更有利的方向发展。这个过程，就是所谓的“自然选择”。自然选择既不是按照繁殖与个体差异推论出来的必然结论，也不是科学的理论，因为很有可能还有许多科学不能明确解释的其他力量在改变、破坏或者保护着物种。不过，如果有人否认这种从生物出现以来就存在的自然选择作用，那么他要么无视有关生命的基本事实，要么就是缺乏基本的思维能力。

许多科学家都思考过生物起源的问题。他们的见解通常生动有趣，可是至今也没有关于生命起源方式的明确的知识或令人信服的推测。但是几乎所有的权威学者都一致认为，生命可能起源于温暖阳光照耀下的微咸浅水浸泡下的泥沙中，然后，又随着潮起潮落播撒到海岸和大海深处。

在最初的世界上，潮汐的活动相当剧烈。这些生命个体很容易因为被冲向海岸而被烤干；或者被冲进大海深处，因为缺乏空气和阳光而死去。这种生存环境促使生物向着生根固定的方向发展，也促使某些个体生成外壳以免脱水晒干。最初，生物体依靠对敏感的味觉寻找食物，依靠对光线的敏感从黑暗的深海和洞穴中出来，或者从因过度明亮而险象环生的浅滩逃离而去。早期生物身上的贝壳和甲胄，与其说是为了抵御外敌，还不如说是为了防止干燥。但是牙齿和爪子早就出现了。

我们在前面曾经讲过古代海蝎的大小，在很长一段时间里，这种动物都是生物界的霸主。之后，在古生代岩石中有一段时期，现在许多地质学家认为是5亿年前的志留纪。地球上出现了一种有眼睛、牙齿、会游泳、更强大的新型动物。这是我们已知的最早的脊椎动物，也是最原始的鱼类。

在下一岩层中，也就是泥盆纪的岩石层中，这种鱼类有了明显的增加。正因为这一时期鱼类是地球上最繁盛的生物，所以在岩石记录中，这一时期被称为“鱼类时代”。当然，如今这类鱼已经从地球上消失了。它们和今天的鲨鱼、鲟鱼相似，都喜欢在水中穿梭、在水面飞跃、在海藻间觅食，互相追逐，弱肉强食，给远古的海洋世界增添了不少生机。从我们现在的标准来看，这些鱼类算不上很大，长度达到两三英寸（五六十厘米）以上的就已经很少了，当然也有例外，有一种鱼类长达20英寸（0.5米）。

我们无法从地质学上获得任何关于这些鱼类始祖的有价值的线索，它们看上去和以前在地球上生存的生物没有任何关系，动物学家们虽然对它们的始祖有过很多有趣的见解，但是大多都是通过对它们现存近亲的卵的进化及其他一些资料的考察推演出来的结论。很明显，脊椎动物的祖先是软体动物，很有可能是从嘴或嘴的四周长出牙齿般硬物的小型水生动物。鳐鱼和角鲨的牙齿遮住了上下腭，并且从嘴边开始，全身长满了平坦的齿状鳞。当地质记录中出现这一类齿状鳞的时候，鱼类也就从以前深藏的黑暗中游到明亮的地方，最早的脊椎动物也就出现在地质记录中了。

# ◆ 第 5 章　炭沼时代 ◆

在鱼类时代，陆地上显然并没有生命，只有裸露的岩石碎片和经受着日晒雨淋的高地。那时没有真正意义上的土壤——因为还没有出现改良疏松土地的蚯蚓，也没有出现把岩石颗粒粉碎成松软沃土的植物，甚至也没有苔藓或地衣的痕迹。生命仍然只存在于海洋里。

在这个只有裸露岩石的世界里，气候发生着剧烈的变化。气候变化的原因非常复杂，至今大家仍在对变化的原因进行各种合理的猜测。地球轨道形状发生改变，地轴方向缓慢改变，大陆地形发生变化，甚至太阳温度不断升降，这些因素共同作用，使地球表面大部分长期笼罩在寒冷和冰雪中。现在，几百万年来地球上又温暖宜人。在地球的历史上，看起来有几次内部剧烈活动的时期。在这几百万年间积累起来的上冲力促使火山爆发、地壳隆起，山峰和陆地的形状重新排列，海洋加深了，山地上升了，气候变化加剧了。紧接着地球又进入了一个相当长的平静期，风霜雨雪的侵蚀及河流的冲刷削平了高山，同时把大块的泥沙冲入海洋，使海底抬高，海洋变浅，海平面不断扩张，覆盖了越来越多的陆地而形成了广阔的浅海。这就是世界历史上所谓的“高而深”时代和“低而平”时代。读者们千万别以为地球外壳凝固以后，地球表面的温度就渐渐变冷了。实际上，在经历了数次严寒冷却之后，地球内部的温度才不再对地表的温度发生影响，即便是在无生代时期，也到处都有冰雪肆虐的“冰河时代”的痕迹。

仅仅到了鱼类时代的后期，当浅海和礁湖不断向外扩张以后，生命才开始以各种有效的方式从水中转移到陆地上来。毫无疑问，这个时代大量出现的生物都已经经历了几千万年细微模糊的进化发展。如今，这些生物终于迎来了属于自己的时代。

毫无疑问，植物是先于动物登陆的，不过，动物可能是紧跟着植物移居的。植物登陆不得不解决的第一个问题是，当提供浮力的洪水退去后，如何获得坚硬的支持物支撑叶子伸向阳光；第二个问题是解决远离水后从植物组织下面的沼泽里获取水分。木质纤维既能够支撑植物又能承担起输送水分的任务，很好地解决了这两个问题。在这一时期的地质记录中，多种多样的木质沼泽植物骤然增多。它们的体积庞大，如大的木质苔藓、木质蕨类和杉叶藻，等等。随着岁月的流逝，又有大量品种的动物从水里爬了出来，比如蜈蚣、马陆，有最原始的昆虫，也有古代巨蟹和海蝎的亲代。这些后来变成了最早的蜘蛛和陆地蝎。后来，脊椎动物也出现了。

地球早期的原始昆虫中，有的体积非常大。这一时期曾经有过一种蜻蜓，翅膀展开来居然有 29 英寸（0.7 米）。

这些新型生物运用种种不同的方法使自己适应直接呼吸空气。从此以后，所有的动物都会呼吸溶解在水中的空气，到现在仍然这样。但是如今，动物王国已经发展出种种补充自己所需水分的能力。今天，人的肺完全干涸，就会立刻窒息而死，因为只有当人的肺部表面保持湿润时，空气才能通过肺部进入血液。动物这种适应空气呼吸的能力体现在好多方面，或者进化出一个器官来遮盖原有的鳃，以防止水分蒸发；或者进化出深藏在自己体内通过液体分泌物保持湿润的管状气管或其他新的呼吸器官。古代脊椎鱼类的鳃无法在陆地上呼吸，动物的呼吸器官因此发生了分化。鱼用来游泳的气囊后来进化成深藏于动物体内的新型呼吸器官——肺。水陆两栖动物，像今天的青蛙和蝾螈，在水中生活时用鳃呼吸；同时，从鱼的游泳气囊进化而来的肺，作为咽喉长出的袋状物，承担了它们在陆地上的呼吸任务。继而它们的鳃开始萎缩退化，鳃裂孔也消失了（除了一个鳃进化成耳与鼓膜的通道）。这些动物现在只能生活在空气中，当然，为了产卵、繁殖后代，它们还是必需回到水边去。

沼泽时期，所有呼吸空气的脊椎动物和植物都属于两栖类，它们长得几乎都像今天的蝾螈，只不过其中有些的躯体要大得多。它们虽然已经是陆地动物了，但是仍然必须生活在潮湿沼泽地带及附近地区。这一时期的大树，毫无例外地也有同样的两栖习性。它们还没有只需接受雨露的滋润就会生根发芽的果实和种子，似乎都必须把孢子脱落在水才能发芽、生长。

寻求生物在空气中生存必须具备哪些复杂的、惊人的适应能力，是解剖学中最有魅力的学科。所有生物，不论是动物还是植物，最初都生活在水中。例如，包括人在内的所有比鱼类高级的脊椎动物，在卵子或胎儿出生前，都有鳃裂，而在出生后消失。再比如，鱼类的眼睛裸露在水中从而保持了湿润，而更高级的动物则用眼睑和分泌水分的腺体来保护眼睛不至干燥。还有，因为需要感知空气中微弱的声音震动，耳鼓便成为动物的必需。动物身体上的各个器官都会有类似的变更和适应，以及类似的修补，以便适应空气中的环境。

石炭纪两栖类时期，生物在沼泽、礁湖和浅滩的水中生活。这时，生物的生活范围已经扩大，然而山地和高原仍是一处荒芜，没有生命。生物虽然已经学会了呼吸空气，但它们仍必须扎根于水，仍要返回水中去繁衍后代。

# ◆ 第 6 章　爬行动物时期 ◆

继生物繁盛的石炭纪年代后，地球上经历了一个干燥、严寒的漫长时代。这时的岩石纪录，是厚积着砂岩之类的岩层，几乎没有什么生物化石。地球上温度变化无常，甚至还有过漫长的冰河时代。以前繁盛的沼泽植物从大地上消失了，新的堆积层把它们压在下面，开始了压缩和造矿的过程，正是这一过程为我们今天提供了大多数的煤矿。

也就是在这个剧烈变化的时期，生命在恶劣的环境下经受了最严峻的考验，开始发生最为迅速的演变。当地面再次转向温暖湿润的时候，我们会发现一系列新的动植物物种产生了。在岩石记录中，我们可以发现脊椎动物产卵的遗迹。它们在孵化以前就几乎发育成熟了，一生下来，就可以在空气中独立生活，而不必像蝌蚪那样先生活在水中。此时，动物只有在胚胎时还存在着鳃裂，出生时鳃叶已经完全消失了。

这些不经过蝌蚪阶段的新动物就是爬行类动物。同时，能结种子的树木也得到发展。它们可以不依赖沼泽和湖泊，独立地传播种子。虽然那时还没有能开花的植物，也没有草类，但是有了类似现在棕榈的苏铁类和许多热带松柏类植物。羊齿类植物也很繁多，昆虫的种类也颇为丰富。虽然还没有出现蜜蜂、蝴蝶，但已经有了甲虫。无论如何，新的、真正的陆地动植物的一切基本的种类已经在这些荒漠严寒的艰苦年代萌芽。这种陆地上的新生物，只要遇到适宜的环境，就会迅速繁荣起来。

经历过长期的变动后，地球终于进入了平静缓和期。仍然不计其数的地壳运动、地球轨道的变化、地球轨道和地轴斜度的增减等因素相互作用，造就了地球上一段漫长且范围极广的温暖时期。现在，人们估计这段时期大约持续了2亿年以上。这段时期被称为中生代，用来区别之前遥远的古生代和无生代（共14亿年），以及介于其末尾和现代之间的新生代。由于这一时期爬行动物极其繁盛，成为当时的主导，因此，中生代也被称为爬行动物时代。大约距今8000万年，中生代结束。

现在，地球上爬行动物的种类已经很少了，而且分布的区域也十分有限。不过，与那些曾在石炭纪繁盛一时的两栖类动物的残存后代相比，当今世界上的爬行动物的种类还是要多很多。现在，这类爬行动物还有蛇、鳖、海龟、美洲鳄、鳄鱼及蜥蜴存活于世。它们无一例外地终年需要温暖，不能暴露在严寒中，也许中生代的爬行动物都受到同样的限制。它们是在温室植物丛林中生活的温室动物群，忍受不了严寒霜冻。但是此时的地球上至少已经出现了真正能在干燥的陆地环境下生存的动植物了。它们已经与以往地球上生物全盛期的沼泽动植物迥然不同。

那时爬行动物的种类比我们现在知道的要多得多。除了大鳖、大海龟、巨鳄以及众多蜥蜴、蛇外，还有许多现在已经在地球上灭绝的奇异种类。其中有一种称为恐龙的动物族类非常繁盛。当时的植物已经扩展到平坦的低地上，如芦苇、羊齿类等。在中生代的全盛时期，出现了很多食草性的爬行动物。它们以这些植物的嫩芽为食，它们的体格非常庞大，有的甚至超过了在此之前的任何陆栖动物，也许只有海里的鲸鱼可以与之相提并论。例如有一种被称为梁龙的恐龙，从喙鼻到尾部长达 84 英尺（26 米）；巨龙则更大，足足有 100 英尺（30 米）长。还有以这些怪物为食的食肉恐龙，其中一种叫作霸王龙，在许多书中都被描写成为空前绝后的、可怕而凶猛的爬行动物。

当这些庞大的动物在中生代丛林的蕨叶和常绿植物之间觅食和相互追逐时，另外一种现已灭绝的爬行动物，正用它们那发展成蝙蝠状的前肢捕捉着一只又一只昆虫。最初它们只是跳跃，后来终于能够在厥叶和森林的树木间飞翔了，这就是翼手龙。它们是最早飞翔的脊椎动物，开创了脊椎动物能力发展史上的新纪元。

此外，也有些爬行动物又回到了海里生活。其中有三种大的会游泳的爬行动物返回了他们祖先生活的海里，分别是沧龙、蛇颈龙以及鱼龙。其中有些和我们今天的鲸鱼大小差不多。鱼龙看起来是相当适合在海中生活的动物，蛇颈龙现在已经找不到它的同类了。它们体型庞大，孔武有力，可以划水，适合在沼泽或浅水底部游泳或爬行。它们的头一般比较小，生长在长蛇似的颈上，完全胜过天鹅颈。蛇颈龙不但可以像天鹅一样在游动时捕食，还可以潜入水下，伺机捕食过往的鱼类和其他动物。

这就是称霸中生代的陆上动物的生活。以我们现在人类的标准来衡量，它们比以前的生物要进步了许多。就像人类说的那样，比起以往地球上任何生物，此时产生的陆上动物的体积更庞大，分布范围更广，力量更强大，活动性更强，更加有生气。

海洋里虽然没有取得这么大的进步，但是也出现了许多繁盛的生物新品种。一种具有封闭壳、类似乌贼状的动物在浅海里出现了，后人称之为菊石类。它们的远祖曾经生活在古生代的海洋里，直到此时，菊石类才迎来了它们的全盛时期。现在这种动物已经不存在了。与它们最近的亲戚，是生长在热带地区水里的珍珠鹦鹉螺。还有一种新生的、多产的鱼类，鳞片比以前片形和齿形更为轻巧和精美。从此以后，它们极为兴盛，成为河海中的主要物种，长久居于优势地位。

# ◆ 第 7 章　最早的鸟类和哺乳动物 ◆

在前面几章里我们已经简单讲述了最初的生命全盛期——中生代时期——茂盛的植物和大量的爬行动物。此时，恐龙称霸热带雨林和潮湿原野，翼手龙尖叫着在丛林中滑翔，扑食着无花灌木和树木中嗡嗡作响的昆虫。就在它们周围，生活着许多没有那么显赫、数量也没有那么多的动物种群，为了获得某种力量，学会了忍辱负重地生活。当太阳和地球失去它往日的温和与仁慈时，这种锻炼对这些种族的生存作用就显得非常有价值了。

一大群善于跳跃的爬行动物和恐龙类的小型动物等种群，迫于生存竞争的威胁和敌人的袭击，有的走向灭绝，有的则不断地适应寒冷的气候，进入高山或下到深海求得生存。这些境遇悲惨的物种逐渐进化出了一种新型的鳞。这种鳞被拉长为羽毛状，成为当时动物羽毛的雏形。这种羽毛状的鳞重叠起来覆盖在动物身上，确实比当时存在的爬行类动物的皮肤能够更为有效地保持体温，所以它们可以进入其他没有羽毛的动物不能涉足的寒冷地带。与这些变化同时，这些动物开始更加关心它们的卵。很明显，大部分爬行动物不关心自己的卵任由它们接受自然的孵化。而在这生命之树新生的一枝上的一些变种，却开始养成保护自己的卵，并用体温孵化它们的习惯了。

这种对寒冷的适应性，也影响到身体内部的变化。原始的鸟类开始能够独立保持体温，进化成了恒温动物。最初的鸟类大概是捕鱼为食的海鸟。它们的前肢，与其说是翅膀，不如说是近似于企鹅的蹼足。新西兰的鹬鸵是一种奇特的原始鸟类。它只有极简陋的羽毛，既不能飞，也不像是从能飞的祖先那里遗传而来的。在鸟类的进化史上，羽毛是先于翅膀而出现的。羽毛继续发展，当它能够轻轻展开时，必然会产生翅膀。从一只鸟的化石中，我们至少可以看到它的腭上有爬行动物的牙齿，身体上还有一条爬行动物的尾巴，但同时它也有鸟类典型的翅膀，可见它们曾经混迹于中生代的翼手龙群中自如地飞翔。然而在中生代，鸟类品种和数量都很有限。如果有人能回到中生代的国度中去，他也许走几天也看不到一只鸟，听不到一声鸟鸣，只能看到出没在羊齿丛和芦苇丛中大群的翼手龙和昆虫。

另外，他可能无法看到任何哺乳动物的踪迹。最早的哺乳动物可能比鸟类出现还要早数百万年。不过在那时，它们实在是太渺小、太稀少了，所以根本不值得去注意。

和早期的鸟类一样，早期的哺乳动物因为生存竞争和敌人的袭击而被迫去适应寒冷艰苦的生活。它们体表的鳞片变成羽毛状，进而发展成能保持体温的蔽体物。与鸟类的变化大同小异，它们也变成了恒温动物，能保持体温。不过，它们没有进化出羽毛而是生成毛发，它们也不保护和孵化卵，而是将卵安放在自己温暖的体内，直到它发育成熟。它们中大部分是胎生的，它们的后代一生下来就生龙活虎。孩子生下来后，它们会继续保护、喂养子女，与孩子生活在一起。如今大多数的哺乳动物都有乳房，以哺育自己的后代。

当然也并非完全如此，有两种现在的哺乳动物没有乳房，它们靠产蛋来繁殖后代，用皮肤下分泌的养料养育后代，它们就是鸭嘴兽和食蚁兽。食蚁兽产下硬壳蛋后，就把它放进腹下温暖安全的囊中，直到孵化出幼仔来为止。

然而就像去中生代的参观者可能要花费几天、几周才能找到一只鸟一样，如果不能事先知道哺乳动物的确切位置的话，他也很难见到哺乳动物的痕迹。在中生代，鸟类和哺乳动物看上去都属于怪异的、次等的、不占主导地位的动物。

据现在猜测，爬行动物时代持续了大约 8000 万年。倘若用人类有限的知识来观察这一无限漫长的时代，人们一定会认为，这种阳光普照、生命欣欣向荣的景象会平安长久地延续下去，而爬行于泥沼的恐龙和展翅飞翔的飞龙也会永远兴盛。但是宇宙那神秘的周期性规律和它积蓄已久的力量却开始改变这看似可以永恒的安定日子。生命的幸运日子结束了。岁月流逝，无数年过去了，世界无疑是停滞了，甚至退步了。环境变得异常恶劣，平地易貌，山海改形。在岩石记录里我们可以明显地看到，经历过长期繁荣的中生代之后的衰落，伴随着环境稳定持久的变化，生物的种类必然也会发生重大变化。一些新奇的物种出现了。同时，由于面临着灭绝的威胁，那些旧生物也都竭力发挥自己的能力去适应这种变化。例如，菊石类就曾经在中生代末期出现了许多古怪的变种。在安定的环境下，生物是看不见什么新的进化痕迹的，因为它们不需要做大的改变去适应环境，常常处于停滞状态。而在新环境下，旧有的种族备受折磨，但新生的种族却得到了维持生命和确立自己地位的大好时机……

岩石记录在这里中断了几百万年。一重幕帘，静静地遮住了整个生物进化史的轮廓。当幕帘被再次揭开的时候，爬行动物时代已告终结。恐龙、蛇颈龙、鱼龙、翼手龙以及无数种的菊石类，都已经销声匿迹。它们曾经多得不计其数的整个种族都灭绝殆尽，没有留下任何的后代。严寒吞噬了它们。它们为适应新环境所做的变化是远远不够的，它们再也没有遇到东山再起的生存环境。当时，世界上极端恶劣的环境，已经远远超出它们的承受能力，中生代的生物慢慢地遭到了彻底的灭绝。继而，我们看到又一番崭新的景象：一些新的、更坚强的动植物物种占据了这个世界。

当生命的历史将翻开新的一页时，整个世界依然处于严寒和荒凉之中。稍后，靠脱落树叶抵抗冬雪摧毁的乔木、会开花的植物和灌木取代了以前的苏铁类和热带松柏类植物。而以前爬行动物繁衍生息的地盘上，出现了种类日益增多的鸟类和哺乳类动物。

# ◆ 第 8 章　哺乳动物时代 ◆

地球上生物进化的下一个时期是新生代，这一时代地壳不断隆起，火山剧烈活动。阿尔卑斯山、喜马拉雅山等巨大的山脉群和落基山、安第斯山等山脊就是在这个时候隆起形成的。地球上的海洋和大洲也是在那个时候形成了初步的轮廓。据现在估测，新生代初期距今大约 4000 万年到 8000 万年。

新生代初期，地球上的气候十分恶劣。后来，气候渐渐变得暖和起来，形成一个物种非常丰富的新的繁盛期。之后，气候再度恶化，地球又进入极度严寒的周期——冰河时期。以此为起点，这个世界逐渐发展起来。

但是现在，对于当时气候变化的原因，我们没有掌握足够的资料，因此也无法估计我们之前的气候变化可能的范围。地球上可能阳光越来越强，也可能温度越来越低，又进入另一个冰河时期。火山的活动和山脉的隆起可能会继续增强，也可能会逐步削弱，我们也不得而知。在这些问题上，我们缺少充分的科学依据。

新生代一开始，草就出现了，地球上第一次有了草原。那些生活在暗处的哺乳动物获得了全面发展，出现了许多有趣的食草动物，以及以它们为生的食肉动物。

最初，这些早期哺乳动物与在此之前曾经繁荣一时，后来又从地球上消失的食草、食肉的爬行动物很相似，仅有少数不同的特性。所以，一些粗心的观察者可能会认为，现在开始的第二次的气候温暖、物种丰富的漫长时期，只不过是上一时代的重复，只不过是食草、食肉的哺乳动物取代食草、食肉的恐龙类，鸟类取代了翼手龙罢了。其实，这完全是一种肤浅的比较。宇宙的变化是无限的、连续的，它永远向前毫无间断，历史永远不会重演，也没有完全相同的事物。新生代生物与中生代生物之间的差异与两者之间的相似性比起来，意义更为深远。

这两个时期生物最根本的差别在于它们的精神生活。在母体与后代之间的接触程度方面，哺乳类动物和稍低等的鸟类及爬行动物存在着本质区别。哺乳类动物接触紧密，鸟类次之，爬行类几乎没有什么接触。除了极少数特例外，爬行动物产蛋后一般都抛弃它们，任其自行孵化。小的爬行动物从它的父母那里得不到任何知识的延续，就像孤身一人一样。它一生的知识来源始终限于自己的经历。爬行动物或许能够容忍同类的存在，但是彼此没有什么联系；它们也不去相互模仿、相互学习，更不会协同行动。它们是一个个独立的个体。而新生的哺乳动物和鸟类，却因哺育和抚养孩子而产生独具特色的适应能力，使相互模仿、相互交流学习成为可能，也通过彼此间警戒的鸣叫以及其他协同行为而互相联系在一起，从而使控制和教育成为可能。一种“可以教育的”生物终于出现在这个世界上。

新生代早期最早的哺乳动物的脑的体积，与更活跃的食肉恐龙类相比较，只是略有优势。但是如果我们沿着岩石记录再往下看，不管是哺乳动物的哪一个种群，脑的容量都在稳定地增长。例如，在这一时期早期，有一种叫作巨雷兽（Titanotherium）的犀牛状动物，它们的生活习性和需要与现代的犀牛极为相似，但是它的大脑容量还不及后者的十分之一。

早期的哺乳动物似乎在哺乳期结束后就与它们的后代分开生活了，不过，一旦它们之间相互理解沟通的能力增加了，保持相互之间的联系对生存就变得十分有益了。于是，我们明显地发现，哺乳动物的一些种族开始过上了真正的社会生活。它们成群结队地生活在一起，互相看护、彼此模仿，通过彼此的动作和叫声来传情达意。这种情况，在以前的脊椎动物中是未曾有过的。无疑，爬行动物和鱼虽然是成群结队生活的，但那是因为它们被大量孵化，并且在生活条件相似的状况下凑结成队。而对于社会性群居的哺乳动物来说，这种联合却并不仅仅是外部压力使然，更主要的是靠彼此的内部感应力来维系的。它们之所以会在同一地点同时出现，不光是因为他们彼此类似，更重要的是因为彼此爱恋，自行结集。

爬行动物的世界与人类思维的差异，使人们无法对它们产生好感。我们无法想象，爬行动物那种迅速、简单的本能动机，比如说它们的饥渴、恐惧、憎恨等冲动。因为我们人类的动机都很复杂，所以我们就无从理解爬行动物单纯的动机。人类的动机是均衡调和的，它更注意结果，而绝非简单的冲动。哺乳动物和鸟类都有自控能力，有顾及同类中别的个体的习性，有社会性诉求，能克制自己，在这一点上与我们人类的较低层次的标准还是有点相像的。也正因为如此，人类可以和几乎所有的种类建立一定的联系。感到痛苦时，它们的叫喊或动作能够激起我们的感情。我们能够通过相互的认识理解它们的痛苦，它们也能够被我们驯化、役使和训练。

新生代动物的大脑异常发达，这是新生代时期最重要的事实。它使得动物个体之间出现了互相交流、互相依存的新关系。

随着新生代的发展，与我们现在的动植物相似的动植物大量繁殖，像现在已经看不到的巨雷兽等非常丑陋的巨型怪兽均告消失。另一方面，那些奇异古怪的祖先逐渐进化成长颈鹿、骆驼、马、象、鹿、犬、狮、虎等一系列动物。它们这个时候，也在地球上出现了。在地质记录史上，马的进化有着特别明显的记载。从新生代初期小貘状的原始马开始，我们对各种马的演变有着完美的系统记录。此外，人类对于另外一条发展线索，即美洲驼与骆驼的发展线索，也有精确的记录。

# ◆ 第 9 章　猿、类人猿、原始人 ◆

主要依靠解剖学上的相似性，而不考虑任何精神方面的因素，自然科学家们把哺乳动物纲分成许多目，包括狐猿、猿、类人猿和人类在内的灵长目排在了哺乳动物纲的前面。

现在，我们很难从地质记录上去考究灵长目的历史。灵长目大部分在森林里生活，比如狐猿、长尾猿；也有的在裸露的崖壁上生活，比如狒狒。因此，它们很少会被溺死而掩埋在沉积物中。再加上它们的种类十分有限，所以很难发现它们的化石。它们不像马、骆驼等的祖先那样繁盛，可以找到大量的化石。但我们知道，在新生代的初期，也就是在大约 4000 万年前，最初的猿和狐猿类动物出现了，不过它们的大脑不太发达，远远不如它们的后代那么出类拔萃。

生物发展史上，继两次大繁荣——石炭纪沼泽期和爬行类动物时期的繁荣后，地球上又一个繁荣昌盛的时代到新生代中期也结束了。地球又一次进入了冰河时期。世界变得非常寒冷，其后又出现短暂温和后又变冷的间冰期。在气温转暖时，河马在茂盛的亚热带丛林里滚爬嬉戏；齿如剑状的可怕的剑齿虎，在今天记者络绎不绝的弗利街（位于伦敦附近）活动，捕食猎物。一次又一次的严寒时期，淘汰了一批又一批的物种。只有那些能适应寒冷气候的披毛犀、大象的堂兄弟即披着长毛的庞大的猛犸象、北极的麝牛和驯鹿等侥幸逃过此劫，在地球上生息繁衍。接着许多世纪又过去了，在严寒死寂的大冰河时期，北极的冰帽不断地向南部延伸。在英国，它一直延伸到泰晤士河；在美洲到达了俄亥俄州。虽然间或有过几千年的温暖时期，但马上整个世界又回到了更加严酷的寒冬里。

地质学家们把这严寒时代分为第一、第二、第三、第四冰河期，界于期间的暖和期则称为间冰期。在今天我们生活的这个世界上，仍然能看到冰河时代可怕的严寒所造成的满目疮痍的痕迹。第一冰河期距今约有 60 万年，第四冰河期在 5 万年前到达顶峰。就在这漫长严寒的冰天雪地中，最初的与人类同类的动物在地球上出现了。

到新生代中期，已经出现了颚骨和胫骨具有准人类特征的各种类人猿。不过只有在冰河时代快来临的时候，我们才能发现一些可以称之为“像人”的动物的遗迹。当然，这些遗迹不是它们的骨骸，而是它们曾经使用过的工具。在欧洲，在大约 50 万到 100 万年前的沉积岩中，曾经发现了一些燧石和石块。它们显然被某种有手的动物着意削磨出锐利的边缘，用来锤打、削切其他物品或用来战斗。这些燧石和石片就是“原始石器”（始石器）。不过，在欧洲，并没有发现制造这些石器的动物的遗骨和任何其他的遗物，仅仅发现了这些石器。有许多确凿的事实可以证明，根本不是人类，而只是一些聪明的猿猴制造了这些石器。但是，在爪哇的特利尼同时代的地层中，曾经发掘到一种猿人的头盖骨、各种牙齿和散骨。这种猿人的头盖骨比当时所有类人猿的头盖骨都要大，似乎还曾经起立行走过，现在人们称之为“直立猿人”，即能行走的类人猿。这些有限的骨骸，成为迄今为止人类所拥有的，能启发我们想象力和猜测原始石器制作者模样的唯一资料。

直到大约 25 万年前的砂层中，我们才发现了原始人的一些蛛丝马迹。在这些岩石记录中，我们可以看到大量石器，在质量上已经大大改良，它们不再是粗糙的原始石器，而是相当巧妙、式样精美的器具，比之后出现的真正的人类做的类似的工具要大很多。后来，在海德堡的沙坑里，也出土了一片近似于人类的粗颚骨。这片颚骨，没有下颌，比真正人类的颚骨更重、更窄。从这块骨头可以推测出，这种动物不能自由转动舌头来发出清晰的声音。根据这块颚骨的强度，科学家们推断，这是一种有点像人的怪物。它体格强壮，躯干和四肢十分庞大，毛发长得厚密，人们称之为“海德堡人”。

我认为，这块颚骨是世界上能激起人类好奇心的最折磨人的东西了。就好像透过一个破碎的镜子去窥望过去，只能依稀看到这一动物模糊不清的却又让人十分想看的背影。它们在寒冷的荒野中蹒跚前行，为了躲避剑齿虎而四处攀援，时刻警惕着在丛林里走来走去的披毛犀。但是在我们还没有看清楚它的真面目的时候，它们已经消失得无影无踪了，留给我们的只是它们曾经削磨使用过的残存器具。

更让人感到不可思议的是，在苏塞克斯的皮尔当沉淀层中，发现了一种距今大约 10 万到 15 万年动物的遗迹。有些科学家认为这些异乎寻常的遗迹应该比海德堡人颚骨还要早。在这些遗迹中，有一个原始人的头盖骨，比现有的类人猿的头盖骨都要厚大；有一块类似于猩猩颚骨状的东西，目前还不知道它是否就是前者身躯上的一部分；还有一片精心加工过的蝙蝠状象骨，上面很明显被钻了一个孔；另外，还有一块有刻痕的鹿大腿骨，很像是符木。这就是在皮尔当发现的所有东西。

那个蹲在地上，能够在骨头上凿孔的动物，到底是怎样的一种动物呢？

科学家们称之为“Eoanthropus”，即原始人。它不同于它的亲属，也与海德堡人及任何现存的类人猿迥然不同。此外，也没有见过与这类原始人类似的其他遗迹。但在此后10万年的砂岩和沉积层中，燧石和其他石器种类逐渐丰富起来，这些石器不再是“原始石器”了，因为考古学家们已经渐渐地能够分辨出刮刀、钻子、小刀、标枪、掷石和斧头了。

这时，我们已经越来越接近人了。在下面一章，我们将讲述一切人类先驱中最奇特的尼安德特人，虽然它们还不能说完全是人，但和真人已经差不多了。

不过在这里需要先声明的是，科学家们并不认为这些动物——无论是海德堡人或是原始人——就是今天人类的始祖。它们只不过是与人类最接近的种族罢了。

# ◆ 第 10 章　尼安德特人和罗得西亚人 ◆

在第四冰河时代最寒冷时期到来前的那段时间，也就是大约五六万年前，在地球上生活着一种非常像人的动物。甚至在几年以前，人们还把它们的遗骸当成是人类的遗骨。现在，我们拥有它们的头盖骨和骨头，还有一大堆它们制造和使用过的工具。它们已经学会了生火，也懂得躲到洞穴里避寒，也可能已经会把兽皮裹在身上御寒了。和现在的人类一样，它们也习惯于用右手劳动。

但是现在，人种学家已经告诉我们，它们并不是真正的人类，而是与人类属于同一属的不同种类。它们的下颚厚重突出、眉脊隆起、前额低平；它们的拇指不像人类那样，和其他的手指是相对的；它们的脖子僵硬，不能回首或仰视；它们可能是低垂着头走路，头向前倾。它们无颔的颚骨与海德堡人的很相像，但与人类的颚骨有明显的区别。它们的牙齿与人类的牙齿也完全不同，臼齿的结构比我们更复杂，是更复杂而不是更简单。臼齿没有我们的长根，也没有人类通常所有的犬齿。它们的头盖骨的容量和人类完全一样，但是脑的后部要比人类的后部大，而前面则比人类的要低平。当然智力也有很大区别，它们还不是人类一脉相承的祖先，在心理和生理上都与人类存在着很大差别。

这种早已灭绝的人种的头盖骨和其他骨头是在尼安德特这个地方发现的，所以人们称这些奇特的原始人为尼安德特人。它们一定已经在欧洲生活了几百年，也可能长达数千年之久。

那时，地球上的气候和地势与现在大不相同。比如，欧洲被冰雪覆盖，冰雪一直延伸到南部的泰晤士河，深入到欧洲中部和俄罗斯；英国和法国之间还没有被英吉利海峡隔开，地中海和红海还都是巨大的山谷，可能在低洼的地方，分布着一连串的湖泊；巨大的内海，从今天的黑海开始，横穿过俄罗斯南部，直抵中亚。虽然西班牙和整个欧洲并没有完全被冰雪覆盖，但是当时的气候比拉布拉多半岛恶劣得多，只有北非的气候比较温和。有许多耐寒的动物，如多毛的猛犸、披毛犀、大野牛和驯鹿等，在长着少许耐寒植被的欧洲南部大草原上出没。毫无疑问，它们随着植物生长的季节迁徙觅食，漂泊无定，春天来到北方，秋天则回到南方去。

尼安德特人就是这样生活的，它们东飘西荡，不断迁徙，以捕捉小动物，采集果实、浆果和根茎为生。从它们整齐细密的牙齿上可以看得出来，它们必定是素食动物，主要食物是嫩枝和根茎。不过，我们也从它们的洞穴里发现了巨大动物的长骨头。骨头被打碎，骨髓被吸去了。它们使用的武器在与猛兽公开的搏斗过程中，并没有太大的威力。因此，它们可能是趁巨兽艰难渡河时用长矛进行突袭，甚至可能是设陷阱来捕捉巨兽的。它们也可能是跟随在兽群后面，捕食兽群在混战中的死亡者，或者借助当时还存活的剑齿虎，坐收渔翁之利。或许是由于冰河期的生存条件异常艰苦，它们才不得不改变长期素食的习惯，而猎食野兽。

现在，我们无法弄清楚这些尼安德特人到底是什么样子。也许它们浑身长毛，与人类一点也不像；甚至它们是否直立行走也令人怀疑，为了支撑躯体，它们很可能手足并用；它们多半独自行动，也可能在小的家族群体中生活；从颚骨的结构来看，可以判定它们说着一种我们无法理解的语言。

在数千年之间，这些尼安德特人可能是欧洲地区已经见到的最高级的动物。直到距今 3 万或 3.5 万年，随着气候逐渐变暖，才出现了一种更聪明、懂得更多、会说话、能够互相协作的同类动物。它们从南方侵入了尼安德特人的世界，把尼安德特人赶出洞穴和居住地，与它们争猎同样的食物，甚至可能挑起了恐怖的战争，消灭了原有的居民。这些来自南方或东方的新来者——因为现在我们还不能确知他们的发源地——最终将尼安德特人斩尽杀绝，他们就是与我们有着同样血统的、最初的真正的人。从解剖学的角度来看，它们的头盖骨、拇指、颈项、牙齿在结构上都与人类完全相同。在克罗马农和格里马第的岩穴中，人们发现过这样一些骨骸。这是迄今为止人们发现的最早的真人遗骸。

人类就这样出现在岩石记录中，人类的历史从此也开始了。

尽管当时的气候依然非常恶劣，不过地球已经越来越接近现在我们生活的世界了。在欧洲，冰河时代的冰川开始消退。在法兰西和西班牙，随着大草原上植被日渐茂盛，驯鹿逐渐被巨大的马群所代替。在南欧，猛犸象越来越少，最终全部移居到北方了。

真正的人类发源于何地，迄今为止仍然是个谜。但是，公元 1921 年夏天，在南部非洲的布罗肯希尔发现了一个非常有趣的头盖骨和许多碎骨头。从它们的各种特性来看，这似乎是介于尼安德特人和人类之间的第三种人类的遗骸。与尼安德特人比起来，它们的脑部前大后小，头盖骨完全和人类一样笔直地长在脊椎上。它们的牙齿和骨骼也都与人类相似。不过脸型却像是类人猿，眉骨突起，头盖骨中部隆起。这种动物实际上已经是真正的人了，不过它们还有着尼安德特人一样的类人猿的脸型。这种罗得西亚人显然要比尼安德特人更接近真正的人类。

罗得西亚人的头盖骨，可能是继尼安德特人之后关于亚人类系列发现的第二种。这些亚人类从冰河时代初期一直到真正的人——它们共同的后代，或许也正是它们共同的埋葬者——出现，在地球上存活了很长时间。罗得西亚人的头盖骨本身可能并不算是特别古老，但直到本书出版时，对它生存的年代还没有一个准确的判断。这种亚人类动物直到近代似乎仍生活在南部非洲的某些地区。

# ◆ 第 11 章　最初的真正的人类 ◆

现在，在西欧，特别是在法国和西班牙，经常会发现人类留下来的遗迹和遗物。科学已证实，这些痕迹的确是和我们有着亲缘关系的最早的真正的人类留下的。在这些国家发现的骨骼、武器、在骨头和岩石上留下的抓痕、雕刻着东西的骨头碎片，以及洞穴内岩壁上的图画，距今已经有约 3 万多年。从目前来看，西班牙是世界上拥有人类祖先早期遗物最为丰富的国家。

当然，现在所搜集的材料，只是积累的一个开端，我们希望将来有更伟大的积累。未来将会有许多学者对所有的相关材料做一番彻底的考察，到那时，现在的考古学家不能到达的许多国家，也将会得到详细的考察。迄今为止，还没有有考古兴趣的专业探险家游历过没有探险的自由的非洲和亚洲大部分地区，所以我们必须保持非常慎重的态度，不能武断地认为早期的真正的人类一定就是西欧的居民，或者说他们最早就是在这一区域出现的。

在亚洲、非洲和如今已经沉入海底的某些地区，可能有着许多比现在已经发掘出的更丰富、更久远的真正人类的遗迹等待发现。说起亚洲和非洲，而不提美洲，是因为在美洲还没有发现任何更高级灵长类的动物遗迹，既没有类人猿、亚人类、尼安德特人，也没有真正的人类。生物的发展似乎只限于旧大陆之上。只有到了旧石器时代末期，人类才首次渡过现在已被白令海峡隔断的通道，到达美洲大陆。

这些在欧洲大陆发现的最早的真正的人类看起来至少属于两个截然不同的种族。其中有一族已经非常高级了，他们身材高大，头脑发达。其中有一个女性头盖骨的脑容量已经超过了现代普通男人的平均水平。其中一个男性骨架身长超过6英尺（1.83米），体型与北美的印第安人非常相像。因为这一时期人类最早的骨骸是在克罗马农洞穴里发现的，因此，这些人就被称为克罗马农人。他们是野蛮人，不过是高级的野蛮人。另外一个种族，在格里马第洞穴中留有遗迹。他们的体态特征很像黑人。与他们最接近的现存种族是南非的布须曼人和霍屯督人。非常有趣的是，我们发现，人类从一开始，就至少已经分成两大种类了。前者可能是褐色人种，而不是黑色人种，他们来自于东方或北方；后者可能是黑色人种而不是褐色人种，可能来自于赤道以南的热带。当然，这只是我们的臆测而已。

这些大约4万年前的野蛮人已经非常像人类了。他们会在贝壳上钻孔然后串起来做成项链，会在身体涂彩，会在骨头和石头上乱画图案，甚至会在洞穴的四壁和引人注目的岩石表面上画一些粗糙但却很生动的动物壁画。他们制作的各种器具比尼安德特人做得更为小巧和精致。现在，很多博物馆里都收藏着他们遗留下来的大量器具、雕刻、壁画，等等。

最初的原始人以狩猎为生，主要捕杀当时的一种下巴长有胡须的小型野马。野马随牧草迁徙，他们随着野马的迁徙而迁徙。另外，他们也捕杀野牛。当然，从他们留下的生动逼真的图画来看，他们一定认得猛犸。我们可以从一个模糊不清的图案上断定他们曾经设陷阱捕杀过它。

他们用矛和掷石来狩猎，他们似乎还没有发明弓箭，当然也不能确定他们是否已经懂得驯养动物。至少，当时他们还没有狗。人们曾经发现过一个马头的雕像，还有一两幅有辔头的马的素描，马的身上套着用皮革或兽筋搓成的缰绳。但当时那个地区的马体型很小，不能用来驮人，因此，即使马已经被驯养，也不过是用缰绳牵着托运一些东西罢了。他们似乎不大可能学会了喝动物的奶。

虽然他们可能已经有了皮制的帐篷，但是看上去他们并不会建筑任何房屋。他们虽然会用黏土做泥塑，但却还不会制作陶器。他们没有炊具，想必煮食方法是非常原始的，也许他们根本就不会做饭。他们不懂耕作，也不懂编织和织布，除了身上披着的兽皮外，他们仍然是赤身裸体、满身涂彩的野蛮人。

这些我们知道的最早的人类，在欧洲大陆广阔的旷野上以狩猎为生，持续了大约有一百个世纪。后来，随着气候的变化，他们也慢慢漂泊、迁徙。一个世纪又一个世纪过去了，欧洲的气候逐渐变得温和而湿润，驯鹿随之向北、向东撤退，野牛、野马也随之撤退。森林替代了草原，赤鹿取代了野牛和野马。与此相适应的，原始人器具的用途和性质也都发生了很大的变化。随着到河川、湖泊捕鱼成为男人的重要活动，制作精细的骨制器具也随之增加。“这一时期的骨针”，摩尔蒂莱曾说过，“要比后来的制作更为精美，甚至比文艺复兴以前历史上任何时代的骨针都要精美。拿罗马人来讲，他们就从来没有拥有过可与之相媲美的针”。

大约在 1.5 到 1.2 万年以前，一个新人种迁徙到西班牙南部，在裸露的岩壁上留下了许多令人叹为观止的岩画。他们就是阿济尔人（以生活在阿济尔岩洞里命名）。他们会制造弓箭，可能头上还戴着羽毛饰物。他们还留下了栩栩如生的画，但是这些画表现简单，似乎属于象征主义流派。比如一个人可以用一条竖线或两三条横线来表示，这预示着文字观念的萌芽。除了表现狩猎的速写外，他们还往往画一些符号似的东西，有一幅画就是画着两个人用火熏一个蜂巢。

这些人还只会用削切制造成的工具，所以他们只能算是旧石器时代的最后一批人。到了 1 万至 1.2 万年前，在欧洲出现了一种新的生活方式。这时的人不仅能削切物品，还能研磨石器，而且还开始了农耕生活。于是，新石器时代开始了。

有趣的是，不到 1 个世纪以前，在世界上一个遥远角落里，也就是塔斯马尼亚岛上还残存着一种人，在体力、智力的发展程度上，他们都远远低于那些在欧洲生活的早期人种。由于地理变迁的原因，这些人在很久以前就与世隔绝，几乎没有受到外界的任何刺激和影响。他们看上去不但没有进化，甚至退化了。他们以贝类及小野兽为食，没有固定的住所，只会蹲坐地上。虽然也是和我们同一种的真正的人类，但是这些人既没有初期真正的人的灵巧性，也不具有艺术才能。

# ◆ 第 12 章　原始人类的思维 ◆

现在，让我们大胆地做一番有趣的猜测：在人类开始冒险历程的初期，他们是怎样意识到自己是人的呢？4 万多年前，在人们还不懂得播种和收获，还在四处狩猎、奔波迁徙的久远的日子里，他们是怎样思考的，他们又在思考什么呢？因为有文字之前的时间非常漫长，在此之前人类的感想无法被记载下来，所以我们只能依靠传说或猜测来回答这些问题。

为了研究原始人类的心理状况，科学家们采取了各种不同的方法。最近，精神分析学研究发现，为了适应社会生活，儿童会努力约束、压制、改变或掩饰自我和本能的强烈冲动。这个研究结果似乎给研究人类的历史带来了不少光明；研究那些现存的类似于原始人类的野蛮人的思维与习惯是另一种有效的探索。同时，在现代文明社会，丰富多彩的民俗和那些荒谬但却深入人心的偏见和迷信，作为一种人类精神的化石，仍然遗留在现代文明的人群中。最后，我们还可以通过大量的绘画、塑像、雕刻、符号等物品进行研究。离我们时代越近，这些东西就越丰富，我们也就更清晰地理解他们对什么东西最感兴趣，什么东西最值得他们记录或再现。

原始人的思维和儿童的思维非常相似，也就是说，都是一连串的富于想象力的画面。他们想象出画面，或画面在他们心中涌现，由此产生的情感支配着他们的行为。现在，儿童和没有受过教育的人也是这样行动的。很明显，在人类的经验中，系统思维能力发展得较晚。3000 年以前，系统思维能力在人类生活中一直没有发挥重要作用。即使到了今天，在这个世界上，大多数人仍然只凭想象和激情生活，也只有少数人能够真正驾驭和理顺自己的思维。

在真正人类历史的初期，最早的人类社会可能是以家族为单位的小群体。或许就像成群结队的哺乳动物群一样，早期的部落也是以家族为单位生存繁衍。当然，这种部落是以对个体的自我约束为中心才能够建立起来的。对父亲的敬畏、对母亲的尊重渗透在成年人的生活中，而年长者则承担着平息正在成长中的年轻人天生的嫉妒的责任。另一方面，母亲是孩子们天然的指导者和保护者。人类的社会生活之所以能够发展，一方面在于年轻人成人后有与父母分离和求偶的本能，另一方面则在于他们对独立生活可能带来的危险和不便的警惕与恐惧。天才的人类学家、作家 J. J. 阿特金森在他所著的《原始法》一书中，揭示了野蛮人生活中的习惯法则、禁忌。它们是原始社会部落生活中一个异乎寻常的事实，可以被看作原始人进入社会生活时所必须具备的一种心理约束。其后的精神分析学家们的研究工作也进一步证实了他的这种解释。

一些善于思考的作家们试图让我们相信，原始人对长老的尊敬和畏惧，以及对年老的作为保护人的妇女的原始情感反应等，往往会在梦境中被夸大，或者在幻想的精神活动中被丰富。结果，这就成了原始宗教的主要内容，并形成了男神女神的观念。即使那些强有力的、乐于助人的人死后，因为他们会在梦中显灵，所以对他们的敬畏也一如既往。这就很容易使野蛮人相信，死者并不是真正地死去，而是极为神秘地移居到了一个遥远的、具有不可思议的力量的远方去了。

儿童的梦境、想象和恐惧比成年的现代人更为鲜明，也更具有现实性。在这一点上，原始人和儿童非常相像。原始人和动物也很相近，他可能认为动物和自己一样是有动机、有情感的，因此他能想象出动物的伙伴、动物的敌人、动物的神。如果你想要了解旧石器时代的那些形状古怪的岩石、树瘤、奇形怪状的树林以及其他类似的一切，对那时的人是何等重要、何等有意义、何等神奇、何等友好，以及他们是何等相信从这些事物所产生的一切故事传说的话，你就不得不亲自当一下想象力丰富的儿童了。其中有些故事是很容易记住和复述的，女人就会把这些故事讲给孩子们听，最后就成为传说流传于世。现在那些想象力丰富的孩子，常常会以他们喜爱的玩具、小动物或一种奇幻的介于人兽之间的动物为主人翁编造出故事，原始人类似乎也正是如此，不过他们比儿童更相信这种想象是真实存在的。

我们现在所知道的最早的真正的人类，可能已经非常擅长说话了。从这一点上来讲，他们与尼安德特人不同，可能比后者更为高级，因为尼安德特人可能只是一种哑巴动物。当然，这些原始人的语言，或许只限于少数名称的罗列，还不得不用指手画脚来补充说明，以弥补语言的不足。

不论是如何低级的野蛮人，都有自己的因果论。不过，他们对因果关系却缺少基本的分析能力，经常容易把某种果和某种风马牛不相及的因联系在一起。他们总认为："因为这样，所以那样；因为这样做，所以就会有那样的结果。"你给小孩吃了有毒草莓，所以他死了；你吃了一个强有力的敌人的心脏，所以你强壮了。这两种之间的因果联系，前一种是真实的，后一种是错误的。我们把野蛮人的这种因果系统称为“物神崇拜”。“物神崇拜”就是野蛮人的科学。不过，它和近代科学的不同之处在于，它是没有体系、不加鉴别的，因此，也经常是错误百出的。

很多情况下，要把原因和结果联系在一起并没有太多的困难；在另外一些情况下，即使有一些错误的思想，也会慢慢被经验所纠正；那些对原始人至关重要的事，他们会拼命去探求原因，但做出的解释却往往是错误的，但是又没有错误到让他们轻易发现错误的所在。比如，丰富的猎物，可以轻易捕到大量鱼类，对他们来说是一件极为重要的事情。于是他们就毫不迟疑地相信只有通过成百上千次的念咒和占卜，才能取得这些结果。另外一件他们特别关心的事就是疾病和死亡。有时人们因为传染病的流行而死亡，有时人们没有明显的原因就得病死亡或浑身无力而衰竭。这些情形，让原始人冲动而烦躁不安，进而引发他们一些狂热的行为。梦或幻想式的猜测让他们时而诅咒某个人、兽、物，时而又向它们乞助。他们就像小孩子一样容易感到恐惧与惊悚。

在很古老的小部落里，经常会碰到这种事情。年长的、意志坚定的人虽然也和普通人一样感到恐惧，会产生很多想象，但是，由于他们比别人稍有势力，他们必须保持镇定，并去告诫、指导和命令其他的人。他们会指出什么是不祥的，什么是不可避免的，什么是吉兆，什么是凶兆，等等。“物神崇拜”的领袖和会念咒的人是最初的祭司。他们负责训诫、解梦、预言，还能通过一套复杂的巫术去招福去灾。原始的宗教，并不是我们今日所称的那种应当实行和遵守的宗教，而实际上只是一套习俗和仪式。古代祭司们所传授的，实际上都是独断的、原始的实用科学。

# ◆ 第 13 章　耕种的开始 ◆

最近 50 年来，科学家们花费了大量的精力研究世界上耕种和定居的起源，但是仍然一无所获。现在我们唯一能确信的是，大约在公元前 1.5 万到公元前 1.2 万年间，生活在西班牙南部的阿济尔人，仍以狩猎为生，逐步向北方和东方迁移。此时，在北非或西亚，或在当时还没有被淹没的地中海流域，有些人正在年复一年地进行着两项非常重要的试验：耕种土地和驯养牲畜。除了他们祖先使用的打制器械外，他们开始磨制石器。他们发明了篮子编织方法，能够编织一些简单的植物纤维织品，也开始用黏土做一些粗陋的陶器。

人类文明发展到了新石器时代，这是不同于克罗马农人、格里马第人、阿济尔人等所代表的旧石器时代的一个新阶段。慢慢地，这些新石器时代的人遍布于世界上比较温暖的地方。他们拥有了熟练技术，他们学会了驯养和种植动植物。这些纷纷被别的民族模仿和学习，广泛传播到了世界各地。公元前 1 万年，绝大多数人类都已经达到了新石器时代的水平。

在现代人看来，耕地、播种、收割、晾晒、磨粉这些事情是再自然不过的了，就好像地球是圆的一样，道理不言自明。或许有人甚至会问，不这样还能怎样？除此之外还有什么其他的吗？然而对于两万年前的原始人来说，今天人类认为理所当然的一系列行为和道理，他们都茫然无知。他们进行了无数次的实验，却经常无功而返；他们常常进行着错误解释，因此产生无数次错觉。经过挫折考验后，他们才找到了行之有效的行事方法。在地中海地区的一些地方，有野生的小麦，那里的人们似乎在学会播种以前很早就懂得舂磨麦子了。换言之，他们在懂得播种之前就已经懂得收获了。

这是一件特别值得注意的事情：在全世界，哪里有播种和收获，哪里就会发现播种的观念和血祭的思想之间有强烈的原始联系，而且最早都是用活人作牺牲的。这一对这种联系的原因的探寻，常常吸引着那些好奇心强的人。对此感兴趣的读者，可以从 J.G. 弗雷泽的不朽名著《金枝》中看到对此极为详尽的研究。我们必须记住：这是一种幼稚的、充满幻想的、生活在神话之中的原始人心中的形象，理智的方法是无法对此做出解释的。但是在 1.2 万年到 2 万年前，每当播种季节到来时，新石器时代的人就会把人当成牺牲去献祭。被选来作牺牲的，并不是些卑贱的或被驱逐的人，通常是精心挑选出来的童男童女。在被宰杀之前，童男童女会享受到特别的待遇，集尊崇于一身。按照历年的惯例，作为一种供祭的神灵，宰杀他们时由见多识广的长老主持，并有一套庄严的仪式。

起初，原始人对季节的推移只有一个极粗略的概念。对他们来说，决定播种和献祭的适当时间十分困难，需要大费周折。我们有理由相信，在人类经验史的早期，一定有过一段时期人们没有“年”的概念。最初的年代学是以月亮的一次圆缺为一月，有人认为《圣经》中长老们的年龄，实际上是把一个月当成一年来计算的。在巴比伦人的历法有明确的迹象表明，为了计算播种期，他们用 13 次的圆缺作为一个循环。这种历法一直影响到现在。如果我们的思维还没有因习惯而对奇怪事情的知觉变得迟钝，我们会发现一件非常值得关注的事情：在基督教会上，纪念耶稣被钉死以及复活不是在每年的固定日子举行，而是根据月相、日期每年都有所变化。

最初的农民是否观测星象，这很值得怀疑。最早观测星象的更有可能的是游牧民族，因为他们用星星来确定方位。但是，一旦人类开始认识到它也可以用来确定季节的时候，星象对农业的重要性便显现出来。当他们发现种植时间、献祭与某个重要的星星的南行或北行有关时，原始人也不可避免地会产生对于那颗星星的神话和崇拜了。

由此，我们很容易看出，那些有着血祭和星象等知识与经验的人，在新石器时代初期是多么的重要。

原始人对于污秽和玷污的恐惧，以及对于赎清的合理方法的诉求，使得那些懂得此方法的知识渊博的男人和女人拥有了另一种权力资源。因此，那时社会上出现了女巫和男巫、女祭司和男祭司。最初的祭司，与其说是宗教专家，不如说是实用科学家。他们的科学通常是经验式的，在现代人看来通常是错误的。他们小心谨慎，严守着这些知识，以防为众人所知。尽管如此，这并不能改变这样一个事实：即他们的首要职能是拥有知识，而他们的首要作用则是实际运用这些知识。

1.2万年或1.5万年以前，世界上但凡温暖而适宜于灌溉的地方，都遍布着这些新石器时代人类集聚的群体。在这里，有着男女祭司的等级和传统，有着耕种的田地和发达的村落，还有着小城墙围成的城池。久而久之，各个群体之间相互流动，交流传播思想。艾略特·史密斯和利弗尔把这些最早的农业居民的文化命名为“日石文化”。也许“Heliolithic”（太阳和石头）并不是最贴切的字眼，但是在科学家们还没有找到一个更恰当的名词前，我们只好先套用此词了。这种文化发源于地中海及西亚的某个地方，渐渐散布到东方，沿着一个个岛屿横跨太平洋，最终到达了美洲。在这里，它与那些从北方迁移过来的、拥有更原始生活方式的蒙古人种互相融合在一起。

不论有着日石文化的褐色皮肤的种族走到什么地方，都会带着许多奇异的想法和行为。有些奇思妙想，只有心理专家才能解释。可能是为了让祭司们更方便地观测天象，他们建筑了金字塔和巨大的墓室，建造了巨石圆形阵。他们把死者身体的一部分或全部做成木乃伊；他们文身、行割礼；他们还有拟娩的风俗，即妇女生小孩时，做父亲的也必须卧床禁食；他们还有人所共知的象征太阳和吉祥的字符“卐”。

如果用点来表示这些种族实践的足迹，以此来制作一张世界地图的话，我们可以沿着温带和亚热带的边沿画一条带子，它经过英格兰的巨石群和西班牙，横穿世界到达墨西哥、秘鲁。不过在赤道以南非洲、中欧北部以及北亚却没有这种点，在那里，生活着完全独立发展的其他支系的种族。

# ◆ 第 14 章　新石器时代的原始文明 ◆

大约到公元前 1 万年，世界地形的大体轮廓与今天的地形已经非常接近了。在那时，因为日积月累的侵蚀，穿过直布罗陀海峡的大堤——在此之前它阻挡海水流入地中海凹地——逐渐崩溃。地中海的海岸线和今天的海岸线已经十分接近；里海可能比现在更宽阔，或许它还和黑海连在一起，往北一直延伸到高加索山脉。现在已经变成了旷野沙漠的中亚沿海一带的陆地，在当时还丰饶富足、适宜居住。总体而言，当时的世界是一个较为湿润的、富饶的世界。那时，在俄罗斯的欧洲部分，沼泽和湖泊比现在多得多，而如今亚洲和美洲之间的白令海峡，当时也许还是把两洲连在一起的陆地。

我们现在所知道的所有的人种的主要分支，那时可能已经可以辨别出来了。在温暖且树木丛生的温带地区，沿着海岸线，分布着具有日石文化的棕色民族。他们是现在居住在地中海一带的大部分居民的祖先，如柏柏尔人、埃及人以及许多南方和东方亚洲移民。当然，这一庞大的人种还有许多分支。大西洋和地中海沿岸的伊比利亚人、地中海人、暗白人，以及包括柏柏尔人和埃及人在内的哈姆族、达罗毗荼人、皮肤黑一点的印度人、大量的东印度民族，众多波利尼西亚人和毛利人，都是这一支主要人种的重要分支。该人种在西方的分支比在东方的肤色要稍微白一点。在欧洲中部和北部的森林里，有一种蓝眼睛的人种与众不同，它从棕色主干人种中分化出来，这一支一般被称为北欧民族。在亚洲东北部的开阔地带，也有另外一种棕色人种的分支——蒙古族。他们眼角上吊，颧骨突出，皮肤黄色，头发黑且直。在非洲南部、澳大利亚以及亚洲南部的许多热带岛屿上，残存着早期黑人的后裔。非洲中部则成了种族混居的地区。今天，非洲几乎所有有色人种看上去都是北方棕色人种和黑色人种的混血后代。

我们必须记住，人类的所有种族都可以自由杂交，就像天上的浮云一样，可以分离又可以掺杂混合，而并非像树上长的枝杈一样，永远不可能再结合在一起了。我们必须永远牢记心中：一有机会，人种就能重新结合。如果能够明白了这点道理，我们就可以避免许多残酷的欺骗和偏见。有人会拿人种两个字来随便乱用，并且在此基础上发表极为荒谬的言论，说什么不列颠人种或欧洲人种如何如何。但实际上，几乎所有的欧洲人都是棕色人、暗白人、白人和蒙古人等人种相互混杂的后裔。

在人类大发展的新石器时代，蒙古人种首次漂流到美洲大陆，很明显，他们取道白令海峡来到北美洲，然后逐渐向南方扩展。他们在美洲北部发现了北美驯鹿，在南方发现了大群的野牛。他们到达南美洲的时候，那时还存活着属于巨大犰狳类的雕齿兽；还有像大象一样高大、笨拙、奇怪的树獭，即獭兽。它们很可能因过于庞大的身体行动不便而遭受了灭顶之灾。

大部分美洲部落的生活，始终未能超越新石器时代的狩猎游牧的生活。他们从来没有发现过铁的用途，所使用的主要金属仅限于天然的金和铜。不过在墨西哥、尤卡坦和秘鲁，由于环境适宜于过定居的农耕生活，所以大约在公元前1000年前左右，在这些地方出现了与旧世界的文化平行但形式不同的有趣的文明。与旧世界的早期原始文化一样，这里的社会群体也发展出了播种收获过程中用活人为牺牲献祭的仪式。但是，就像我们所知道的，在旧世界，这些初期的人类思想与别的思想的时而缓和、时而错综复杂的交融，有的被覆盖消失，有的则在美洲得到进一步发展，并被发展到更为高深的阶段。这些美洲的文明国度，本质上是由祭司统治着的国度；他们的战争领袖和世俗统治者都受严格的律法和预言所约束。

这些祭司们将天文学发展成为更为精确的高水平科学。他们比我们后面将要讲到的巴比伦人更精于历法。在尤卡坦，他们创造了一种最为奇特、复杂的文字——玛雅文字。以我们今天的理解来看，这种文字是祭司们专门用来保存那些绞尽脑汁才研究出的精确、复杂的历书的。大约在公元700年或公元800年间，玛雅文明的艺术达到了巅峰。这个民族的雕刻技术，以其伟大、有立体感的创作力和绚烂的美，令现代人叹为观止；而它那奇异的风格、荒唐的习俗和表现出的思想的错综复杂，令现代人费解困惑。在旧世界里，再也没有与之相类似的东西。只有在古印度的一些原始雕刻中，才发现一些年代久远的、与之最为接近的图案。每一件雕刻品上，都刻有禽蛇相互缠绕的纹样。许多玛雅人的雕刻，更像是欧洲疯人院的疯人所画的夸张抽象画，而不像任何来自旧世界的其他作品。玛雅人的精神文化，似乎是沿着一种与旧世界不同的轨道发展而成的。用旧世界的标准来衡量，他们的思想完全是非理性的。

这种原始美洲文明极度迷恋鲜血，十分注重放血，说明了它偏离常规，完全就像一般的精神失常者。古代墨西哥文明尤其重视血祭，每年都要有几千人作牺牲。这些奇怪的祭司们毕生全心全意从事的工作就是把活人开膛破肚，取出还在搏动的心脏以敬仰神灵。一切公共活动，包括国家祭典，都伴有这些荒唐恐怖的行为。

在这些社会中，普通人民的日常生活，与其他野蛮部落很相似。他们有着精美的陶器、织物，染色技术也很高超。玛雅文字不仅被刻在石头上，而且还能书写和印制在兽皮等物品上。欧洲和美洲的博物馆里收藏着玛雅文书，深奥而令人费解。到目前为止，我们也只能看懂其中计算日历的那一小部分。在秘鲁，也出现过同样的文字，不过后来被结绳记事所取代。而在中国，几千年前就已经开始使用这种助记方法了。

在公元前5000年到公元前4000年以前的旧世界中，也就是说比美洲文明早三四千年的时候，就已经出现了与这些美洲文明相差无几的原始文明了。这种原始文明以寺庙为基础，有着大量的血祭和精通天文的祭司阶级。在旧世界，各种原始文明相互作用、共同促进，使这个世界朝现代文明方向发展。但是美洲原始文明始终没有进步，永远没有超越其原始阶段。他们的每一种文明都囿于各自狭小的世界中。在欧洲人到达美洲之前，墨西哥几乎对秘鲁一无所知。马铃薯作为秘鲁非常重要的食物，在墨西哥竟然没有人知道。

年复一年，生活在这里的人们，忙于敬神、献祭，然后死去。玛雅艺术在装饰方面达到了很高的水平，人们追求着爱情，部落间经常征战。灾荒过后继以丰年，瘟疫、健康轮流交替。尽管祭司们在完善历法和献祭仪式上耗费了大量的时间，但是在其他方面，几乎没有丝毫进步。

# ◆ 第 15 章　苏美尔、古埃及和文字 ◆

与后来的新世界相比，史前旧世界是一个更为宽广、更富于变化的舞台。到公元前 7000 年或公元前 6000 年，在富饶的亚洲地区和尼罗河流域，已经产生了可以与秘鲁文化相提并论的准文明的公社。那时，波斯北部、土耳其西部、阿拉伯南部都比现在要肥沃得多，在这些地区都发现过早期原始公社的痕迹。在相对低洼的美索不达米亚平原和埃及，首先出现了城市、寺院、灌溉系统，找到了超出简单的野蛮人村落的社会组织的最早证据。那时，幼发拉底河和底格里斯河都通过各自独立的河口流入波斯湾。就在两条河流之间的区域，苏美尔人建立起了他们最初的城市。几乎同时，但确切时间不是很清楚，埃及伟大的历史开始了。

苏美尔人看上去是高鼻梁的棕色人种。现在已经有人能够解读他们使用过的文字，也懂得了他们的语言。他们发现了青铜的用途，会用晒干的泥砖建造塔式的大寺院。他们就在当地质地很好的黏土上书写文字，因此那些文字能够一直为我们保存到现在。他们已经开始饲养牛、绵羊、山羊和驴，但是还没有出现马。他们手持矛和皮制的盾，采用密集的队形徒步作战。他们的衣服是用羊毛制成的，头发则被剃掉。

几乎所有的苏美尔城市都是独立的国家，有自己的神灵和自己的祭司。但有时，一个城市可能居于优势地位时，就会要其他城市的居民进贡。在尼泊尔曾经有一个非常古老的碑文记载着这样的“帝国”，这也是最早有记载的帝国，即苏美尔的伊勒克城市帝国。它的神、祭司兼国王统治着广大疆域，从波斯湾一直延伸到红海。

最初，文字纯粹只是画图记事的简化形式。甚至在新石器时代以前，人类就已经开始尝试书写文字了。前面已经提到的阿济尔人的岩画，就算是文字的开端。那些岩画记载的大多是狩猎和远征的情形，人物的形象大都画得很简明。但也有些画似乎是由于画者对于画人物的头和四肢感到厌烦，所以仅用一条竖线和一两条横线勾勒出一个人的形象。从这种画演变成约定的简练的象形文字，是一个简单的变迁过程。在苏美尔，文字是用芦苇秆嵌在泥板上的，但要不了多久，文字就难以辨认，无法表达其最初的意思了；而在埃及，人们在墙壁和纸莎草（最早的纸）上书写文字，所以其临摹的物体的形状能够保留下来。由于苏美尔人字体笨拙，呈楔形，所以又称为楔形文字。

当图画不再用来表现原物，而是表示类似的物体时，图画就慢慢演进为文字，这是文字发展史上非常重要的进步。现在仍为适龄儿童所喜欢的画谜能很好说明这个问题。我们画一个有帐篷的营寨和一个铃铛，孩子们就会喜不自胜地猜出这是一个英格兰人的名字“Campbell”。苏美尔人的文字和现在美洲印第安人的文字很相像，是一种用音节堆积而成文字，能够很容易地表达一些无法直接通过图画传达的意思。与此同时，埃及文字也得到了类似的发展。其后，那些不大明白语言音节体系的其他民族，也学习并使用这种象形文字。之后，他们逐步调整、修改、简化这种象形文字，最终将其发展成了字母文字。事实上，之后世界上产生的所有一切字母，都是由苏美尔楔形文字和埃及的象形文字混合演变而来的。后来，在中国，也曾产生过一种传统的象形文字，但它却始终没有发展到字母文字的阶段。

文字的发明对人类社会的发展起到了至关重要的作用。从此，各种契约、法律、命令都可以被记录下来；文字的产生使得比以往城市政府规模更大的国家的产生成为可能，也使历史意识绵亘连续成为可能。有了它，祭司和帝皇的命令、印章等就可以使他的影响不断扩大，远远超出其视野和声音所及的地方，甚至可以让他的威严一直保存到死后。这是一件非常有趣的事情。远古的苏美尔时代，印章已经非常流行了。国王、贵族或商贾的印章往往雕刻得非常精致，加盖在表现其威信的泥制文书上。这就说明，早在6000年前，文明和印刷术就已经密切地联系在一起了。黏土干后就会变得非常坚固，因而可以永久保存。读者们一定还记得，在美索不达米亚平原漫长的年月中，所有文件、记载、账目都是写在不易毁坏的泥石板上，这才使得我们能够获得大量关于昔日的历史知识。

很早之前，苏美尔和埃及人就知道了青铜、铜、金、银等金属，还有罕见的珍宝——陨铁。

在旧世界众多的古城中，人们的日常生活和埃及、苏美尔的差不多。除了街上有驴子和牛外，这种生活也一定和三四千年后美洲的玛雅城的生活没有太大差别。在和平时期，除了宗教的节日之外，大部分居民都忙于灌溉和耕耘。他们没有货币，也不需要货币，只是偶尔进行物物交换的小贸易活动。只有富有的贵族和统治者偶尔会用金条、银条以及珍奇的宝石来购物。那时，寺院支配着人们的生活。在苏美尔，寺院呈高大的塔形，屋顶高耸，可以在塔顶观测星象；在埃及，寺院是只有一层、巨大无比的建筑。在苏美尔，祭司是最伟大、最显赫的人；而在埃及，在祭司之上还有一个人，他是这一地区主神的活化身，即法老——诸神之王。

那时，世界几乎是一成不变的。人类在炎炎烈日下年复一年地辛勤劳作，生活得十分艰苦。很少有陌生人出现。祭司根据太古的律法指导人们的生活；观察星辰，确定播种的季节；推测献祭的兆象；以及解释梦中的预兆。人们无忧无虑地劳动、求爱，最后安然死去。他们对自己种族的野蛮过去一无所知，也对自己的未来毫不关心。有的统治者很仁慈，比如统治埃及长达 90 年的裴比二世；有的则野心勃勃，强迫人民服兵役攻城略地，或者役使人民建造巨大的建筑物，如基奥普斯、基弗林和迈塞林等。他们劳民伤财，在基塞建造了那些巨大的陵墓和金字塔。最大的金字塔高达 450 英尺（137 米），用去的石头重达 488.3 万吨。这些巨石都是用船从尼罗河上运过来，然后主要靠人力搬运到那里的。建造这些巨型建筑，对埃及来说，其劳民伤财的程度远远大于一次大规模的战争带来的伤害。

# ◆ 第 16 章　原始游牧民族 ◆

在公元前 6000 年到公元前 3000 年间，除了美索不达米亚和尼罗河流域，很多地方的人类开始定居，发展农业，建立城邦国家。在可以灌溉，终年都有稳定的食物供应的地区，人们就会放弃四处漂泊狩猎的艰难生活，选择定居生活。在底格里斯河上游，亚述人建立了城市；在小亚细亚流域和地中海沿岸和岛屿上，也有许多小公社逐步走向了文明。或许与此同时，在印度和中国的富饶地带，人类生活也得到了发展。在欧洲盛产鱼类的湖泊周围，早已有许多小公社在水上建起住宅，以捕鱼打猎来弥补农业收成的不足。但是在旧世界，大部分地区还没有形成这样的生活方式。那里土壤不那么肥沃，或者树木太茂密，或者土地太干旱，或者气候变化无常。因此，对于只掌握极少数工具和科学知识的人类来说，陆地还不是很好的安身立命之地。

在原始文明的环境中，定居的人需要持续不断的供水，持久的温暖和阳光。如果不能满足这些基本的要求，人们就只能像一个过客一样，做一个靠追捕野兽生活的猎人，做一个随着季节变迁追随牧草的牧人，而不能定居。从狩猎生活向游牧生活的转移肯定是一个很缓慢的过程，可能是在追寻野牛或（在亚洲）追寻野马群时，学会了把牛马赶进山谷中关起来，并为它们驱逐狼群、野犬等其他食肉的野兽，这样，人们就产生了财产私有的思想。

当农耕者的原始文明开始以大河流域为重点发展起来时，另外一种不同的生活方式——游牧生活方式也发展起来。这是一种在冬季牧场和夏季牧场之间轮流迁徙的生活方式。总的来说，游牧民的生活要比农耕生活更为艰苦。他们产出有限，人口也不多；他们没有永久性的寺院，更缺乏高度组织的祭司阶级；他们的工具也十分有限。但是读者们不要就此认为，他们的生活方式一定是落后不发达的。这种自由自在的生活，在许多方面实际上比那些依赖土壤生活的农耕民的生活更加充实。在游牧民族中，每个个体都是非常独立，并不只是作为群体中的一分子而存在的。在他们的社会生活中，首领的地位更为重要，而巫师则显得无足轻重。

游牧民足迹遍布辽阔的大地，因此他们有着更为宽广的人生观。在与各地的民族接触的过程中，他们看惯了各族的风土人情，学会了和竞争的部落就牧草之类的事进行交涉协商。他们走遍了高山深谷，因此，比起农耕者，他们有更丰富的矿物知识。可能他本身就是一个冶金专家。青铜，特别是炼铁术，很可能是游牧民族首先发现的。在中欧，曾经出土过一批比人类早期文明要早很多的铁器，使用的铁显然是用矿石冶炼而成的。

另一方面，一些定居的民族已经会做纺织品、陶器和其他许多有用的东西了。农耕和游牧两种生活既然已经分化，那么冲突自然就不可避免，两者之间经常会互相抢劫，同时，两者间贸易也得到了发展。在苏美尔，尤其是在一面是沙漠，一面是牧草的地方，耕地旁常常有游牧民搭起的帐篷，正像今天的吉卜赛人一样。他们可能相互间做生意，或者偷盗，或许还有诈骗，这些都司空见惯。但他们肯定不会偷鸡，因为直到公元前 1000 年，这种源于原始印度森林的动物才成为家禽。游牧民族往往会带些珍贵的宝石、金属制品以及皮制品。如果是猎人，他们就会带上兽皮，去换陶器、珍珠、玻璃、衣服及其他手工制品。

在苏美尔和古埃及的早期文明时代，有三个主要的地区和三个主要的种族以半漂泊半定居的方式为生。远在欧洲的森林里，生活着低级狩猎的游牧民族——皮肤白皙的北欧人。在公元前 1500 年前，他们还未出现在原始文明的舞台上。在更遥远的东亚草原上，生活着各蒙古族部落，即匈奴人。他们已经开始驯养野马，并且形成了在冬季和夏季随季节迁徙的习惯。受俄罗斯的沼泽和里海的阻隔，那时的北欧人和匈奴人还没有联系，各自独立生活。当时，里海的面积比今天要大得多，而俄罗斯大部分均为沼泽和湖泊。在今天已经变得干燥的叙利亚和阿拉伯沙漠里，则生活着肤色暗白或棕色的闪米特族。他们驱赶着山羊、绵羊和驴等畜群往逐草地而飘移。这些闪米特民族和从南波斯来的肤色更黑的最早的游牧民族伊拉姆人，与早期文明建立了密切的联系。他们时而作为商人为贸易而来，时而作为强盗为劫掠而来。后来，在他们中间出现了有胆识的首领，他们便摇身一变成为了征服者。

大约在公元前 2750 年，闪米特民族中出现了一位伟大的领袖萨尔贡。他征服了苏美尔全境，成为从波斯湾到地中海广阔地区的统治者。他目不识丁，但他的臣民阿卡德人都学会了苏美尔文字，苏美尔语言被定为官方和学术语言。2 个世纪后，萨尔贡所建立的帝国衰落了。其后，伊拉姆一度乘虚而入，但最终，一支新闪米特族——亚摩利人取得了苏美尔的支配权。他们把河上游一个名叫巴比伦的小城立为首都，因此他们的帝国被称为第一巴比伦帝国。伟大的汉谟拉比王（大约公元前 1792 年到公元前 1750 年）制定了历史上非常有名、也是最早的一部法典——《汉谟拉比法典》。帝国的基础也因此更加稳固了。

尼罗河流域地势狭长，不像美索不达米亚那样开放，因此也不易被游牧民族所侵略。但在汉谟拉比时代，闪米特人却成功地入侵了埃及，并建立了法老统治的“牧人王朝”，也就是喜克索斯王朝。这个王朝统治埃及达几个世纪之久。由于这些闪米特族统治者往往被当地人视为外来者和野蛮人而遭到排斥，因此，他们始终没有被埃及人同化。大约到公元前 1600 年左右，埃及人发生了独立运动，闪米特侵略者终于被驱逐出了这块土地。

但是在苏美尔，永远居住下去的闪米特人与当地人相互融合，并不断被其同化，就其语言和特征而言，巴比伦帝国可以算作闪米特族的一支了。

# ◆ 第 17 章　最早的航海者 ◆

大约在 2.5 万年到 3 万年前，人类最早开始使用舟和船。最晚到新石器时代的初期，人类可能就已经能够坐在一截木头或吹胀的皮囊上在水中行进了。从我们已经了解的最早年代起，埃及和苏美尔人就已经用皮革包裹起来，然后捻起缝隙，做成篮子状的小舟，在水上航行。至今，这些地方依然使用这种小舟。今天，爱尔兰、威尔士以及阿拉斯加也都在用这样的小船；而用海豹皮做的小船，还在用于横渡白令海峡；刳木为舟的造船方法随着人类器械的不断改进而得到改良。自然而然地，先是出现小舟，然后又出现了小船。

挪亚方舟的传说，应该就是一个纪念早期造船业创业的故事。就像在世界各民族中广泛流传的洪水故事一样，挪亚方舟的传说可能正是从地中海一带水患众多的洼地处流传开来的。

远在金字塔出现以前，就有船只在红海上航行了。到公元前 7000 年，在地中海和波斯湾也开始有船只航行。那时候的船只大部分是渔船，但也有一些商船和海盗船。以我们对于人类的了解，我们完全有理由猜测，最初的航海者一定是能抢就抢，只有在万不得已、没有办法时才会去和对方进行交易。

最早开始冒险的船只一般只在偶尔刮刮阵风、有时几天也见不到风浪的内海航行，所以，这些船只还没有发展出有辅助作用的设施。只是在最近400年间，装备精良、能在大海中航行的帆船才发展起来。古代的船都是靠划桨行走的，它们沿着海岸线划行，一旦遇到恶劣的天气，就立刻躲进港湾里。当小船发展成为单层甲板的大帆船时，航海者们就开始把战俘抓在船上做奴隶。

在上文，我们已经提到了在叙利亚和阿拉伯半岛漂泊的游牧民族闪米特人，是如何征服苏美尔，如何先建立阿卡德城，接着又创建第一巴比伦帝国的。在西方，这些闪米特人也曾经出没在海上，沿着地中海海岸建立了一系列的港口城市，其中主要的据点有提尔和希顿。在巴比伦的汉谟拉比统治时期，闪米特人有的成为商人，有的成了四处漂泊的流浪者，有的则成了殖民地的开拓者，散布在整个地中海盆地。这些在海上出没的闪米特人通常被称为腓尼基人。他们大部分在西班牙定居，驱逐了伊比亚半岛上土著的巴斯克人，组织了沿海岸的探险队，穿过直布罗陀海峡，在非洲北海岸建立了不少殖民地。其中，迦太基就是腓尼基人建立的一个城市，我们将在下文详细叙述。

但是在地中海水域，腓尼基人并不是最早拥有单层大型甲板船的民族。在地中海岛屿和沿岸，早已经出现了很多属于爱琴人的城镇和城市。爱琴人很明显是由西面的巴斯克人、南面的柏柏尔人和埃及人在血统、语言上相互融合而成的一个或几个种族，是我们将在下文故事中提到的希腊人的前身，因此，千万不要把两者混淆起来。爱琴人在希腊和小亚细亚都建有自己建立的城市，如迈锡尼和特洛伊。另外，他们还在克里特岛的诺索斯建造了宏大的宫殿。

经过考古学家们的艰苦发掘，直到最近半个世纪，我们才逐渐了解了有关爱琴民族的势力范围和文明发展程度。他们对其中的诺索斯的研究更加全面。幸运的是，此后，在这个远古城市的废墟上面，没有建造过更大的城市。因此，它的大部分古迹都保存得比较完整。这也就成为人类了解这一度被遗忘了的文明的重要标本。

诺索斯的历史，与埃及的历史一样久远。到公元前 4000 年前后，这两个国家已经开始频繁地进行海上贸易了。在公元前 2500 年前后，也就是在萨尔贡一世和汉谟拉比之间的年代里，克里特文明空前繁荣，达到了巅峰。

确切地说，诺索斯并不算是一个城市，而只是一个居住着克里特王和他的子民的一个大宫殿，原本连城墙都没有。但后来，随着腓尼基人渐趋强大，再加上新兴的、更为凶猛的希腊海盗从北方渡海过来骚扰，诺索斯才不得不加筑了城墙。

在埃及，统治者被称为法老，而克里特王则被称为迈诺斯。他的宫殿里有流动的水，有浴室，还有其他各种舒适的设备。这在其他的古迹中是很少见到的。他们经常在这个宫殿里举行大型的祭典和表演。在那里，还出现了一种类似于今天西班牙斗牛的活动，甚至斗牛者的服饰都非常相似，那时还有了体育运动的表演。妇女的思想开放，服饰样式非常现代，已经开始束胸和穿百褶裙了。克里特人制造的陶器、纺织品、雕刻、绘画、宝石、象牙、金属和镶嵌工艺都有令人叹为观止的精美作品。他们有自己的文字体系，但至今还没有人能解读它们。

这种幸福、繁荣的文明生活延续了数千年之久。在大约公元前 2000 年，诺索斯和巴比伦都是一派太平盛世，民众过着幸福快乐的生活。他们经常举行盛会、宗教仪式。在家里，他们的起居有农奴服侍；在外面，勤劳的农奴为他们创造财富。诺索斯人生活在碧海阳光下，也过得十分安乐。此时的埃及，正处在半开化状态的“牧人王朝”统治下，国势日渐衰微。如果一个对政治有着敏锐感的人一定会发现，闪米特人正在四处扩张。他们不仅控制了埃及，征服了远方的巴比伦，在底格里斯河上游建立了尼尼微城，还向西一直航行到直布罗陀海峡，在遥远的海岸开辟了许多殖民地。

诺索斯一定出现过很多敏锐而且又想象力丰富的人，因为在其后的希腊人中间就流传着聪明的克里特能工巧匠代达罗斯的传说。据说他曾经尝试制造一种飞行器——滑翔机。但不幸的是飞机在飞行途中坠毁在大海中。

非常有意思的是，诺索斯人和我们现代人在生活上有很多差异，也有很多相似之处。对于生活在公元前2500年的克里特绅士来说，铁是一种从天而降的罕见的金属。因为那时候的人只知道陨铁，还不知道如何从矿物中提炼铁，因此，它的珍奇程度远远超过了它的实用价值。不像现在，世界上到处都有钢铁的存在。对于那些克里特人来说，马完全是传说中的动物。其实当时，马还只是遥远的黑海以北的荒凉之地上一种品种优良的驴子。在他们看来，文明只存在于居住在希腊的爱琴人、小亚细亚一带的吕底亚人、迦利亚人和特洛伊人中间。他们过着与克里特人相似的生活，但有着自己的语言。在他们看来，西班牙和北非的腓尼基人和爱琴人生活在非常偏远的地方。意大利还是一片森林遍布的荒原；棕色皮肤的伊特鲁里亚人还没有从小亚细亚迁过来。假如有一天，有个克里特绅士来到码头，看到面庞清秀、眼睛碧蓝的俘虏时，一定会惊奇无比。我们的那位绅士或许会试着上去和他聊天，但俘虏的回答他肯定一句也听不懂。他肯定会认为这个动物是来自比黑海更遥远之地的愚昧野蛮人。而实际上这个俘虏正是雅利安人，关于这个民族的文化，我们不久会在后面详细讲述。他所说的那种奇怪的不可理解的语言，正是日后分化为印度语、波斯语、希腊语、拉丁语、德语和英语等如今世界上最主要的语种的母语。

这就是处于全盛时期的诺索斯人。他们有知识，有远见，开朗而幸福。然而在大约公元前 1400 年，不幸突然降临到这片欣欣向荣的土地上，繁荣消失了。迈诺斯王的宫殿遭到毁灭，从此，它的辉煌再也没有重现过，那里再也没有人居住过。这场灾祸是如何开始的，到现在还是一个谜。人们在那里挖掘到一些遗物，其中似乎有遭到劫掠和火烧的痕迹；同时也发现了非常强烈的地震的痕迹。没有人知道诺索斯只是毁于自然力量之手，还是祸不单行，在地震后又遭到希腊人的洗劫。

# ◆ 第 18 章　埃及、巴比伦和亚述 ◆

埃及人从来没有心甘情愿地臣服于闪米特族“牧人王朝”的统治。大约在公元前 1600 年，埃及爆发了一场轰轰烈烈的爱国运动，赶走了这些外来侵略者。随后，埃及迎来了复兴的新时期。埃及研究专家称这一时期为“新帝国”。埃及，这个在喜克索斯王朝入侵以前从来没有统一过的国家，现在完成了统一大业。长期被征服的岁月以及伴随进行的反抗斗争，留给了埃及人旺盛的斗志，从而也使法老成为一个野心勃勃的征服者。现在，他们用从喜克索斯王朝缴获来的战马和战车来装备军队。到特多麦斯三世和阿米诺菲斯三世执政时期，埃及的势力已经延伸到亚洲，到达幼发拉底河流域。

下面我们要讲的是在美索不达米亚文明和尼罗河文明之间历经上千年的战争，这是两种曾经完全分离的文明之间的战争。开始时，埃及占有明显的优势。一些伟大的王朝都曾经引领着埃及达到过辉煌的顶点，例如包括特多麦斯三世、阿米诺菲斯三世和四世、大女皇哈达苏在内的第十七王朝（公元前 1674 至公元前 1567 年）和包括在位 67 年、有人称为摩西时法老的拉美西斯二世在内的第十九王朝（公元前 1320 至公元前 1200 年）。当然，在此期间埃及也经历过衰落的时期。它曾经被叙利亚打败过，后来又被来自南方的埃塞俄比亚所征服。美索不达米亚先是由巴比伦统治，后来赫梯人和大马士革的叙利亚人也短暂地统治该地区。一度，叙利亚人还征服了埃及。尼尼微城的亚述人的命运起伏不定。有时尼尼微城被征服，有时叙利亚人不仅统治着巴比伦而且还攻打埃及。限于篇幅，我们在这里不能面面俱到地讲述埃及军队与小亚细亚、叙利亚和美索不达米亚的闪米特人交锋的情形。不过，此时这些军队装备有大批的战车，而马虽然已经从亚洲中部传入这些古代文明地区了，但是仍然只是在战争凯旋后的仪式中才使用。

在人类远古时代的昏暗的时光中，几位伟大的征服者转瞬即逝，如曾经占领过尼尼微城的米坦尼的国王塔楚拉达；曾经征服过巴比伦的亚述王提格拉特·帕拉沙尔一世。最终，亚述成为当时军事力量最为强大的民族。公元前 745 年，提格拉特·帕拉沙尔三世攻占巴比伦，建立了历史学家所谓的“新亚述帝国”。在此期间，铁从北方传入文明国家，亚美尼亚人的先驱赫梯人首先学会了使用铁，并把铁传给了亚述人。亚述王位的篡夺者萨尔贡二世随即用铁器来武装自己的军队，于是，亚述人就成了最早解释所谓铁血信条的民族。萨尔贡的儿子辛那赫里布率军出兵埃及，结果，由于瘟疫在军队中蔓延而宣告失败。后来，辛那赫里布的孙子阿舒巴尼泊，这个在历史上以希腊名字萨达那帕尔斯而著称的国王，于公元前 670 年征服埃及，而此时的埃及已经是在埃塞俄比亚王朝统治之下的被征服国，萨达那帕尔斯只不过取代了前面的征服者而已。

在这段长达 10 个世纪的漫长历史中，如果把各个国家的政治版图描绘出来的话，我们就可以发现埃及的疆土就好像显微镜下的一只变形虫忽大忽小，也能看到亚述人、巴比伦人、赫梯人、叙利亚人等闪米特人的国家变化不定，相互吞并而又彼此分裂的情形。在小亚细亚西面，可能还有一些爱琴人建立的弱小国家，如吕底亚（都城为萨底斯）和迦利亚等。然而在大约公元前 1200 年以后，也许更早一点，有许多新兴民族的名字从东北和西北陆续进入了旧世界的版图中。这些都是军队中装备铁制武器和马拉战车的蛮族部落的名字，他们的语言都是从雅利安语这一母语中演变而来的。

米堤亚人和波斯人来到了黑海与里海的东北部一带。从当时的记录来看，人们把他们与塞西亚人和萨尔马提亚人混为一谈了。此外，亚美尼亚人从东北或西北面来，西米里人、弗利吉亚人和希腊人则从西北部沿岸经巴尔干半岛来到这里，现在他们被统称为希腊民族。这些雅利安人，不论是来自东部还是西部，几乎都是些侵略者、强盗、城市的掠夺者。他们都是有着相近的血统，干过掠夺勾当的游牧民族。东部的雅利安人还只是打家劫舍，而在西部他们则猖獗地攻城略地，赶走了文明的爱琴人。爱琴人备受压迫，处境艰难，不得不在雅利安人势力范围之外另外寻找安身之处。一些爱琴人来到尼罗河三角洲，结果被埃及人击退。一些爱琴人，即爱托利亚人，看上去是从小亚细亚漂洋过海，在杳无人烟的意大利中部的丛林荒野中建立了国家；还有一些爱琴人则在地中海的东南海岸兴建了城邦，他们就是后来历史上著名的腓利斯人。

关于这些在古代文明舞台上凶猛异常的雅利安人的情况，我们还会在下面的章节中详细讲述。在这里，我们只能简述古代文明在这一地区的兴起和变迁。公元前 1600 年至公元前 600 年之间，这些野蛮的雅利安人从北方丛林原野中走出来，逐渐向前推进，不断入侵，导致了该地区的兴起和变迁。

下面一章我们还要讲一下另一小支闪米特人，即居住在腓尼基与腓利斯海岸后面丘陵地带的希伯来人。他们的兴起，是这个时代结束前的一件大事。因为他们创造了一本对日后世界历史产生深远影响的文学著作希伯来《圣经》。这是一本荟萃众多书籍、历史和诗歌的总集，是一本融合智慧与预言的著作。

公元前600年以前，在美索不达米亚和埃及，雅利安人的入侵并没有使他们产生什么根本性的变化。对于埃及和巴比伦的人民来说，在希腊民族前的爱琴人的溃败以及诺索斯城的毁灭，看上去只不过是一些非常遥远的灾难。在这些文明的发祥地，众多王朝一代代更替，但人类生活的主流仍然是年复一年缓慢地向着更高级、更复杂的方向继续前进。在更古老的时代，埃及已经有了许多古迹，比如金字塔历经了3000年的风雨，至今仍然吸引着无数游客去参观。之后，埃及又建筑了很多新的雄伟的建筑，特别是在第十七、十九两个王朝，卡纳克和鲁克索两大寺院就是在这一时期完工的。尼尼微城所有主要的古迹，如大寺院、有翅膀的人首牛身像以及帝王、战车、猎狮等浮雕，都是在公元前1600年到公元前600年之间完成的杰作。可以说，这个时期也是巴比伦最辉煌灿烂的时期。

现在，从美索不达米亚和埃及我们发现了许多公众记录、商业文书、故事、诗篇以及私人信札等。通过这些，我们可以了解到他们当时的生活状况。在巴比伦和埃及底比斯等城市中，有钱有势的人们过着和现代有钱人一样高雅并且奢侈的生活。这些人住在美轮美奂、装修豪奢的房屋里，穿着华丽，浑身上下珠光宝气，过着有规有矩的礼仪生活。他们不时举办宴会和庆典，用音乐和舞蹈相互应酬、消遣。他们有训练有素的奴仆服侍，有医生和牙科专家为他们祛除病痛。他们不经常旅行，即使旅行也不会走太远，但是他们热衷于在尼罗河和幼拉底河上泛舟游玩。那时他们主要靠驴来运送东西。马匹仍然只用在战车及公务上。骡子还很少见。骆驼也仅在美索不达米亚才能见到，还没有传入埃及。当时铁制器具很少见，紫铜和青铜是一般常用的金属。他们已经有了质地不错的棉麻织物和毛织物，但是还没有出现丝织品。玻璃已经成为普遍的物品，而且还有各种漂亮的颜色。只不过此时的玻璃制品通常是小件物品，还没有制成透明的玻璃，因此也没有用来制作眼镜。人们已经开始镶金牙，却还没有在鼻梁上架眼镜。

与现代生活相比，古代底比斯或巴比伦的生活有一个明显的差异就是他们没有铸币，大多数贸易依旧是物物交换。从财政金融方面看，巴比伦远比埃及进步。金银已经作为交换之用而铸造成锭；在货币出现以前，一些“银行家”已经在贵重金属块上烙上他们的名字，并标明金属的重量。商贾或旅行者出门时可以携带一些宝石，在旅途中必要时变卖换取生活必需品。佣人和做工的人，大多为奴隶，没有薪水，只能获得一点食物。随着货币的出现，奴隶制度也就衰落了。

一个现代人如果能够重返这些古代繁华的都市，他们就会发现缺少两种极其重要的食品：那就是鸡和鸡蛋。因此，法国厨师肯定不会喜欢巴比伦。据说，鸡和蛋大约是在亚述帝国没落时，才从东方的某个地方传到这里的。

和其他事物一样，宗教也有了长足的发展。比如，用活人献祭的陋习早就被废止了，取而代之的是动物或面粉做的假人（但是腓尼基人，尤其是在非洲有大量殖民地的迦太基市民，仍然崇拜宰杀活人做祭品，因而备受后世的谴责）。在远古时代，大首领死亡后，为了使他在另一个精神世界里不会无人侍候或没有武器，都要按照惯例，用他的妻子和奴隶来殉葬，还要折断枪矛、弓箭等物品放入坟墓中。在埃及，至今还盛行着把房屋、店铺、仆人、牲口等做成模型来陪葬的蒙昧习俗。今天，也正是这些陪葬物，向我们生动地展现了 3000 年多前人们安定而文明的生活场景。

这就是雅利安人从北方丛林原野中出来之前的古代世界的大致情形。这时，印度与中国也已经发展起来了。在这两个地方的江河流域，棕色人种的农耕城市国家出现了，然而在印度，这种城市国家发展速度似乎没有像美索不达米亚或埃及的城市国家那样迅速，其发展水平似乎更接近于古代苏美尔或美洲的玛雅文明的发展水平。中国学者正在用现代手段来研究中国历史，其中许多的传说材料，还有待于学者们去剔除整理。当时，中国可能比印度更进步，与埃及的第十七王朝同期，中国曾经出现过商王朝，祭司式的皇帝统治着组织松散、割据各地的诸侯国。这些古代帝王的首要职责是举行祭祀仪式。商朝美妙绝伦的青铜器一直流传到今天，从其精致程度而言，我们不得不承认，在这些巧夺天工的作品出现前的好多个世纪，这一文明就已经存在了。

# ◆ 第 19 章　原始雅利安人 ◆

4000 年以前，也就是大约公元前 2000 年，欧洲中部和东南部、亚洲的中部等地可能比现在要温暖、湿润，树木更加繁茂。在这些地区生活着各种金发碧眼的北欧人。从莱茵河到里海，他们用各种源自于同一母语的方言相互往来。那时，他们的人口可能不是很多，所以并没有引起汉谟拉比统治下的巴比伦的注意，也没有引起饱尝异族入侵之苦的古老而文明的埃及的注意。

这些北欧民族，注定要在世界历史上扮演重要的角色。他们是草原上的民族，是把森林开辟成田园的拓荒者。最初，他们只有牛没有马，每当迁徙时，他们就得把帐篷以及其他器具搁在简陋的牛车上。如果要在某地定居一段时间，他们就会用树枝和泥巴垒起小屋。他们不像先前的暗白人种实施土葬，而是在重要人物死后实行火葬，然后把骨灰装入瓮中，在上面做一个大圆土堆。这些被称为“圆冢”的大土堆在北欧随处可见。而他们的先人暗白人种，却不用火葬，而是让死者端坐在细长的坟中，即所谓的“长冢”。

雅利安人开始种麦子，用牛耕地，然而他们却从不因为务农而定居某地，往往在收获后就迁到别的地方。他们拥有青铜器具，大约在公元前 1500 年左右，他们又拥有了铁。他们似乎就是冶铁术的发明者。也许就是在那时，他们有了马匹——当然马匹最初只是用来运送货物的。他们的社会生活，不像地中海一带那些定居民族一样，以寺庙为中心，他们的首领是领导者而不是祭司。他们的社会秩序近乎贵族主义，而不带有宗教和帝王色彩。从很早之前，家族间就有较为明显的贫富贵贱之分。

他们是一个擅长歌唱的民族。为了给漂泊流浪的生活增添色彩，他们经常举行宴会，饮酒作乐，几乎每饮必醉。在宴会中，有一种专职的歌者，高歌吟诵助兴。在接触文明社会之前，他们没有文字，歌者的记忆就是他们活的文字。这种作为娱乐的说唱形式对语言的发展很有帮助，使它最终成了一种非常完美的表现工具。毫无疑问，从某种程度上来说，之后的源自雅利安语系的各种语言所具有的许多优点，都与此有关。雅利安人的传奇历史都保存在歌者吟唱的叙事诗、史诗和宗教传说等各种形式中。

在社会生活中，雅利安民族以首领的家族为中心。当他们在某地安营扎寨时，首领们住的地方往往有一个非常宏大的木质厅堂。毫无疑问，还有放牧者的小屋以及坐落在远处的农宅。但是对于大部分雅利安人来说，这种厅堂就是全族的中心，大家聚集在这里举行宴会、欣赏歌诵、参加游戏或商讨部落发展大计。厅堂周围有牲口栏圈。首领及其妻儿躺在大厅的首席或高台上，普通人则像今天的印度家庭一样，随地侧身而卧。在部落中，只有武器、饰物、各种工具等属个人所有，其余财产均为公有，可以算得上一个族长制的共产社会。此时森林和河流还没有被开发利用，首领代表公众利益而管理着牲口和牧场。

在美索不达米亚和尼罗河流域伟大的文明繁荣发达的时候，遍布中欧和中亚，不断繁衍昌盛的雅利安人就是这样生活的。在耶稣诞生的第二个千年里，雅利安民族开始入侵拥有日石文化的其他各民族。他们侵入法兰西、不列颠，进入西班牙，然后分成两股力量向西方推进。其中一股力量到达了不列颠和爱尔兰，他们利用装备的青铜武器，驱逐或征服了那里的民族。这些民族曾经在布列塔尼的卡纳克神庙中建造巨大的石碑，在英格兰索尔兹伯里平原上建造了巨石阵。最后他们一直打到了爱尔兰，这一股力量被称为盖尔·凯尔特人。第二股力量是可能融合了别的种族因素的相近的种族，他们把铁传入大不列颠。这一股力量被称为布里托尼·凯尔特人。威尔士人的语言就是从他们的语言转化而来的。

血统相近的凯尔特诸民族向南侵入西班牙，他们不仅与当时统治那个国家的拥有日石文化的巴斯克人接触，同时也和海岸上闪米特族的腓尼基侵略者相互往来。此外，意大利人的各个部落紧密联合，也已经迁移到当时还是原野荒林的亚平宁半岛。当然，他们并不总是征服者。公元前 8 世纪，罗马登上历史舞台。当时的罗马仅仅是位于台伯河畔的一个商业城镇，居民是雅利安系的拉丁人，统治者则是伊特鲁里亚的贵族和王室。

雅利安人的另一股势力也曾经侵入南方。这支说梵语的雅利安人，早在公元前 1000 年以前，就已经由西方进入印度北部了。在这里，他们与原始的暗白人文明——达罗毗荼文明相互接触，学到了许多东西。另外还有一些雅利安民族，其活动区域远广于今天这一民族的区域，好像已经向东扩展到了中亚的山区。在当地，至今还有金发碧眼的北欧人种部落，不过现在他们说的是蒙古人的语言。

居住在黑海与里海之间的古代赫梯人，在公元前 1000 年之前就已经被亚美尼亚人征服而雅利安化了，而亚述人和巴比伦人也已经警觉到东北边境上有一群新崛起的、好战而可怕的野蛮民族，其中声名最为显赫的要数塞西亚人、米提亚人和波斯人。

然而雅利安各部落对旧世界文明最早的迎头一击，还是在他们穿越巴尔干半岛之后。在公元前 1000 年之前的若干个世纪，他们就已南下，进入小亚细亚。在最早来到这里的种族中，最著名的要数弗利吉亚人，之后又有伊奥里斯人、爱奥尼亚人、多利安希腊人。到公元前 1000 年，他们已经把希腊本土以及希腊周围大部分岛屿上的爱琴文明，一扫而光。迈锡尼和梯林斯等城市被毁，诺索斯则差不多已被遗忘。在公元前 1000 年之前，希腊人便已开始向海上发展，曾在克里特和罗德岛上定居，并依照地中海沿岸的腓尼基商业城市的样式，在西西里岛和意大利南部等地建立了许多殖民地。

就这样，当提格拉特·帕拉沙尔三世、萨尔贡二世以及萨达那帕尔斯统治着亚述，并不时与巴比伦、叙利亚、埃及作战的时候，雅利安各民族受到了文明的熏陶，并按照自己的意愿，在意大利、希腊及波斯北部创造了自己的文明。从公元前 9 世纪以后的 6 个世纪中，世界的历史其实就是雅利安民族如何发展强大、最后又如何征服整个闪米特人、爱琴人、埃及人等的古代世界的历史。从表面上看，雅利安人取得了完全的胜利，但是在思想和制度上，雅利安人与闪米特人、埃及人的争斗不断，在其掌权后的很长一段时间里，这一斗争仍在继续着。准确地说，这一斗争事实上贯穿了之后人类的整个历史，直到现在，它也还在以某种形式继续着。

# ◆ 第 20 章　巴比伦帝国末期和大流士一世帝国 ◆

我们已经讲到了提格拉特·帕拉沙尔三世和篡位者萨尔贡二世统治下的亚述国是如何成为一个军事强国的。萨尔贡并非他的原名，而是他为了迎合被征服的巴比伦人而改的名字，他认为这样可以使巴比伦人想起 2000 年前古阿卡德帝国的开创者萨尔贡一世。巴比伦虽然是被征服的城邦，但是比起尼尼微来，其人口众多、地位更为重要，征服者们甚至不得不善待该城伟大的神灵柏尔·马杜克，以及商人和祭司。公元前 8 世纪的美索不达米亚平原，以往对被俘者劫掠残杀的野蛮时代已经一去不复返了，征服者都是力图采用怀柔政策让被征服者臣服，这一政策颇有成效，萨尔贡二世去世之后，新亚述帝国又存在了一个半世纪。我们已经讲过，其后，阿舒巴尼泊（即萨达那帕尔斯）至少占领了下埃及（埃及自建立古文明后，就分成上埃及〈南部〉、下埃及〈北部〉两部分，以孟斐斯〈今开罗附近〉为界）。

但是不久亚述王国的强大和统一就迅速崩溃瓦解了。沙麦提克斯一世统治时，经过艰苦卓绝的斗争，埃及终于赶走了入侵者。尼科二世在位时，他还企图出征叙利亚。当时，亚述王国正在与邻国交战，因此只能做一些微弱的抵抗。而来自美索不达米亚东南部的闪米特族一支，也就是迦勒底人，与雅利安族的米堤亚人、波斯人相勾结，从东北方进攻尼尼微城，并在公元前606年占领了它。也就是从那时起，人类有了准确可考的纪年表。

失利后，亚述遭到了瓜分和掠夺。在北方，在赛阿克萨里统治之下建立了米堤亚帝国，领土包括尼尼微，首都设在厄克巴塔那，东部国境直达印度边界。该国南面则为版图呈新月形的新迦勒底帝国，也就是第二巴比伦帝国。在尼布甲尼撒大帝的统治时期，该国日渐强盛。巴比伦最后的辉煌时代，而且可能是整个巴比伦帝国有史以来最辉煌的时代开始了。有一段时间，两个帝国之间和睦相处，尼布甲尼撒还把女儿嫁给了赛阿克萨里。

这期间，尼科二世出击叙利亚，不费吹灰之力就占领了该国。在公元前608年的米吉多战役中，他还曾战胜了小国犹太国（位于巴勒斯坦南部），杀死了犹太国王约西亚。关于犹太国，下文还将详细地讲述。之后，他率大军直扑幼发拉底河，目标当然不再是日渐衰落的亚述，而是强大复兴的巴比伦。但是埃及的入侵遭到了迦勒底人的顽强抵抗，结果，尼科二世一败涂地，被赶回埃及本土，巴比伦乘机将疆域扩大到古埃及的边界。

公元前606年到公元前539年之间，巴比伦第二帝国虽然不太稳定，但仍然极为兴盛。这种繁荣主要得益于它与北面更强大、更稳固的米堤亚帝国保持了长久的和平。在这67年间，这个古城不仅生活富足，而且文化也灿烂辉煌。

在亚述历代帝王的统治下，巴比伦始终是文化知识的重要传播地，尤其在萨达那帕尔斯统治时期更是如此。萨达那帕尔斯是一个已经巴比伦化了的亚述人。他建造了一座图书馆，当然里面保存的不是纸质图书，而是从古苏美尔早期流传下来的大量美索不达米亚黏土刻字板。后来，该图书馆的许多收藏品被人挖掘出来，这些收藏品可以说是世界上最宝贵的历史藏品。巴比伦最后的王——拿波尼度是迦勒底人。他酷爱文学，也鼓励资助古迹的调查研究。当研究者考证出萨尔贡一世即位的年代时，他立即下令将这个史实刻碑以作纪念。但是在他统治时，帝国内出现了若干分裂的征兆，于是，为了加强集权统治，维护统一，他把各地的地方神集中到巴比伦，并为他们修建庙宇。后来，这种做法被罗马帝国灵活运用，成功效仿，收到了奇效。但是在巴比伦实行时，却引起了信奉柏尔・马杜克（巴比伦之主宰神）的有权势的祭司们的猜忌，他们和邻国米堤亚帝国的统治者、波斯人居鲁士合谋，想逼迫拿波尼度退位，让居鲁士取代拿波尼度。当时，居鲁士因征服东方小亚细亚的吕底亚王国富有的国王克里萨斯而声名大噪。于是，他率军攻打巴比伦，仅在城外打了一仗，就有人打开城门迎接他（公元前538年）。他的军队长驱直入，不费吹灰之力就占领了这座城市。据《圣经》记载，当时拿波尼度的儿子——伯沙撒王太子正在举行宴会，突然看见一只手进来，在墙壁上写了些神秘的文字："弥尼，弥尼，提客勒，乌法珥新。"于是他召见先知但以理来解谜。但以理解释道"上帝已知道你的末日，已在天平上称出你的分量不够，因此你的国家当分给米堤亚人和波斯人"。信奉柏尔・马杜克神的人们早就知道这种墙上写字的把戏。《圣经》上说，伯沙撒王太子当晚即遭杀害，拿波尼度也被捕入狱。由于这次占领基本未动干戈，所以对柏尔・马杜克神的祭典也从未中断过。

就这样，巴比伦和米堤亚两大帝国统一起来了。后来，居鲁士的儿子冈比西斯征服过埃及。冈比西斯情绪暴躁，十分疯狂，后因暴病而猝死。居鲁士的宠臣希斯塔斯皮斯之子、米堤亚人大流士继位，他就是大流士一世。

大流士一世统治的波斯帝国，是古代文明舞台上最早出现的新雅利安帝国，也是当时世界上规模最为空前的大帝国。它拥有小亚细亚全境、叙利亚、古亚述与巴比伦帝国的全部，还拥有埃及、高加索到里海一带，以及米堤亚、波斯等地，甚至远伸到印度的印度河。当时世界上已经出现了马匹、骑兵、战车和修建的道路，因此也就有可能有条件建立这样一个大帝国。在此以前，驴、牛和沙漠中的骆驼是最方便、最快捷的交通工具。如今，波斯的统治者为了管理他的新帝国，建筑了许多干线道路；驿马随时待命，以供政府的信使或得到政府特许的旅行者们使用。与此同时，铸币开始使用，这就大大促进了商业的发展，推动了人员往来。但是这个幅员辽阔的帝国的首都已经不是巴比伦了。从长远来看，那些信奉柏尔·马杜克神的祭司们并没有从他们的背叛行为中获得什么好处。巴比伦城虽然还是很重要，但却日渐衰落。珀塞波利斯、苏萨和爱克巴坦那成为新帝国的重要城市，帝国的都城设在苏萨。尼尼微城已为世人所抛弃，逐渐成了一片废墟。

# ◆ 第 21 章　犹太人的早期历史 ◆

现在我们可以讲一下一个闪米特族系的民族——希伯来人了。在当时，这个民族的重要性远远不及它日后对世界历史的影响大。公元前 1000 年以前，希伯来人就定居在犹地亚，从那以后，首都一直都设在耶路撒冷。他们的历史是和南部帝国埃及、北方叙利亚、亚述和巴比伦等相继更迭的帝国的历史交织在一起的。因为，他们所处的位置，是北方诸强国和埃及往来的必经之路。

犹太人在世界历史上地位重要，主要因为他们创造了一部重要的文学著作，这是一部世界史，也是关于律法、年代学、赞美诗、箴言、诗、小说以及政治言论的汇集。后来这部著作被基督教称为《旧约》，即《希伯来圣经》。这个作品出现在公元前 5 世纪或公元前 4 世纪。

这部作品可能是在巴比伦首次完成编纂整理工作的。我们前面已经讲过，当亚述人拼命与米堤亚人、波斯人、迦勒底人作战时，埃及法老尼科二世是如何入侵亚述帝国的。犹太国王约西亚率领人民反抗尼科二世，结果被打败，于公元前 608 年在米吉多被杀。犹太国因此成了埃及的附属国。后来，巴比伦的新迦勒底国王尼布甲尼撒大帝把尼科赶回埃及，并企图在耶路撒冷拥立一个傀儡国王统治犹太国。但是这一想法没有变成现实，犹太民众把巴比伦派来的官吏都杀了。因此，尼布甲尼撒决心要把这个长期以来使埃及暴露于北方帝国并使各方相互制约的小犹太国彻底消灭掉。于是，耶路撒冷遭到了掠夺和焚烧，幸存的居民成为战俘，被押回巴比伦。

从此，他们就一直羁留在那里。直到公元前538年，居鲁士占领巴比伦后，才把他们遣送回故土，让他们重建了耶路撒冷的城垣和庙宇。

在此之前，犹太人似乎并不是一个很开化或很团结的民族。他们中间可能只有极少数人能读或能写，即使从他们自己的历史书来看，也没有提到有人曾经读过《圣经》的最初几篇，直到约西亚时期才第一次提起了这本书。被俘到巴比伦的耻辱经历，不仅使他们开化了，而且使他们更加团结。回国后，他们才意识到了本国文学的重要性，逐渐变成了一个有敏锐自我意识和政治能力的民族。

在当时，他们的《圣经》可能只有“首五卷”，也就是今天我们所知的《旧约》中的开头五篇。除此之外，还包括另外许多独立成篇的书，比如编年史、圣诗和箴言等与“首五卷”一直并入后来的《希伯来圣经》中。

《圣经》开头描述的创造世界、亚当、夏娃和洪水的故事，几乎与巴比伦的传说完全一样，这似乎是所有闪米特民族共同信仰的组成部分。有关摩西和参孙的故事，则与苏美尔人和巴比伦人的传说如出一辙。不过，关于亚伯拉罕以及其后的故事，却具有了犹太民族的特色。

阿伯拉罕可能生活在汉谟拉比时代的巴比伦。他是一个族长制时代的闪米特游牧民。在《创世纪》一篇中，读者可以读到有关他漂泊的情形、他子孙的故事以及他们如何成为埃及俘虏的经过。根据《圣经》的记载，当他漂泊到迦南时，亚伯拉罕的上帝就把这块繁荣城市的美地赐给了他和他的子孙们。

在埃及羁留了多年之后，亚伯拉罕的子孙在摩西的领导下，在荒野中整整漂泊流浪了50年，终于发展成了一个由12个部落组成的大民族。后来，大约在公元前1600年和公元前1300年间，他们从阿拉伯沙漠向东入侵迦南。但是关于摩西和当时迦南的情况，埃及历史上没有留下任何可供参考的记录。然而有一点可以肯定，这次入侵没有成功。除了上帝赐予的土地中的一些丘陵外，他们一无所获。当时的海岸地带并不属于迦南人，而是掌握在新来的爱琴民族，即腓利斯人手上。他们建立的加沙、加多、阿什杜德、阿斯卡伦和乔帕等城市，成功地击退了希伯来人的进攻。在其后的许多代，亚伯拉罕的后裔不得不蛰居在那片丘陵地带，不断与腓利斯人以及它同种族的莫阿布人、米堤亚人等征战。读者可以在《士师记》中看到他们在这一时期的战斗和灾难的记载。在很大程度上，《士师记》就是他们不幸和挫败的坦率完整的记录。

这一时期的大部分时间，无论是哪一方面，希伯来人都是由民间的长老们选出来的类似于祭司的士师来领导的。后来，也就是在公元前1000年左右，他们选出了一个王，由他来率兵作战，他就是扫罗。但是扫罗的领导才能并不比士师更为出色，他自己也在吉尔布亚山一役中，被腓利斯人用弓箭射中阵亡。他的甲胄被送到腓利斯人的维纳斯神庙中，尸身则被钉在贝塞香的城墙上。

扫罗的继承人大卫要比他更为精明，更善于政略，成就也更大。在他统治下，希伯亚来民族第一次迎来了空前繁荣的景象。当然，这样的繁荣是建立在与腓尼基的提尔人紧密结盟基础上的。提尔的君主海勒姆似乎是一个足智多谋、励精图治的君主。他希望建立一条经过希伯来丘陵地带通往红海的安全的贸易通道。当时，通常情况下，腓尼基商人是经过埃及到达红海，但是当时埃及国内战乱频繁，加上或许还有其他阻碍，所以海勒姆就与大卫、他的儿子以及王位继承人所罗门保持着极为密切的联系。在海勒姆的援助下，耶路撒冷建起了城墙、宫殿和庙宇。作为回报，海勒姆王得以在红海建造航海的船只。于是，大规模的贸易便通过耶路撒冷在南北之间开始了。所罗门也因此带领该民族取得了前所未有的繁荣，他甚至娶了埃及法老的女儿为妻。

但是我们也必须清醒地知道，即使在耶路撒冷繁荣的巅峰期，所罗门也不过是一个小城邦的并且处于从属地位的小国王而已。所罗门的权力犹如昙花一现，非常短暂。在他死后没几年，耶路撒冷就被埃及的第二十二王朝第一任法老谢克所占领，昔日的繁荣被彻底摧毁。许多评论家曾经对《旧约》中的《列王纪》和《历王记》中所描述的关于所罗门豪华富贵的情形提出质疑。他们认为那些都是后世的撰写者出于爱国心和自尊心而加以粉饰和夸张的。但是如果仔细去阅读《圣经》的话，我们就会发现，所罗门王国豪华程度远没有第一次阅读时那样令人惊叹。如果去丈量一下所罗门神庙，就可以知道，它并不比一个郊区的小教堂大。如果我们从亚述人的纪念碑中得知，所罗门的继承者埃哈卜曾经派遣一支 2000 人的军队与亚述军队对垒，那么所罗门的 1400 辆战车也就没有什么值得炫耀、没有什么让我们震惊的了。另外，《圣经》中还有明确记载，所罗门是一个挥霍残暴、虚荣心很强的君主。他对人民课以重税和沉重的劳役。所罗门一死，王国的北部就从耶路撒冷分裂出去，成为独立的以色列王国，不过耶路撒冷仍然是犹太国的都城。

希伯来的繁荣是短暂的。海勒姆死后，提尔停止了对耶路撒冷的帮助。此时，埃及又一次振兴强大起来。以色列和犹太国的历史就成了夹在北方诸强先是叙利亚，稍后是亚述，再次是巴比伦与南方埃及之间的两个小国的历史。这段历史充满了艰难困苦，希伯来民族在灾难和不幸中苟延残喘；这段历史也是未开化的君主统治着一群野蛮民族的历史。公元前 721 年，以色列王国被亚述人吞并，所有的人都成了俘虏，以色列从此在历史上销声匿迹。就像我们上文讲过的，犹太国继续斗争，但也在公元前 604 年遭遇了与以色列同样的命运。在圣经故事中，从士师时代以来的希伯来历史，或许存在着批评和探讨的余地，但大体而言，上面记载的都是真实的故事，与 19 世纪人们对埃及、亚述、巴比伦所发掘遗迹研究的结果相吻合。

希伯来人在巴比伦羁留期间，开始收集整理他们的历史，并发展了他们的传统。当居鲁士允许他们回到故土耶路撒冷时，无论在精神上，还是在知识上，他们都已与被俘时大不相同了，他们已经学到了文明。在此，我们必须非常关注在希伯来特有的民族性发展上，发挥着极为重要作用的一种人，或者说某种新型的人，那就是先知。这些先知的出现，标志着一种新的、突出的力量，已经在人类社会的稳步发展过程中形成了。

# ◆ 第 22 章　犹太的祭司和先知 ◆

亚述和巴比伦的衰落，只是即将降临在闪米特民族头上的一系列灾难中的第一件。公元前 7 世纪，看上去好像整个文明世界都操纵在闪米特民族的统治者手中。他们统治着庞大的亚述帝国、征服了埃及。亚述、巴比伦、叙利亚全是说着彼此相通语言的闪米特族系的国家。世界贸易也掌握在闪米特人手中。他们在西班牙、西西里和非洲的殖民地甚至比腓尼基沿岸的本土，比提尔、西顿等城市的面积还要大。公元前 800 年之前就建立的迦太基城的人口已经超过百万，在很长一段时间内，它都是世界上最大的城市。迦太基的航船经常前往不列颠，甚至到达大西洋外。他们还可能抵达过马德拉岛。我们曾经在前面提过，海勒姆和所罗门为了开拓阿拉伯与印度间的贸易，如何在红海合作建造过船只。在尼科王时代，已经有一支腓尼基远征队，绕非洲航行了一整圈。

当时，雅利安人还是野蛮民族，只有希腊人已经开始在他们摧毁的文明的废墟上创建新的文明。而米堤亚人，就像一块亚述碑文所记，逐渐成为中亚的可怕部落。公元前 800 年，谁也不会预想到，在公元前 3 世纪，闪米特民族的统治会被说雅利安语的野蛮人所全部覆灭，更不会相信各地的闪米特族人或者臣服于雅利安人，或者成为其属国，或者被迫流离失散。除了在阿拉伯北部沙漠上的贝都因人仍然固守着游牧生活，坚守着萨尔贡一世以及他的阿卡德人民出征苏美尔以前的古代闪米特的生活方式外，其他各处的闪米特人都被征服了。但是阿拉伯的贝都因人永远没有被雅利安统治者征服。

在这波谲云诡的500年中，闪米特文明遭到了破坏和蹂躏。只有一个民族始终团结一致，固守着古老的民族传统，他们就是被波斯人居鲁士遣回耶路撒冷，重建自己国家的弱小犹太民族。他们之所以能够完成这样的伟业，完全是因为他们在巴比伦编纂的那部文献《圣经》。与其说是犹太人写就了《圣经》，还不如说是《圣经》塑造了犹太人。贯穿《圣经》始终的思想，是一种与其他民族思想完全不同的精神，这就是他们在2500年艰苦、冒险和被压迫的境遇下产生的激人奋进、教人忍耐的思想。

犹太精神最根本之处在于，他们的上帝是遥远不可见的。这个见不到的上帝居住远方，而不住在建造的庙宇里，它是全世界真理的主宰。其他各民族也都有自己信奉的神，这些神一般居住在庙宇里，有自己的偶像。如果这个偶像被破坏、庙宇被毁坏，那么神灵便会化为乌有。然而犹太人的上帝却属于一种全新的观念，他高住天国，超越一切祭司和牺牲。犹太人相信亚伯拉罕的上帝之所以把他们选作子民，是为了让他们光复耶路撒冷，使耶路撒冷成为全世界的真理之都。正是这种共同命运的意识，激励了犹太人。而这种意识，在他们被遣送回耶路撒冷那刻起就已经烙在每一个人的心灵深处了。

在那个被推翻、被征服的时代里，大批使用着相同的语言、有着无数共同习俗、习惯、嗜好和传统的巴比伦人、叙利亚人以及后来的腓尼基人，都被这种精神崇拜所吸引，进而要求加入进来，承诺履行誓言，这难道不是奇迹吗？在提尔、西顿、迦太基以及西班牙的其他腓尼基城市衰败后，腓尼基人突然从历史中消失了。但同时，我们会发现，不仅在耶路撒冷，而且在西班牙、非洲、埃及、阿拉伯和东方，凡是腓尼基人到过的地方就有犹太人的团体。他们是靠《圣经》和通过阅读《圣经》而聚集在一起的。从一开始，耶路撒冷就不过是他们名义上的都城，他们真正的都城就是这部《圣经》中的精神。这是一种全新的历史现象，早在苏美尔人和埃及人把象形体变为文字之时就撒播下了种子。犹太人实在是一个奇特的民族，他们没有皇帝，也没有庙宇（后面我们还会讲到耶路撒冷公元 70 年被毁的情形），使他们团结在一起的神秘因素不是别的，而是《圣经》中文字的力量。

犹太人这种精神上的团结，绝对不是祭司们或政治家们通过事先计划、设想及推行而形成的。随着犹太人的发展，人类历史的舞台上不仅仅产生了一种新的团体，而且还产生了一种新型的人。所罗门时代的希伯来人，表面上似乎是一个弱小的民族，和其他的弱小民族没有任何区别，聚集在宫殿和神庙周围，为祭司的智慧所引导，受到野心的统治者所操纵。然而读者们从《圣经》中可以看得出来，这种新型的人，也就是所谓的"先知"，的确已经存在了。

分裂的希伯来人身上的困苦越是深重，先知的重要性也就越明显。

那么这些先知究竟从何而来？他们的出身背景各不相同，先知伊齐基尔出身于祭司阶层，先知阿摩司则是身披羊皮的牧羊人。不过所有的先知有一个共同点，那就是他们的忠诚只献给真理之主，而不是别人，他们直接与民众进行对话。先知们从不接受任何人的许可和任命。"现在，神的旨意降临在我身上了"就是他们的任命仪式。他们热衷于政治，鼓动民众起来抵抗埃及"那折断了的芦苇"，或者促使民众抵抗亚述或巴比伦。先知们无情地揭露祭司阶层的怠惰和国王的暴虐。有些先知致力于今天我们所说的“社会改造”。他们四处宣传：富人们正在压榨穷人；奢侈的人在浪费孩子们的面包；富有的人成为异族的朋友，并且还模仿异族人享乐和奢侈的恶习。而这一切都是亚伯拉罕的上帝耶和华所憎恶的，他必将降祸于这块土地。

这些痛斥被记录和保存下来，并被世代研究。犹太人走到哪里，先知就出现在哪里，这种新的宗教精神也就传播到哪里。他们促使民众抛弃祭司和庙宇、超脱朝廷和帝王，把人们引导到真理之主面前。这是先知在人类历史上最为重要的意义。在以赛亚的伟大演说中，先知的声音上升为一篇美好的预言：全世界将在唯一的真神庇佑下实现统一与和平。犹太的预言在这里达到了顶峰。

当然，并不是所有的先知都如以赛亚一样持有这种主张，聪明的读者肯定也会在先知的书中发现许多仇恨和偏见，有些预言甚至在今天看来仍然是极具危害性的。不过无论如何，我们还是应该承认：正是那些在巴比伦被俘时期的希伯来先知出现，标志着人类世界上出现了一股新兴的力量。这是一种呼吁个性道德的力量，一股呼吁反抗一直束缚和禁锢人类发展的物神崇拜的牺牲和奴隶式的愚忠，争取自由意志的力量。

# ◆ 第 23 章　希腊人 ◆

在所罗门统治结束之后，分裂的以色列和犹太王国遭受重创，民众流离失所。当被俘的犹太人开始在巴比伦发展自己的传统的时候，另外一种左右人类精神的伟大力量——希腊传统也日益发展繁荣。当希伯来的先知们致力于在人类与永恒的、万能的真理之神之间，建立起一种新的、直接的道德关系的时候，希腊的哲学家们也在创造一种人类思维，即关于追求知识的新方法和新精神的思维。

我们已经知道，希腊民族原来是雅利安语系的一支，在公元前1000 年以前的几个世纪，他们就移居到爱琴海上的一些城市和岛屿。埃及法老特多麦斯第一次在自己征服的幼发拉底河岸狩猎大象之前，他们可能就已经到这里了。因为当时，美索不达米亚只有大象而希腊只有狮子。

很有可能，诺索斯就是在希腊人入侵时被焚毁的。但令人感到奇怪的是，在希腊神话中虽然有关于米诺斯及其王宫（迷宫），以及克里特的能工巧匠的传说，但却从来没有提到过这次胜利。

像大多数雅利安民族一样，这些希腊人也有歌手和游吟诗人。他们的表演是一种重要的社会联系方式。这一民族在发展初期，还是野蛮部落的时候，就流传下来两部伟大的史诗。一部是《伊利亚特》，讲述的是希腊各部落的联盟如何包围、攻陷和掠夺位于小亚细亚的特洛伊城的故事；另外一部是《奥德赛》，写的是希腊英明贤能的首领奥德赛从特洛伊返回自己国家时，在漫长旅途中的冒险故事。这两部史诗写于公元前 8 世纪至公元前 7 世纪之间，也就是在希腊人从比他们文明程度高的附近城邦学会了使用字母之后。但是有些人认为那些史诗存在的时间比这要早得多。以前，人们一向认为天才的、双目失明的诗人荷马写就了这两部史诗，认为他像弥尔顿创作《失乐园》一样，是坐在那里写就这两部史诗的。至于古希腊是否真有荷马这个人，究竟是他创作了这些史诗，还是他只是记录、整理并润色了原有的诗篇，一直都是博学之士喜欢争论的问题。当然，在这里，我们没有必要为这些论争多费心思。对我们来说，重要的是希腊人在公元前 8 世纪就已经拥有了属于他们的史诗。这些史诗为希腊各部落所共有，又成为希腊各部落之间相互联系的纽带。正是有了它，希腊各部落在抵御外部侵略时才能够形成团结合作的意识。事实上，希腊民族正是这样一些最初通过共同的语言，而后通过共同的文字联系在一起的同种民族的结合体。他们有着共同的品性和勇敢的性格。

从史诗中我们可以知道，那时的希腊还是一个没有铁、没有文字，也没有在城市居住的未开化民族。最初，他们似乎住在被他们破坏的爱琴人的城市废墟旁边开放的村庄里，围绕着首领的大屋建造了许多小屋。后来他们才开始慢慢地修建城墙，并从被他们征服的民族那里学会了建造神庙。据说，原始文明的城市，大都是以部落神的祭坛为核心，渐渐向外发展，然后才修筑城墙的。然而希腊人的城市，却是先修城墙，而后才修建神庙的。之后，他们又开始从事贸易，输送移民。到公元前 7 世纪，在希腊的山谷和岛屿上，兴起了许多新城市。当然，这些城市与在他们之前兴起的爱琴文明和城市没有任何关系。雅典、斯巴达、科林斯、底比斯、萨摩斯和米利都是其中较重要的城市。黑海沿岸、意大利和西西里岛上已经有希腊人定居。意大利半岛的脚跟与脚趾部分被称为“大希腊”。马赛则是一个在古腓尼基人殖民地旧址上新修建起来的希腊城市。

在这一时期，地处大平原的国家或者有大河流。如幼发拉底河、尼罗河等作为主要交通工具的国家，往往容易因为共同的统治而实现统一。例如埃及和苏美尔的一些城邦，都是在一个政府的统治下得到统一的。但是不论是希腊还是“大希腊”，由于其境内崇山峻岭，各部落散布在很多的岛屿或山谷中，因此各自的发展趋势也不尽相同。因此，希腊人在历史上出现时，许多小城邦各自独立，没有任何相互联合的迹象，甚至他们的种族也各不相同。有些城邦中主要的居民是希腊系的爱奥尼亚人、伊奥利斯人或多利安人；有些城邦中的居民，是希腊人与前希腊的地中海族人的混血子孙；还有一些城邦，住着纯粹的希腊种系的自由民。他们把被征服者当作奴隶一样踩在脚下，比如斯巴达的奴隶希洛人。有些城邦，原有的雅利安统治者家族联合形成了特权的贵族；另外一些地方则实施雅利安市民的民主政治。一些城邦有选举产生的国王，一些城邦的国王是世袭的，而另外一些城邦则是由篡位的僭主或暴君实行统治。

这种地理状况使埃及各城邦彼此分裂、各自为政，同样也使得这些城邦保持着比较小的规模。即使是最大的城邦，与英格兰的许多州相比也要小得多，有没有人口超过 30 万的城邦都值得怀疑，就算是超过 5 万人的城市都很少见。各城邦之间虽然有着利益和感情上的联系，但没有真正意义上的协同和结合。随着商业的繁荣，各城邦之间开始出现了同盟、联盟，还有一些小城邦开始寻求大城邦的保护。然而有两件事，终于把全体希腊人凝聚起来，形成一个情感上的共同体，那就是史诗和每四年在奥林匹亚举行一次的体育竞赛会。虽然这些并没有阻止各城邦之间的战争和争端，但却在一定程度上缓和了城邦之间的战争暴行。有时，为了保护参加比赛的往来旅客，交战双方会签订休战协定。渐渐地，希腊各民族因为共同的传统而产生的共同情感与日俱增，参加奥林匹克体育赛事的城邦越来越多，到后来，不但希腊，而且与希腊有着亲缘关系的北方邻国埃比尔斯和马其顿的选手也被允许参加比赛。

希腊城邦的商业越来越发达，其重要性也不断增加。到了公元前 7 世纪至公元前 6 世纪，希腊文明的性质稳定地向前发展。希腊人的社会生活，在很多方面发生了与爱琴文明和大河流域文明有着较大差异的有趣变化。他们虽然也有宏伟庄严的神庙，但祭司却不是伟大传统的化身。而在古代城市里，祭司是一切知识的宝库，一切思想的贮藏所。希腊人有自己的领袖和贵族，但是却不是被严密组织的朝廷所包围的准神圣君主。他们的政治组织多是贵族政体式的，这些贵族井井有条地处理着一切事物。即使他们所谓的“民主政治”。实际上也是贵族的民主。在那时，所有的市民都可以参与公共事务，参加民主集会，然而并非所有人都是市民。希腊的民主政治，绝不像每个人都有参与投票的选举权的现代“民主”，民主只是给予了几百或几千市民，但同时，却剥夺了数以万计的奴隶和自由民参与公众事业的政治权利。希腊的大多数政事都操纵在有权势的人组成的团体手中。与埃及的法老克里特王、弥诺斯、美索不达米亚王皆由神圣的超人担任不同，他们的国王或君主或者是被选举出来的，或者是通过篡夺王位而上台的。可能是因为长时间与旧世界隔绝，不论在思想上还是在政治上，希腊都有着以往文明所没有的自由气氛，希腊人把个人主义——也就是在北方草原上过着漂泊流浪的游牧生活时的那种富有个性和进取性的精神——带入了城市。他们是历史上最早的、具有重要地位的共和主义者。

我们可以发现，当希腊人从野蛮的战乱状态脱离出来以后，他们的理智生活中渐渐显示出了一种新的趋势。我们还发现，不是祭司的普通市民也开始探究和记录知识、探求生命和存在的奥秘了。在此以前，这些事情仅仅是崇高的祭司的特权，或者就是帝王们独享的消遣。我们还发现，在公元前 6 世纪，可能就是以赛亚在巴比伦发表预言的时候，希腊就已经有像米利都的泰勒斯和阿那克西曼德，以弗所的赫拉克利特等这样一些人。用今天的标准来看，他们是些有着独立精神的绅士。他们怀着对我们生存的世界的深刻怀疑，提出了一系列尖锐的问题：世界的本原是什么？世界来自何方，又将去往何处？他们排斥一切现成的、含糊其辞的答案。关于希腊人所提出的有关宇宙的一系列问题，稍后我们将详细讲述。这些在公元前 7 世纪开始引起人们注意的希腊学者，就是世界上最早的哲学家，也就是最早的智者。

我们应该注意到，公元前 6 世纪，是人类历史上多么重要的一个世纪！它的重要，不仅仅是因为这一时期，那些希腊哲学家们开始探讨宇宙以及人类在宇宙中的地位，以赛亚把犹太的预言发展到了顶峰，而是因为释迦牟尼开始在印度传教、孔子和老子在中国讲学。这些我们都将在以后的章节中提到。从雅典到太平洋，人类的精神开始骚动。

# ◆ 第 24 章　希波战争 ◆

当希腊人在希腊、意大利南部以及小亚细亚的各个城邦里进行自由理智的探索的时候，当巴比伦和耶路撒冷的最后一批希伯来先知们在为人类创造自由意识的时候，两个最富冒险精神的雅利安民族——米堤亚人和波斯人，也具有了古代世界的文明，并且建立了一个比以往世界上任何帝国的版图都要大的帝国——波斯帝国。居鲁士统治时代，巴比伦和富庶的文明古国吕底亚都处于波斯人的统治之下，黎凡特（地中海东部诸国和岛屿，包括叙利亚、黎巴嫩等国）的腓尼基诸城邦以及小亚细亚的所有希腊城邦也都臣服于波斯。冈比西斯又征服了埃及。这样，波斯的第三位统治者，米堤亚人大流士一世，俨然把自己看成全世界的主宰。他的信使怀揣着他的旨意往来驰骋于各地，从达达尼尔海峡到印度河，从上埃及到中亚。

但是事实上，在意大利、迦太基、西西里和西班牙腓尼基居住地的欧洲希腊人尽管没有处于所谓波斯和平的统治下，但仍然对其充满敬畏之情。唯一对波斯构成严重威胁的是塞西亚人，这是一个属于雅利安系的游牧部落，他们生活在俄罗斯南部及中亚地区，经常侵扰波斯的北部及东北部边境。

当然，大波斯帝国的居民并不全是波斯人。在这个辽阔的疆土上，波斯人只不过是占人口少数的征服者而已。其余的居民在波斯民族到来之前就世代生活在这里了，只不过现在采用波斯语为官方语言罢了。波斯帝国大部分的贸易和财政仍然掌握在闪米特人手中，提尔和西顿依旧是地中海的大港口，闪米特人的船只仍然在海上往返漂浮。但是在东奔西走的过程中，许多闪米特商贾和实业家逐渐从希伯来的传统和《希伯来圣经》中找到了一些和谐的、有利的，并与之共同一致的历史。因此，在波斯帝国境内，迅速发展起一种新的元素，即希腊元素。在海上，希腊人逐渐成为闪米特民族的强劲对手。希腊人凭借着独立自强的精神和富有生气的知识体系，成长为富有才干、公正无私的官员。

大流士一世入侵欧洲，主要是由于塞西亚人的缘故。他到达南俄罗斯——骁勇善骑的塞西亚人的故乡。他率大军渡过博斯普鲁斯海峡，穿越保加利亚，进军到多瑙河，然后搭起浮桥横渡多瑙河，深入北部地区。他的军队尝尽了苦头。由于他的部队大多是步兵，所以，擅长骑马的塞西亚人从不和他正面接触，总是驱马绕到波斯军队的后方，切断他们的补给线，把那些散兵游勇全部消灭。最后，大流士被击退，无功而返。

大流士只身回到了苏萨，不过又在色雷斯和马其顿驻扎了军队，马其顿向其臣服。打了这次败仗之后，亚洲的希腊各城邦发动叛乱，欧洲的希腊人随之响应。大流士遂下决心平服欧洲的希腊人。他认为自己掌握着腓尼基的海军舰队，所以可以使希腊各岛一一就范。于是，公元前490年，他向雅典发出了总攻令。一支无与伦比的庞大舰队，从小亚细亚和地中海东部各港口出发了。当远征队在雅典北部的马拉松平原登陆时，遇到了雅典人的顽强抵抗，遭受重创。

就在这时，发生了一件异乎寻常的事情。在希腊，斯巴达一直是雅典最强劲的对手。但在波斯军队大兵压境的紧要关头，雅典派了一个善于长跑的使者去向斯巴达求援，恳求斯巴达不要坐视希腊各民族成为野蛮人的奴隶。这个飞毛腿不到两天工夫，就在荒野中跑完了一百多英里（马拉松比赛由此而起）。斯巴达人迅速回应，欣然允诺。然而三天之后，当斯巴达的军队抵达雅典时，除了看到战场上遍布着被击溃的波斯士兵的尸体，一切显得那么平静。波斯舰队战败退回亚洲去了，波斯人对希腊的第一次征讨以失败而告终（马拉松之战）。

第二次征讨势头更加凶猛。接到马拉松一役败北的消息后不久，大流士就一命呜呼，他的儿子薛西斯继位。为了击溃希腊，他做了长达四年的精心准备。这段时期，恐怖感使希腊各民族紧密地团结起来。薛西斯的军队确实是当时世界上前所未有的最庞大的一支军队，但同时也是拼凑起来的乌合之众。公元前 480 年，这支大军搭浮桥渡过达达尼尔海峡，用一只同样是用运送给养物品的船队拼凑起来的舰队沿海岸前进。在狭窄的塞尔比雷通道，斯巴达国王列奥尼达一世率领一支 1400 人的小部队挡住波斯大军的去路。这是一次惊心动魄的殊死搏斗，虽然最后列奥尼达全军覆没，但是他们也给波斯军队以重创（温泉关之战）。接着薛西斯的军队带着强烈的报复心进攻底比斯和雅典。底比斯达成协议投降，雅典人弃城而逃，雅典城随即被焚毁。

这时希腊人似乎已经落入征服者手中，然而就在这种极为不利的情况下，胜利居然两次降临到希腊人的头上。希腊舰队尽管在数量上不及波斯海军的 1/3，但在萨拉米斯海湾竟一举击败对手。薛西斯得知他的军队被切断给养后心灰意冷，遂率剩下的一半人马仓皇撤退，回到亚洲（萨拉米斯海湾之战，希波战争中的决定性战役）。

公元前 479 年，他的残部在普拉太亚一役被击溃，与此同时，波斯的残余舰队也在小亚细亚的麦卡利遭到痛击，一败涂地。

从此，来自波斯的威胁终告解除，亚洲大部分希腊城邦获得了自由。希罗多德写的第一部史书《希罗多德的历史》详细而生动地记载了战争的整个过程，而且还配有大量的绘画。大约公元前 484 年，历史学家希罗多德出生于小亚细亚的爱奥尼亚城邦的哈利卡纳斯。为了收集准确的历史资料，他曾经游历过巴比伦和埃及。麦卡利一役战败后，波斯内部陷入了争权夺利的混乱局面。公元前 465 年，薛西斯遇刺身亡，埃及、叙利亚和米堤亚相继叛变，最终，强大的波斯帝国遂告瓦解。希罗多德撰写《历史》一书的目的，在于揭露波斯帝国的衰弱本质。以今天的眼光来看，这部历史实际上是一部宣传作品，是为鼓励希腊人团结起来抵抗波斯而作的宣传册。希罗多德所创作的一个叫阿里斯达哥拉斯的人物，拿着一张当时的地图向斯巴达人说："这些野蛮人都不善于作战，而你们却精通战术……世界上没有哪个国家拥有他们那么多的东西：金、银、青铜、刺绣的锦衣、牲畜和奴隶。只要你们想要，你们就有能力把它们据为己有。"

# ◆ 第 25 章　希腊的繁荣 ◆

波斯战败后的一个半世纪，是希腊文明最为辉煌繁荣的时期。诚然，雅典、斯巴达以及其他城邦之间为了争夺权势，进行了殊死的战争（公元前 431 年至公元前 404 年的伯罗奔尼撒战争），希腊一度四分五裂。到公元前 338 年，马其顿人实际上掌握了希腊统治权。即使如此，在这一时期，希腊人的思想、创造能力和艺术激情都达到了一个相当高的水平，取得了举世瞩目的成就，被后世看成人类智慧的源泉。

雅典成为这一精神活动发展的核心，主要是因为三十多年（公元前 466 年至公元前 428 年）间，一个精力旺盛、思想自由的人，即伟大的伯里克利统治着雅典。他立志要把雅典这个被波斯蹂躏过的城市从废墟上重建起来。到现在还使雅典享有极高声誉的完美的废墟，大多数是当时建造的一些伟大工程的遗迹。伯里克利不仅从物质层面重建了雅典城，而且还复兴了雅典精神。他不仅在雅典召集了建筑家和雕刻家，还与诗人、戏剧家、哲学家和教育家有着密切的交往。公元前 438 年，希罗多德就曾经到雅典诵读过他的历史。安纳萨格拉斯也带着他对太阳和星辰最早的科学描述来到这里。埃斯库罗斯、索福克勒斯和欧里庇得斯相继在这一时期出现，把希腊戏剧推至完美与崇高的最高境界。

虽然为争夺霸权，各城邦之间爆发了持久的、耗资巨大的伯罗奔尼撒战争，希腊和平也因此遭到了巨大破坏，但是伯里克利对雅典人文明生活的推动作用，在他死后还一直延续着。这一时期，政治上的黑暗看上去不但没有使人类精神颓废止步，反而加速了它前进的脚步。

远在伯里克利时代之前，希腊制度上所特有的自由精神，为推动辩论技巧的发展起到了重要的作用。当时，事情的决定往往既不依靠国王，也不依赖祭司，而是由市民或领导阶层在公共集会上讨论产生。因而，口才与善辩成为一种非常重要的才艺。这样，一种专门训练年轻人辩论技巧的职业便产生了，这种是所谓的“哲人学派”。但一切推理都不能脱离实际，因此对知识的探求便随之发展起来，成为时兴的东西。这些哲人学派的活动与论战，对谈吐风度、思维方法和辩论效果等方面的研究都取得了长足的进步。伯里克利死后，苏格拉底以他机智的批判，彻底驳斥了以往的诡辩家们所传授的多为谬误的推论，从而成为一个杰出的人物。在他周围聚集了一大批才华出众的青年。但后来，苏格拉底却因蛊惑人心罪被法庭处以死刑（公元前399年）。他效法当时盛行于雅典的“高尚”死法，在众多朋友的注视下，饮毒芹酒而死（从芹叶钩吻中提取的毒制成的毒药）。虽然被宣告有罪，但是他对人们的思想所产生的冲击依旧继续着，他的弟子们继承了他的遗训。

苏格拉底的弟子之中，最有影响的是柏拉图（公元前427年至公元前347年），他建立了学院讲授哲学。他教授的内容大致分为两个主要的部分，一是考察人类思维的本质和方法，二是探究政治制度。柏拉图第一次向人类描绘了“乌托邦”这种不同于一切现存的社会组织、更美好的社会组织的社会蓝图。以前人们总是盲目接受古老的社会传统和习俗，所以乌托邦思想的提出表现了人类思想中前所未有的胆识。柏拉图坦率地向人类疾呼：“社会和政治弊端使你们深受其害，只要你们有毅力和勇气去改变它们，大多数是你们所能改变的。如果你们愿意思考并付诸行动，你们完全可以生活在一个更好的制度下。你们还没有意识到自己的力量！”这的确是一个至今还浸透在普通知识分子头脑中的、高深的、充满冒险精神的教导。他在早期著作《理想国》中，寄托了一位共和主义贵族的梦想。他最后一部未完成的著作是《法律》，描绘的是关于另一个乌托邦国家的规范模式。

柏拉图死后，他的学生亚里士多德继续对思维方法和政府治理方式进行批判。亚里士多德曾执教于吕克昂学院，曾是马其顿王子亚历山大的老师。这位亚历山大即位后，开创了许多伟业，这些我们在后文马上就会讲到。亚里士多德在思维方法上做出了卓越的贡献，他把逻辑学提高到了一个极高的水平，其后 1500 多年，这一学科一直沿用，没有取得什么进展。到了中世纪，经院派学者再次采用了这种古老的问答体方法。亚里士多德没有乌托邦思想。他认为人类如果要像柏拉图所教导的那样掌握自己的命运，必须拥有比现在更多、更正确的知识。所以亚里士多德开始着手对当时人类的知识进行有系统的整理，这也就是我们今天所说的科学工作。他还派遣探险队去搜集事实材料。他是自然科学史的鼻祖、也是政治科学的奠基者。在吕克昂学院，他的学生曾经研究、比较过 158 个不同国家的政治制度。

公元前 4 世纪，我们确实发现了某些近代思想家。针对实际生活的、经过训练的、富于批判精神的思想方法代替了原始的、幼稚的、空想的思想方法。丑恶的、怪物般的象征主义、关于神和魔鬼的幻想以及以往不允许任何人沉思探索的禁忌、敬畏和抑制等一扫而光，人类开始采纳自由的、正确的、系统的思维方式。这些来自北方森林的新来者那股新鲜、无拘无束的精神气质，闯入神秘的圣殿，照亮了周围的一切。

# ◆ 第 26 章　亚历山大大帝的帝国 ◆

从公元前 431 年到公元前 404 年的伯罗奔尼撒战争，大大消耗了希腊的国力。与此同时，在希腊北方，和希腊同源的国家马其顿慢慢强盛起来，文明程度也有了一定的提高。马其顿人的语言和希腊人的语言很相近，他们的竞技者也曾经几次参加过奥林匹亚运动会。公元前 359 年，才能卓越、野心勃勃的菲利普成了这个小国的国王。菲利普曾经被作为人质生活在希腊，因此他接受的是纯粹的希腊式教育。或许受到希罗多德思想的影响，他认为一个团结起来的希腊有可能征服亚洲。哲学家伊索克拉底也曾详尽地阐述过希罗多德的这种思想。

他开始首次扩张和整顿国土，改编军队。1000 年来，决定战争胜负的主要因素一直是具有攻击性的马拉双轮战车和近战的步兵。骑兵也参加战斗，不过都是一些未经过系统训练的、没有组织性纪律性的散兵群。在战斗中，菲利普把他的步兵排列成密集队形，也就是马其顿方队，同时对那些马背上的绅士——骑士或者随从进行训练，让他们编队而战，真正的骑兵就这样出现了。他在战场上大部分都使用了骑兵，他的儿子亚历山大采纳并发展了这一战术，在战争中用骑兵冲锋。在双方交战时，步兵方阵与敌军步兵正面交战，而骑兵从侧翼和背后攻击敌人，并派弓箭手射杀对方战车的马匹，使其战车丧失战斗能力。

菲利普依靠这种新型的军队，不断拓展疆域，边界通过色萨利一直延伸到希腊。他在凯罗尼亚战役中（公元前 338 年）击败了雅典及其盟军，迫使全部希腊城邦臣服。最终，希罗多德当年的梦想慢慢变成了现实。在希腊各城邦举行联邦大会上，菲利普被推举为希腊——马其顿联军的最高统帅，率军去攻打波斯。公元前 336 年，他的一支先遣队终于踏上了亚洲，开始了他蓄谋已久的冒险活动。但是他本人从来没有御驾亲征。后来，他被暗杀身亡。据说是由于菲利普娶了第二个妻子，亚历山大的母亲、王后奥斯匹阿斯由忌生恨，唆使人暗杀了他。

但是菲利普在他儿子的教育上煞费苦心。他不仅为儿子聘请世界上最伟大的哲学家亚里士多德做教师，而且还与儿子分享自己的想法，并向他传授带兵打仗的经验。在凯罗尼亚一役中，年仅 18 岁的亚历山大已经担任骑兵的指挥官了。正因为如此，他才有可能在 20 岁即位后，立即继承父业，成功完成征服波斯的冒险。

亚历山大花费了两年的时间来建立和巩固自己在马其顿和希腊的地位。公元前 334 年，他进军亚洲，在格勒奈克斯一役中，击败了一支不算强大的波斯军队，占领了一些小亚细亚的城市，并沿着海岸推进。亚历山大不得不在攻下每座城池后留下驻军，因为此时波斯人掌握着提尔和西顿的舰队以及制海权，如果他身后有一个敌军的港口，波斯军队就极有可能登陆截断他的后路。在伊苏斯一役（公元前 333 年）中，他遭遇并击溃了大流士三世统率的一支临时拼凑的庞大军队。和一个半世纪以前渡过达达尼尔海峡的薛西斯军队一样，这支军队也是一群乌合之众，而且大批随行官员、大流士的后宫佳丽及侍从等随从人员，使军队受到掣肘。西顿向亚历山大投降，提尔却仍在顽强抵抗。亚历山大军队向它发起了猛攻，提尔城遭到了掠夺和毁灭。加沙城也遭到了同样的命运。公元前 332 年年底，这位胜利者又挺进埃及，终于从波斯人手中夺回了这个城市。

在埃及，亚历山大兴建了亚历山大勒塔和亚历山大城等以亚历山大命名的大城市，并用宽阔的道路将它们连接起来，以防止各城的叛乱。很快，腓尼基诸城邦的商业便都转移到这些城市中。西地中海的腓尼基人突然在历史上消失了。同时，在亚历山大等新兴的贸易城市里，很快就出现了犹太人。

公元前 331 年，与其前的托多梅斯、莱梅斯和尼科等人一样，亚历山大从埃及出兵征伐巴比伦。但不同的是，这次他取道提尔。在阿尔比勒，这个早已被人遗忘的尼尼微城废墟旁的城市，他与大流士军队遭遇，展开了决战。对阵中，波斯的战车先锋队遭到惨败，马其顿骑兵先锋队乘胜追击，击溃了波斯庞大的杂牌军，马其顿方阵大获全胜。大流士率残军仓皇撤退，无心再战，逃到了北方的米堤亚人的国家。亚历山大占领了当时依然繁华而重要的都市巴比伦，然后又挥兵直取苏萨和珀塞波利斯。在那里，他举行了盛大的庆功宴会，将曾是“王中之王”的大流士王宫付之一炬。

此后，亚历山大在中亚举行了军事大阅兵，并一直将军队开到了波斯帝国最远的边境。起初，他领兵北上，对大流士穷追不舍，在黎明时刻追上之时，大流士已被自己的部下暗算，奄奄一息地躺在战车上。当希腊军的先头部队抓获他时，他还活着，等亚历山大赶到时，他已经死了。亚历山大的军队绕过里海继续前进，翻越山脉，穿越赫拉特城（由他自己所建）、喀布尔和开伯尔山口，到达了印度。在印度河，他和印度王波鲁斯展开大战，取得了胜利。也是在这里，马其顿军队首次遭遇象阵。最后，他们自己建造船只，顺流而下直到印度河河口，然后沿荒凉的海岸从俾路支斯坦海岸班师回朝，亚历山大在出征 6 年后，于公元前 324 年回到苏萨。之后，亚历山大准备巩固和整顿自己打下的大片江山。为了赢得广大新臣民的悦服，他穿上波斯王的袍服，戴上波斯王的头巾。不料，这一举动竟引起了麾下马其顿群臣的猜忌，给他惹了不少麻烦。亚历山大还撮合了许多马其顿官员与波斯、巴比伦妇女的婚姻，这就是“东西联姻”。但是他最终还是没有实现自己的统一大业。他在巴比伦的一次庆功宴上，喝得酩酊大醉后，突然染上热疾，于公元前 323 年逝世。

亚历山大死后，这个辽阔的帝国马上就四分五裂了。他的一个将领塞琉古斯，取得了从印度河起到以弗所的大部分旧波斯帝国的国土；另一个将领托勒密掌握了埃及；安提戈努斯占领了马其顿。帝国的其他部分则动荡不安，地方各种势力你争我夺、此起彼伏。不久，北方野蛮民族南侵，愈演愈烈，日渐肆无忌惮。最后，一支新兴力量，也就是我们将要说到的罗马共和国在西方崛起。它逐步征服吞并若干个小国，建立了一个统一的、持续时间更长的新帝国。

# ◆ 第 27 章　亚历山大城的博物馆和图书馆 ◆

在亚历山大之前，希腊的商人、艺术家、官员和外国雇佣兵等就已经遍布在波斯国的大部分国土上。在薛西斯死后的王朝争端中，色诺芬领导下的一支 1 万人的希腊雇佣兵，扮演了重要的角色。在色诺芬撰写的《一万名士兵的撤退》一书中，详细地描述了他们从巴比伦返回希腊的亚洲部分的经历。这是第一部由在位的将军写成的战争小说。但是亚历山大的征服经历以及他的将帅将其短暂帝国瓜分的过程，使希腊人走向古代世界，并不断把他们的语言、风俗、文明传向各地。希腊文化不断传播，远播至中亚和印度西北部，对于印度艺术的发展产生了深远的影响。

几个世纪以来，雅典一直保持着它作为艺术和文化中心的地位，它的学院一直延续到公元 529 年，也就是说持续了差不多 1000 年。但这时，世界智力活动的中心却已经越过地中海，转移到亚历山大修建的新兴商业城市亚历山大城。在这里，马其顿将军托勒密成为法老，建立朝廷，朝中使用希腊语。在即位前，他与亚历山大私交甚笃，受亚里士多德的思想影响极深。他精力充沛、才能卓越，传播知识、组织研究。他还曾写过一部关于亚历山大的远征史，可惜已经失传。

亚历山大曾为亚里士多德的学术研究提供过巨额的经费资助，

但对科学研究做出不朽贡献的第一人还是托勒密一世。他在亚历山大城建立了亚历山大博物馆，原本是呈献给女神缪斯，但却奠定了科学研究的根基。在两三代人的时间里，亚历山大城取得了许多意义重大的科学成果。这里曾涌现出许多杰出的人物：欧几里得、测量出地球直径与实际相差不到50英里（80千米）的埃腊托斯特纳，写下了圆锥曲线专著的阿波罗纽斯，第一个绘制星象图和星象表的希伯卡斯，还有设计出最早的蒸汽机的希罗，等等。这些人无一不是开辟科学道路途中的耀眼明星。阿基米德也曾从叙拉古来到亚历山大城深造，回去之后还和博物馆一直保持着联系。而海洛菲拉斯则是希腊最伟大的解剖学家，相传他还曾做过活体解剖实验。

在托勒密一世到托勒密二世统治期间的数十年间，亚历山大城出现了一个知识和发明光芒四射的繁荣时期。这样的盛况在公元16世纪前再也没有出现过，只可惜，这种繁荣并没有持续多久。衰落的原因很多，据已故的马哈菲教授分析，最主要的原因是博物馆是皇家学院，教授与学生均由埃及法老任命和发薪水。在托勒密一世统治时，因为他是亚里士多德的学生和朋友，所以一切都进展得很顺利。但是托勒密以后的王朝，各代国王逐渐埃及化，受埃及的祭司和宗教势力影响和控制得也越来越深。他们日趋严格的控制窒息了探索精神，原来的研究工作无法进行下去。博物馆在活动了1个世纪后，便几乎没有什么作为了。

托勒密一世不仅追求用最现代化的精神来指导对新知识的探索，而且还建立了百科全书式的知识仓库——亚历山大图书馆。它不仅是一座书库，而且是图书复制和交易的机构。大批图书抄写员们在这里从事图书复制工作，并接连不断地制作了数量极为庞大的图书抄本。

直到这时，我们今天所谓的知识传播过程才明确开始了，人类才拥有了经过系统搜集和分类的知识。亚历山大博物馆和亚历山大图书馆的设立，标志着人类历史进入了一个新纪元，这是人类近代历史真正的开端。

在严重的阻碍下，知识的探求和传播工作进行得十分缓慢。在这些阻碍中，最大的当属横亘在哲学家，即绅士与商人、工匠之间的巨大社会鸿沟。当时，玻璃工和金属工很多，但是他们与思想家们没有任何精神层面的接触。玻璃匠能制作出极为精美的五彩珠玑和瓶瓶罐罐，但他们从来不会想到去制作有刻度的长颈瓶或透镜。他们似乎从未对清晰透明的玻璃产生过兴趣。金属匠知道的只是如何制造武器和宝石装饰品，却不曾制造过化学上使用的天平。哲学家虽然深入思考和研究过事物的原子及事物的本质，但对于釉料、颜料、灵丹妙药等的实际制作过程却一窍不通。由于他们对物质和实际的东西缺乏兴趣，所以在亚历山大短暂的繁荣中，既没有产生显微镜，也没有诞生化学。虽然希罗发明了蒸汽机，但蒸汽机却未能安装在水泵上，更不用说被安装在船上用作动力或其他实际用途了。除了医药领域外，科学的实际用途少之又少；科学也未能因为实际应用带来的兴趣和利益的刺激和推动而获得长足的发展。因此，当托勒密一世和二世的后代对知识的好奇心和尊崇消失后，就再也没有什么动力可以推动科学研究事业继续向前发展了。亚历山大博物馆里所完成的科学研究，也仅仅只被记录在那些经世不见天日的手稿上而束之高阁，直到文艺复兴时期科学再次复兴，这些成果才重新引起人们的注意。

在图书制作上，亚历山大图书馆也没有任何改进。在古代世界里，人们不知道用纸浆做出大小固定的纸张。纸是中国人发明的，直到公元9世纪才传入西方。羊皮和纸莎草是当时制作图书的唯一材料，把它们边对边连在一起做成了书。由于纸莎草是一卷一卷的，阅读起来极为不便，尤其是不便于查找。这些因素也阻碍了装订和印刷技术的进一步发展。人类在古石器时代就已经知晓了印刷技术，古苏美尔的印章就是一个证明。然而如果没有大量的纸张，印刷书籍便无利可图。同时，这种技术所做的任何改进，都可能受到复制书籍从业者的排斥和抵制。亚历山大时期虽然生产了大量的书，但是价格都非常昂贵，所以知识远远没有普及到有财、有势阶层之外的一般大众中。

所以即使在知识事业辉煌发展的时期，知识也只能触及托勒密一世和二世所召集的有限的哲学家圈子。就像黑暗中闪烁的一盏微弱的灯，它所照亮的地方是极为有限的。光线所能照到的地方璀璨夺目，但光线之外，依然是一片黑暗的懵然无知的世界。人们一如往昔地生活着，根本不知道那些必将彻底改变世界的科学知识的种子已经播下。不久，顽固的黑暗势力终于控制了亚历山大城。从此之后，竟是漫漫千年的黑夜，亚里士多德播下的科学的种子也被淹没在黑夜中。但是这种子，如今终于萌动、破土发芽，在短短的几个世纪中，得到了广泛的传播和深入的发展，并最终形成了改变整个人类生活的知识和清晰的思想。

公元前3世纪，亚历山大城并不是希腊唯一的知识活动中心。在亚历山大短暂的帝国四分五裂后，还有许多其他的城市，也发展出灿烂辉煌的精神生活，比如西西里岛的希腊城市叙拉古。在那里，思想和科学曾经盛行一时，繁荣了长达2个世纪；又如小亚细亚的贝加蒙，也曾经修建过一个大图书馆。但是这辉煌的希腊文明世界，后来遭到了北方侵略者的威胁。新兴的北欧蛮族高卢人，沿着希腊人、弗吉尼亚人和马其顿等诸民族的祖先曾经走过的路线，大举南下进犯。每到一处，他们抢掠毁坏。继高卢人之后，又有一个从意大利崛起的征服性极强的民族——罗马人接踵而来。他们渐渐征服了大流士和亚历山大两个庞大帝国的整个西半部。罗马是一个能力很强的民族，但同时也是一个把法律和利益置于科学和艺术之上的缺乏想象力的民族。与此同时，另一个新兴的侵略者从中亚挥兵而至，打败了塞琉古斯帝国，再次切断了西方世界与印度的联系。这些新兴的侵略者就是能骑善射的柏堤亚人。公元前3世纪，他们用与公元前六七世纪时的米堤亚人、波斯人对待他们的方法来对付希腊系波斯的裴尔塞波利斯和苏萨。另外，还有一个从东北方出来的游牧民族。他们不是长着金色头发、说雅利安语的北欧民族，而是黄皮肤、黑头发、说蒙古语的游牧民族。关于这些人的历史，我们还将在后面的章节中详细讲述。

# ◆ 第 28 章　释迦牟尼的生平 ◆

现在，我们不得不回溯到 3 个世纪之前，来讲述一位几乎使全亚洲人的宗教思想和感情发生根本变革的伟大导师的故事。这位导师就是释迦牟尼。他在印度贝拿勒斯传教之时，以赛亚正在向巴比伦的犹太人发表预言，以弗所的哲学家赫拉克利特正在探求万物的本原。这些人都生活在同一时代，即公元前 6 世纪，但他们彼此并不知道。

公元前 6 世纪确实是人类历史上最为辉煌灿烂的时代。那时，在全世界的各个角落——包括下文我们将要提到的中国——人类精神都表现出了一种全新的勇敢开拓精神。他们摆脱了帝王、祭司、牺牲等传统的束缚，对于精神领域提出了最深入的问题。大约就是从这时起，人类结束了长达两万年的孩提时代，步入青年时代。

至今，人类仍然不清楚印度的最初历史。大约在公元前 2000 年，一个说雅利安语的部落经过一次，也可能是多次努力后，从西北方侵入了印度，把自己的语言和习俗传播到了北印度的大部分地区。这就是雅利安语言的变体——梵语。在占据印度河和恒河流域后，他们发现那里居住着一个暗白肤色的民族。这一民族拥有着更为精致复杂的文明，但意志力却很薄弱。与希腊民族或波斯民族不同，他们似乎不随意与当地居民通婚或交往。当历史学家大致可以辨别印度的过去的时候，这个民族始终远离别的民族独处。此时，印度社会已经分成许多阶层了，每个阶层又分成若干个等级。不同的阶层等级间不能共同进餐，不能互相通婚，也不能自由交往。这种社会等级制度，后来演化成种姓制度，贯穿了印度的整个历史，使得印度民族形成了一个与能够简单、自由与别族通婚的欧洲人或蒙古人完全不同的社会，可以说它是诸多社会中一个独特的社会系统。

释迦牟尼是统治喜马拉雅山麓一个小王国的王子，19 岁时他就和美丽的表妹结婚了。他经常徜徉在公园、树丛和水渠密布的稻田组成的阳光世界里打猎、嬉戏，可是在这样的生活中，他的心头忽然袭来一种极大的不满。这是他那健全优秀的头脑无所事事所带来的烦恼。他感觉到自己所过的生活不是真正的生活，而是一个假期，一个漫漫无期的假期。

对人生的生、老、病、死的感悟，对各种快乐的不安、不满足的感情，占据了释迦牟尼的心。正当他沉浸在这种情绪中时，他遇到了一位四处流浪的苦行僧。那时，印度有很多的苦行僧，他们在严格的戒律下生活，大部分时间都花在沉思和探究宗教的真谛上。他们似乎在寻求着人生更深刻的意义。释迦牟尼便产生了也要像他们一样生活的强烈愿望。

据传记讲，正当他在思考这个计划的时候，传来了他妻子生了头生子的消息。释迦牟尼说：“这又是一个待解的结”。

他的族人们为了庆祝这个“新结”的隆重诞生，为他举行了喜宴和歌舞表演，他在一片欢悦的祝福声中回到了家里。然而半夜，他突然被某种巨大的精神痛苦惊醒，就“好像一个被告知他的房子着火了的人一样”。他下定决心立即抛弃这种幸福却毫无目的的生活。他轻轻走进妻子的房间，借着油灯微弱的灯光，看见妻子怀里抱着刚出生的孩子，睡得正香，四周围满了鲜花。他非常想在离开之前第一次也是最后一次抱一下儿子，但他又怕惊醒妻子，只得放弃这个念头，转身离开了自己的骨肉，走了出去。在皎洁的月光下，他骑着马悄然离去了。

当夜，他走了很远的路。黎明时分，他已经离开了自己家族的土地。他在一条河的沙滩上下了马，用剑斩断自己的长发，除去身上的一切饰物，把它们连同剑一起放在马鞍上，遣马回家。在路上，他又和一个衣衫褴褛的人交换了衣服。这样他就摆脱了世俗的一切羁绊，可以自由地去追求人生的智慧了。他向南前进，来到了文迪亚山的一个隐士和高人居住的山口上。在这个狭窄的山洞中，生活着几位贤者，他们靠进城乞讨点衣食维持生活，如果有人来访，就口授一点知识。释迦牟尼在此之前就已经精通当时所有的形而上学的思想，对于理解力非常敏锐的他来说，这些人能给他的答复并不让他满意。

印度人深信能力和知识可以从诸如绝食、不眠和自我折磨等极端苦行中获得。释迦牟尼也想试试这种办法。于是，他和另外五个门徒来到丛林深处，开始禁食和苦行。他的盛名“就像苍穹中巨大的钟声”一样传播远近。但是他并没有觉得领悟到了真理。有一天，他一个人缓慢地徘徊着，尽管身体虚弱，仍然冥思苦想，突然失去知觉晕倒在地。当他醒来时，他猛然醒悟到用这种近乎迷信的方法去获取真理实在是愚不可及。

他开始要求照常饮食，并拒绝继续苦行，这一举动令他的门徒大为惊骇。他已经意识到，一个人要寻求到真理，必须借助于健康的身体和健全的大脑。这一想法是与印度当时一般人的想法格格不入的，所以他的门徒纷纷离开他，意志消沉地返回贝拿勒斯去了。释迦牟尼只好孤独地继续着对真理与知识的探索。

解决一个重大而复杂的问题，进展的过程总是很缓慢，并且在最后的胜利到来之前，甚至自己都很少意识到它的进展。释迦牟尼就是如此。当坐在河畔的一棵大树下进食，释迦牟尼达到顿悟的境界，突然明白了生命的意义。传说，他继续端坐在树下，又沉思了一天一夜，然后才起身，到世界各地去传播他领悟到的宇宙真谛。

他又来到贝拿勒斯，找到了曾弃他而去的门徒，向他们传布自己的新教义，并重新赢得了他们的信任。他们在贝拿勒斯的皇家公园盖起了小屋，开设了一所学校，向前来求知的人们传授真知。

释迦牟尼的教义以他亲身遇到的一个问题为出发点，即作为一个幸运的青年，“为什么我不能感到完全的幸福呢？”这是一个属于内省的问题。这个问题与其他的那些问题，比如泰勒斯和赫拉克利特对外在宇宙问题的坦率无我的探究，以及同样无我的造诣达到顶峰的先知对希伯来人民的道德启示，在性质上是截然不同的。这位印度的导师，没有忘记自我，而是全神贯注于追求自我和消灭自我的探求中。他教导，一切痛苦都源于自身的贪欲。除非一个人能克制自己的欲望，否则他的生命注定多灾多难，结果必定悲惨。人类的贪欲大体分为三种主要形式，这三种形式都是罪恶的：第一种是食欲、贪婪和一切感观上的欲望；第二种是利己的个人永生的欲求；第三种是个人的成功欲、名利欲和贪欲。为了避免人生的种种不幸和懊恼，必须克服这几种欲望。当这些欲望被克服了，自我意念也就不复存在了，这样灵魂就可以获得安宁，就可以达到涅槃的最高境界。

这就是释迦牟尼教义的核心内容。诚然，这是一种极为精妙的形而上学的道理，但却不如教导人民不畏不惧公正地去了解事物的希腊训谕，以及劝诫人敬畏上帝施行正义的希伯来教义那样容易理解。甚至于连有些释迦牟尼的亲传弟子也不能完全理解这些教义。

如果说涅槃对大多数人的想象力来说确实过于空虚、玄妙。如果说印度人把释迦牟尼简单的生平编造成神话的冲动过于强烈，那么，人们至少还是抓住了释迦牟尼倡导的在生活中的雅利安道路，即“八大正道”的某些真正含义。其思想内涵有：坚持精神上的真理、目标正确、语言正确、行为正当以及诚实的生活，还包括上进的意识和宽容忘我的境界（正见、正思维、正语、正命、正业、正精进、正念、正定）。

# ◆ 第 29 章　阿育王 ◆

在释迦牟尼死后的几代人的时间里，这些深刻而高贵的佛教教义，这个首次明确提出来自我克制是人类最高的善的教义，在世上并没有得到广泛的传播。然而此后它却征服了历史上前所未有的一位伟大的皇帝的灵魂。

在前面我们已经讲过，亚历山大是如何入侵印度，又如何在印度河畔与波鲁斯展开激战的。希腊历史学家们相传，当时有个叫旃陀罗笈多的人，曾到亚历山大的军营中劝说他攻占恒河，进而征服印度全境。由于亚历山大下属的马其顿人不愿冒险涉入一个一无所知的异域世界，亚历山大只得拒绝了这一建议。之后（约在公元前 324 或公元前 321 年），旃陀罗笈多得到了许多山地部落的支持，在没有希腊人帮助的情况下，实现了他在印度北部建立帝国的梦想。不久之后（公元前 303 年），旃陀罗笈多又在旁遮普地区击败了塞琉古斯一世，把残留在印度的最后一部分希腊人驱逐出去。他的儿子继续拓展这个新帝国的疆域。到公元前 264 年，他的孙子，也就是我们马上要讲到的阿育王即位时，帝国的领土已经从阿富汗延伸到了马德拉斯省。

最初，阿育王继承了祖父和父亲的遗志，企图用武力征服整个印度半岛。公元前255年，他发兵入侵马德拉斯东岸的羯陵伽，取得了军事上的巨大胜利。但与别的征服者不同，他十分憎恶残酷和恐怖的战争景象，决心放弃战争，接受佛教的和平主张，并宣布从今往后他的征服将是宗教上的征服。

阿育王在位的28年，是灾难深重的人类历史上最为辉煌的一个阶段。他在印度组建大型掘井队，制定绿化计划，修建大量医院、公园和培植草药的药圃园；他设立机构，专门保护和管理印度的原住民和隶属民；他制定了妇女教育计划；他给佛教团体提供巨额资助，鼓励他们更好地整理、研究、批判收集到的经文，因为自佛祖传下来的纯粹而简洁的教义，在当时已经附带了很多腐败和迷信色彩了；他还派遣佛教传教士前往克什米尔、波斯、锡兰和亚历山大地区去传教。

这就是最伟大的帝王阿育王。他是那个时代伟大的先驱者。可惜他没有继承其事业的王子或宫廷组织，因此，在他死后不到100年，他开创的光明盛世，已经成为分裂、衰微的印度的辉煌往事。印度社会中最高、最有权势的阶层婆罗门向来反对坦率公正的佛教教义。他们逐渐削弱佛教在这片土地上的影响，古老的怪神、印度教的繁文缛节又重新活跃起来。阶级分化越来越严重、越来越复杂。在很长一段时间里，佛教和婆罗门教同时并存，而且都很繁荣。但后来，佛教逐渐衰落，被各种形式的婆罗门教所取代。尽管如此，佛教却广泛传播到了印度的疆界和阶层的领域之外，到达中国、泰国、缅甸和日本等国。直到现在，佛教在这些地方也还占据着非常重要的地位。

# ◆ 第 30 章　孔子和老子 ◆

接下来，我们不得不讲一下另外两个伟大的人物：孔子和老子。他们也生活在绚丽夺目的公元前 6 世纪，也就是人类的青年期刚刚开始的时候。由于中国的早期历史至今仍然含混不清，因此，在此之前我们几乎没有提到过。我们希望正在复兴的中国的考察者和人类学家也能像 19 世纪欧洲学者们研究欧洲古代史一样彻底整理他们的古代史。在遥远的远古时代，中国最初的原始文明来源于黄河流域的原始日石文化。与埃及、苏美尔文明一样，中国的原始文明具有日石文化的总体特征，以庙宇为活动中心，祭司和君主在庙宇中举行季节性的牺牲祭典。那时中国城市的生活，应该与六七千年前的埃及人、苏美尔人以及 1000 年前的美洲玛雅人的生活非常相似。

如果中国人曾经用活人献祭，那么也是在有史以前就改用牲畜献祭了。远在公元前 1000 年以前，他们发明的一种象形文字就已经相当成熟了。

就像欧洲和西亚的原始文明经常要与沙漠和北方的游牧民族发生冲突一样，原始的中国文明也时刻受到来自北方大批游牧民族的骚扰。这些部落在语言和生活方式上相似，他们在历史上接连出现，依次被称为匈奴人、蒙古人、突厥人和鞑靼人。就像北欧和中亚的日耳曼人，这些游牧民族变化、分裂、组合、重组，尽管名称各有不同、变化多端，但本质上却是一样的。这些蒙古游牧民族拥有马的历史要比北欧的日耳曼人。早大约在公元前 1000 年左右，他们可能就在阿尔泰山地区独自发现了铁。这些东方游牧民族与西方的情形一样，也多次获得某种形式的政治统一，并屡次成为这个或那个文明地区定居者的征服者、统治者和复兴者。

就像欧洲和西亚最早期文明可能不是日耳曼人和闪米特人的文明一样，中国最早期的文明很有可能也不是蒙古人的文明。中国最早的原始文明很有可能是暗白人种的文明，也许和最初的埃及人、苏美尔人、达罗毗荼人等暗白人种的文化同出一源。当中国最早的有记载的历史开始的时候，中国文化就出现过互相征服和相互融合的现象了。不管如何，我们发现，到公元前 1750 年，中国已经形成了由诸侯和城邦国家组成的庞大组织，诸侯国之间形成一种松散的联盟，拥戴一位中央皇帝，即“天子”，并定期或不定期地向天子纳贡。公元前 1046 年，商朝寿终正寝，周朝取而代之。直到印度出现阿育王、埃及进入托勒密时代，中国一直在周朝统治下，保持着松散的统一状态。在周朝这一漫长的历史时期中，中国逐渐开始分裂。匈奴不断南下入侵，建立自己的王国。地方诸侯也慢慢各自为政，不再向周天子进贡。中国的一位权威学者说，在公元前 6 世纪，中国一共有大大小小五六千个独立的小国，史称“春秋时期”。

春秋时期，大量知识活动兴盛起来，涌现出许多地方性艺术和文化生活中心。假如我们能够更加深入地研究中国的历史，就会发现：中国也曾经有过属于他们自己的米利都、雅典、贝加蒙和马其顿。当前，由于我们在这一方面知识缺乏，无法整理出连贯的发展脉络，对当时中国的分裂情况只能做一些模糊的、简单的描述。

正像分裂后希腊出现了许多哲学家、亡国被俘后犹太人中出现了许多先知一样，混乱割据、动荡不安的中国，此时也出现了许多的圣哲先贤。似乎正是这种不安定和动荡的境遇，加速了伟大思想的产生。孔子出身于贵族之家，曾经在一个叫鲁国的小国中担任官职。出于与某种希腊人类似的冲动，他创办了一所学院，致力于探求知识、传授智慧。当时中国纷乱无序、礼崩乐坏的状况深深刺痛了他，他怀抱着建立仁政、改良人民生活的美好愿望，周游列国，四处游说，希望寻求一个能实现他的政治和教育思想的诸侯国王。但是他一直也没有找到这样一个君主。虽然他也曾经遇到过比较有希望的君主，但是宫廷内的阴谋诡计大大削弱了他的影响力，他的改革计划也以失败而告终。有趣的是，150 年后，希腊的哲学家柏拉图也寻找过这样一位开明的君主实现其政治抱负，不过他稍微幸运一点，一度当上了西西里岛叙拉古国王狄奥尼修斯的顾问。

怀才不遇的情绪伴随了孔子的一生。他曾说：“夫明王不兴，而天下其孰能宗予？予殆将死也。”尽管如此，他的教诲和思想却极富生命力，远远超出了他在落魄失意的日子中所想要达到的目的，最终成为中华民族精神的重要根源。儒教成为中国人通常所说的“三教”之一，其他两教分别是佛教和道教。

孔子学说的精华是提倡圣人君子之道。就像释迦牟尼注重自我忘却、希腊哲人注重客观知识的探求、犹太人注重正义行为一样，孔子非常注重个人人格的修养。在所有的伟大哲人当中，孔子最为关心公众精神。他对世上的纷乱和痛苦，经常感到忧心忡忡。为了让天下变得高尚完美，他主张先培养每个人的高尚人格。他提倡尽最大可能约束规范个人行为，要求人们生活当中的每个行为都应该合乎严整的礼法。他树立了君子的理想形象：彬彬有礼、大公无私、严于律己，这是一个赋予了永恒形式的理想形象。他的这一思想在中国的北方得到了发展。

老子曾长期任职于周王朝的皇家图书馆（即守藏吏），他的学说比孔子学说更加玄妙、含糊，更加难以捉摸。他似乎要让人们对俗世的快乐和权力保持某种禁欲主义的淡泊思想，让人们回复到过去那种想象中的简朴生活。他留下的著作文体简约、语言晦涩，像谜语一样难懂。老子死后，他的学说也和释迦牟尼的教义一样，被演绎曲解，并不断掺杂许多复杂离奇的仪式和迷信思想，变得面目全非。中国和印度一样，新的思想不得不与人类在幼年时期产生的神秘的原始思想和光怪陆离的传说进行斗争，而结果往往是后者成功地在前者身上涂抹上奇怪的、不合理的、古老的仪式。在今天的中国，人们会发现佛教和道教（自称在老子学说的基础上发展起来）都是一种有僧侣、庙宇、祭司和牺牲奉献的宗教。它们即使不是在思想上，也至少在形式上保留着和苏美尔、埃及的旧宗教一样的古代风格。但是孔子的学说却不同，由于孔子的教义有限、意思明了、简洁易懂，因此未被后世牵强附会地讹解，得以保持真传。

中国北方的黄河流域，在思想和精神上一般都信奉孔教；南方的长江流域，则大多信奉道教。因此，从那时起，我们经常可以在中国历史发展的关键事件中寻找到两种精神冲突的踪迹，表现为南方精神与北方精神的冲突、北京与南京（后期）的冲突，北方的官僚气质、方正、保守与南方的怀疑、浪漫、松弛、敢冒风险之间的思想冲突。

到公元前 6 世纪的孔子时代，中国的分裂达到了极点。周朝积弱无能，老子辞去官职，归隐山林。

北方两强齐国和秦国，扬子江畔尚武好争的楚国，这三个势力强的国家虽然名义上是属国，其实三足鼎立，掌控当时的天下。后来齐秦结盟，使楚国臣服，楚国被迫与他们签订条约解除武装，中国历史出现暂时的和平。后来秦国取得了统治地位。到了阿育王统治印度时，秦王夺得了周鼎，取代周王而行祭礼。庄襄王的儿子秦始皇（公元前247年即位，公元前220年称帝）遂成为中国历史上“第一个一统天下的皇帝”。

与亚历山大相比，秦始皇要幸运得多，他在位36年。对于中国人民来说，他强有力的统治标志着一个统一、繁荣的新时代的开始。他奋勇抗击了来自北方沙漠匈奴人的入侵，并举全国之力，开始修筑伟大的万里长城。

# ◆ 第 31 章　罗马的兴起 ◆

虽然印度西北边境绵延的高山，中亚、印度境内的群山隔绝了各种文化之间的联系，读者还是可以发现这些文明在历史上具有相似性。在最早的几千年里，古代的日石文化都分布在温暖和肥沃的江河流域，形成了具有祭拜神灵传统的祭司制度和庙宇制度。很明显，这些文化的创造者就是我们在前面重点提到过的人类主要人种——暗白人种。后来，游牧民族出现了，他们随着牧草季节性迁移，于是，原始文明中又加入了这些民族的特点和语言。游牧民族征服并同化了原始文明，他们到处创新，并不断完善，形成了各种不同的原始文明。起这种作用的少数民族，在美索不达米亚平原最初是伊拉姆人和闪米特人，后来是北欧体系的米堤亚人、波斯人和希腊人；在爱琴海地区是希腊人；在印度是雅利安民族；在埃及，人们深受祭司文化影响，所以，其统治者的影响力相对来说比较小；中国则因在不同时期受到不同匈奴人的侵略而接受了不同文明的熏陶。就像希腊及北印度被雅利安化，美索不达米亚被闪米特化及雅利安化一样，中国也被蒙古化了。游牧民族到处破坏，也到处传播自由解放和道德革新的精神。他们质疑古代信仰，把注意力投向庙宇。他们不再服从于祭司或神明，而是服从于长老及同僚中选出的具有领导能力的君王。

我们发现，公元前 6 世纪后的几个世纪里，到处可见古代传统的崩溃，一种寻求新道德及新知识的精神开始崛起。在人类的巨大进步中，这种精神一直存在，从来没有完全消失过。我们发现，读书和写作不再只是祭司们的秘密武器和法宝，而成为统治阶级和富裕阶层的少数人掌握的普通而又易学的才能。随着马匹的增加和道路的扩展，人类的旅行日渐频繁，运输日渐简便容易；铁币的流通，为商业贸易提供了更加便利的工具。

现在，让我们把注意力从东方的中国转到地中海的西半部去。在那里，我们要为读者讲述一个命中注定要在人类历史上扮演重要角色的伟大城市的出现，那就是罗马。

到目前为止，本书一直没有提到意大利。公元前 1000 年前，意大利还是一个高山连绵、森林繁茂、人口稀少的荒野之地，雅利安语系的部落占据了这个半岛，并在这里建城设镇；希腊人的殖民地散布在半岛的南端。珍贵的裴斯茨姆遗址向我们讲述着早期古希腊民族的尊贵与辉煌灿烂。还有一种可能和爱琴海民族相近的非雅利安人——伊特鲁里亚人，在半岛中部自谋生路。他们逆转传统模式，出乎意料地征服了各个雅利安民族。在最初走上历史舞台时，罗马只不过是台伯河上伊特鲁里亚国王统治的一个小商城，其居民都属拉丁语系。据古代的纪年史记载，罗马城是在公元前 753 年建立的，比伟大的腓尼基城迦太基建立晚半个世纪。这个时间正是首次奥林匹克竞赛后的第 23 个年头。然而，在古罗马广场遗址中，我们却发现了公元前 753 年以前的伊特鲁里亚人的坟墓。

在公元前 6 世纪这个备受瞩目的世纪中，伊特鲁里亚的国王被废黜（公元前 510 年），从此，罗马就成为一个贵族阶级支配平民阶级的贵族共和国。除了说拉丁语外，他们和许多希腊的贵族共和国没有太大的区别。

在此后的几个世纪中，罗马史就是平民阶级为了追求自由、获得参政权利而长期顽强不屈斗争的历史。希腊民族中也出现过这种斗争，这就是希腊人所称的贵族主义与民主主义之争。最终，平民阶级打破了大多数贵族阶级的特权，建立了与贵族同工同酬的制度。平民阶级打破了贵族阶级旧特权，又通过吸引更多的阶级外人士，努力在可能和可以接受的范围内扩大罗马的公民权。当时，虽然罗马内部的斗争还在不断持续，但罗马却没有停止对外扩张的脚步。

罗马的对外扩张，开始于公元前 5 世纪。在此之前，罗马也曾经多次和伊特鲁里亚民族交战，但大多数战役都以失败而告终。虽然罗马距离伊特鲁里亚的堡垒——威伊只有区区几千米，罗马人却总也未能攻克它。然而公元前 474 年，大灾难降临到伊特鲁里亚人头上，他们的舰队被来自西西里岛的叙拉古希腊人击溃。与此同时，北欧的侵略者高卢人从北方杀了过来。伊特鲁里亚民族腹背受敌，在罗马人和希腊人的夹击下一败涂地，最终在历史上消失。后来罗马人占领了威伊。接着高卢人又入侵罗马，在城市中大肆破坏（公元前 390 年）。但他们自始至终都没能攻占议事厅（罗马人在卡比多山冈上的议事厅）。据说，高卢人曾发动过一次夜袭，但偷袭的晚上群鹅高鸣导致计划破产。最后，罗马给这些入侵者供奉了一些钱财，高卢人又退回意大利北部区域。

高卢人的入侵，不仅未使罗马人一蹶不振，反而促使他们不断向外扩张。公元前 300 年，罗马人只用了几年时间就征服并同化了伊特鲁里亚人，罗马的势力范围扩展到从阿尔诺河到那不勒斯的整个意大利中部地区。同一时间内，菲利浦正在马其顿和希腊扩张势力，亚历山大则正在侵略埃及和印度。当亚历山大的帝国土崩瓦解时，罗马人已经开始在东方文明世界中声名远扬了。

在罗马的势力范围中，北面是高卢人，南面也就是西西里及意大利半岛的脚趾尖和脚跟部分，是大希腊的殖民地（南部地区）。高卢人骁勇善战，所以罗马人在其边界线上修筑堡垒，保卫殖民地。以大伦吞（今塔兰托）为首的南部希腊城市和以叙拉古为首的西西里的希腊城市，不仅未能构成对罗马的威胁，反而害怕罗马人，因而迫切希望有外来势力帮助它们来反抗新崛起的征服者。

前面我们已经讲过亚历山大帝国的领土如何被其麾下将士及随从瓜分，从而四分五裂的。皮洛士就是其中一个分割者，也是亚历山大的密友。他在伊庇鲁斯建立了一个国家，这个国家位于亚得里亚海对岸——那个与意大利南端相对的地方。皮洛士野心勃勃，妄图和马其顿的菲利普大帝一样征服大希腊，成为塔兰托、叙拉古及其附近区域的保护者及统帅。他拥有当时极其强大的现代化军队；有密集的步兵阵营；有来自萨利的骑兵队——这是一支和当初最先创造这个兵种的马其顿骑兵一样优秀的骑兵队；另外还有二十只战象。他入侵意大利，在希拉克利（公元前 280 年）、在奥斯卡兰（公元前 279 年）两次战役中大败罗马军队，将之驱逐到北方。之后，他又把注意力转到征服西西里上。

然而此举引起了一个比罗马更可怕、更强劲的敌人腓尼基商城迦太基的反感。腓尼基商城可能是当时世界上最大的城市。迦太基距离西西里并不远，若是再出现一个亚历山大式的人物占领西西里的话，必然危及迦太基的安全。迦太基人还清楚地记得半个世纪前他们的母城提尔所遭受的不幸命运。因此，迦太基向罗马派遣舰队，鼓励或者说是胁迫罗马继续战斗。迦太基的舰队切断皮洛士的海上交通。皮洛士发觉了罗马军队发动进攻的迹象，于是在位于那不勒斯与罗马之间的贝尼温陀向罗马发起进攻，结果遭到了强烈地反击。

恰在此时，皮洛士突然得到高卢人正在侵扰国土南境的消息，便匆忙赶回伊庇鲁斯。罗马边防线上防卫严密，高卢人无法攻破，所以他们没有侵入意大利，取道伊利里亚（今天的塞尔维亚及阿尔巴尼亚），攻入马其顿及伊庇鲁斯。皮洛士一方面被罗马人击退，另一方面又在海上与迦太基人的斗争中失利，再加上高卢人入侵国土，三面受敌的他不得已放弃了称霸的梦想，于公元前 275 年狼狈回国。罗马的势力也因此扩展到墨西拿海峡。

墨西拿是一个希腊城池，位于墨西拿海峡一侧的西西里岛上，当时处于海盗的控制下。迦太基人那时已经成为西西里岛上的霸主，他们与叙拉古结盟并在公元前 270 年驱逐海盗，在那时驻扎军队。海盗向罗马求助，罗马欣然答应。于是在墨西拿海峡，以商业著称的迦太基和新兴的霸主罗马形成了正面对峙之势。

# ◆ 第 32 章　罗马与迦太基 ◆

公元前 264 年，罗马与迦太基之间爆发了布匿战争。同一年，阿育王刚刚在贝哈尔掌权，中国的秦始皇还是一个孩子，亚历山大博物馆里的科学工作正在有序地进行，野蛮的高卢民族则蛰居小亚细亚，强迫柏加曼进贡。由于距离的限制，世界上的各个地区依旧相互隔绝。因此，虽然闪米特种族的最后命脉迦太基和雅利安语种族中的新兴者罗马在西班牙、意大利、北非、西地中海一带持续进行了一个半世纪之久的战争，可是对于其他的民族来说，却只有一点点模糊的印象。

那次大战至今深深地影响着整个世界。虽然罗马最终战胜了迦太基，但也因此导致了雅利安民族和闪米特民族之间的敌对观念，这为日后非犹太人和犹太人之间的冲突埋下了种子。这些事件的后果及人们对此的歪曲理解对当今世界各地的冲突和斗争造成了深远而复杂的影响。

第一次布匿战争爆发于公元前 264 年，导火线是“墨西拿海盗事件”。后来战争逐渐升级，除了希腊叙拉古的统治区域外，整个西西里岛都卷入了战争的漩涡。最初，迦太基在海上有明显优势，他们的大战舰体积非常大，闻所未闻，舰上有五列桨，舰首有大撞角。在两个多世纪前的萨拉米斯战役中，他的主战舰只有三列桨，共计三层。尽管缺乏海上作战的经验，但罗马人骁勇善战，仍然组成了非凡的舰队来与敌人相抗衡。他们配备了希腊水手，编制了新海军，并发明了钩住船只的抓钩和吊桥来对付强大的敌舰。当迦太基战舰撞上他们的战舰撞角，并试图夺桨时，罗马兵就用巨大的铁钩钩住战舰，利用吊桥杀将进去。在公元前 260 年的米列战役和公元前 256 年的埃克诺穆斯战役中，罗马舰队两次大败迦太基舰队。迦太基人虽然在迦太基附近击退了罗马的陆军，但在马勒摩战役中却吃了一记败仗，遭受重创，损失了 104 头战象。当罗马军凯旋时，这些战象成了罗马广场的奇观。其后，罗马军队虽然两次在战役中失利，但终于恢复了元气。公元前 241 年，在亚加的安群岛，罗马海军击溃了迦太基残存的海上力量。迦太基不得不向罗马求和。于是，除了叙拉古王亥厄洛的领土外，罗马人占领了西西里全岛。

此后 22 年间，由于罗马和迦太基国内战乱不断，所以两国暂时相安无事。在意大利，高卢人再次入侵罗马南部，罗马人仓促迎战，为取得胜利，甚至用人来祭祀神灵。不过罗马人终究在特拉蒙歼灭了高卢人，罗马军队长驱直入，趁机向阿尔卑斯山进军，把自己的领土从亚得里亚海岸扩展到伊利里亚。而在迦太基国内，由于内乱不断，科西嘉岛、撒丁岛乘机叛变，导致迦太基国力衰落。罗马乘胜追击，吞并了这两个背叛的岛屿。

当时，迦太基占领西班牙北至埃布罗河的领土。罗马人禁止他们超越此河。任何迦太基人只要越过埃布罗河，都被认为是有意反抗罗马。公元前 218 年，罗马人公然挑衅，迦太基在少年将军汉尼拔（历史上一个赫赫有名的将军）的带领下，渡过埃布罗河，向北部进军。他从西班牙出发，越过阿尔卑斯山，进入意大利境内，并煽动高卢人攻击罗马。持续15年的第二次布匿战争在意大利本土爆发。汉尼拔在特拉西美湖和坎纳痛击罗马，打败了意大利境内所有的罗马军队。但后来，有一支罗马军队从马赛登陆，切断了汉尼拔与西班牙的联系。由于缺少攻占城池用的军用器械，汉尼拔始终没有能够攻陷罗马城。后来，迦太基内部的努米底亚人发动叛乱，迦太基只好退兵防守自己在非洲的城市。另一队罗马军趁机攻入非洲。公元前202年，两军在扎马交战，汉尼拔与罗马统帅西庇阿作战，并败在对方手下，这是汉尼拔平生第一次被击败。第二次布匿战争以扎马战争的结束而告终。迦太基投降，愿意把西班牙和本国的战舰让给罗马，并向罗马缴纳巨额战争赔偿，答应交出汉尼拔，但汉尼拔已经逃到了亚洲。后来，他害怕落入残酷的敌人手中，服毒自尽了。

罗马与战败的迦太基和平相处了56年。同时，罗马努力向外扩张势力，深入到分裂混乱的希腊，侵入小亚细亚，又在吕底亚的马格尼西击败了塞琉卡斯王朝的安泰奥卡斯三世。罗马还把托勒密王朝统治下的埃及、贝加蒙以及小亚细亚的许多小国拉入"同盟"，也就是相当于我们现在常说的保护国。

与此同时，被征服的、不断衰落的迦太基城，经过长期的休养生息，慢慢地恢复了往日的繁华。迦太基的复兴再次引起了罗马的仇恨和猜疑。公元前149年，罗马故意挑衅，迦太基顽强反抗，但被围困多时后，终于在公元前146年沦陷。那次巷战和屠杀持续了六日之久，血流成河。迦太基城池失陷后，25万居民中只有5万人幸存下来。罗马人在城中烧杀抢掠，大肆破坏，并把幸存下来的居民当作奴隶卖掉。城市的废墟被人们开辟为耕地，伟大的迦太基城就这样消失了。

第三次布匿战争到此结束。曾经称霸世界的闪米特人种，至此只剩下一个小国家，依然由本族的统治者治理着。这个小国就是犹太国。此时的犹太人已经从塞琉卡斯王朝的统治下解放出来，由本族的麦卡贝王子统治着。当时，他们已经基本上编完了自己的《圣经》，并正在发展着那些流传至今的犹太民族独特的传统。从迦太基人、腓尼基人及其他同族人所使用的同一种语言，还有这部蕴含希望和勇气的《圣经》中，我们可以看出他们之间某种相通的东西。在很大程度上，这些民族仍是世界上的商人和旅行者，所以，与其说闪米特族的世界被取代了，不如说是扩散开了。

耶路撒冷不仅是犹太教的中心，而且是犹太教的象征。公元前65年，罗马攻占耶路撒冷。此后，这个城市经历了多次独立及叛变，公元70年，耶路撒冷又被围攻。经过这次激战后，圣城并未沦陷，但是在战争中被毁。公元132年耶路撒冷城内发生叛变，这个城市彻底毁灭。我们现在所看到的耶路撒冷，实际上是后来经过罗马人同意后重建的。罗马人在原来的旧址上，建立了罗马神朱庇特的神庙，并明确规定犹太人不得在城中居住。

# ◆ 第 33 章　罗马帝国的发展 ◆

公元前 2 世纪至公元前 1 世纪，新崛起的罗马强国控制着西方世界。与以前各个文明世界的帝国相比，罗马有许多不同点。它没有实行君主政体，因为它不是由伟大征服者所创立的。它也不是第一个共和政体的帝国，因为还在伯里克利当政时，雅典就控制了许多同盟国和附属国，而迦太基在与罗马做生死决战时，还统治着撒丁、科西嘉、摩洛哥、阿尔及利亚、突尼斯以及西班牙和西西里的大部分领土。但是罗马却是第一个能够免于灭亡，并逐渐发展起来的共和国。

罗马这个新兴国家的中心，设在古代各帝国的中心——美索不达米亚或埃及诸流域——的西面。中心位置的西迁，使得罗马有可能把某些新地区和新民族带向文明。罗马的势力扩张到摩洛哥和西班牙，又慢慢向西北延伸到今天的法国和比利时，一直到英国；向东北延伸到匈牙利及南俄罗斯。但是罗马在中亚和波斯没有什么势力，因为这些地方离它的行政中心太远。由于其版图辽阔，罗马人民中不但包括了大量北欧雅利安语系的民族，而且几乎包括了世界上所有的希腊民族，但其中哈姆特族人和闪米特族人的数量却比以前的任何帝国都少。

罗马的繁荣昌盛维持了好几个世纪。它并没有像以前的波斯与希腊一样很快就遭受被同化的命运。米堤亚和波斯的统治者都是过了一两代就完全巴比伦化了：他们先接受了巴比伦王中之王的皇冠，又接受了他们的神庙和祭司；亚历山大和他的继任者也走着同样的同化路线；塞琉卡斯诸王朝中，许多方针政策都依照原来的尼布甲尼撒；托勒密氏家庭则因成为法老而彻底成为埃及人。与以前的闪米特人征服苏美尔后被同化一样，上述征服者也都一样被征服者所同化。但罗马却没有被同化：在这几个世纪中，他们实行自治，恪守自己的法律。在公元二三世纪前，对罗马产生过巨大精神影响的只有一个民族，那就是在血统上与罗马人相近的希腊人。可以说，罗马帝国是最先尝试用雅利安模式统治广大领土的国家。也正是从这个意义上说，它是历史上出现的一种新型的国家，是扩大了的雅利安共和国。征服者统治围绕着神庙发展的首都的古老方式并没有被罗马采用。罗马人也有自己的神灵寺庙，但他们的神和希腊的神一样，都是半人半神、不朽的神圣贵族。罗马人也进行祭祀，在困难时期甚至用活人来献祭，这点可能是从伊特鲁里亚人那里学来的。但是，直到罗马的鼎盛时期已经成为遥远的过去，祭司和庙宇在其历史上都未曾扮演过任何重要角色。

罗马帝国是没有经过缜密计划而发展起来的传奇式国家。罗马民众所做的是一种自己也不知所以的巨大的政治实验。这一实验并不成功。最后，罗马帝国终于完全崩溃。它的形式和方式经过了激烈动荡，在 100 年间发生的变化甚至比孟加拉国、美索不达米亚和埃及等地方 1000 年的变化都要激烈。可以说，罗马帝国一直在变化着，从来没有形成固定的模式。

从某种意义上看，这项政治实验失败了，但在另一种意义上，这项实验尚未结束。至今，欧美国家的许多学者仍然在努力破解罗马民族最初遭遇到的世界性的治国难题。

历史研究者最好记住，在罗马时代，不仅政治方面发生了剧变，社会和道德方面同样也发生了重大变化。一般人都有一种强烈的偏见，认为罗马的统治是完整的、稳定的、坚固的、完满的、神圣而且必然的。麦考利在其所著的《古罗马之歌》一书中，就把“罗马元老院和罗马市民”的长老们——迦图、西庇阿、恺撒、戴克里先、君士坦丁大帝，以及罗马的凯旋、演说、角斗、基督教徒的殉教等混合在一起，描绘出了一幅残忍无比又庄严崇高的画面。其实我们应该对这画面中的各种素材细加分析，因为其中所描绘的故事，在历史的长河中已经变得面目全非，其改变之大比威廉时代（威廉一世时期，即公元 11 世纪）的伦敦和今天的伦敦之间的差别还要大。

罗马的发展可以很清楚地分为四个阶段。第一阶段，从公元前 390 年高卢人劫掠罗马起，至公元前 240 年第一次布匿战争止。我们可以称这一阶段为同化的共和阶段。这或许是罗马历史上最辉煌、最有特色的阶段。这一阶段，贵族和平民间的持久斗争即将结束；伊特鲁里亚人的威胁已经消失；罗马帝国的居民不算太富有，也不是十分贫穷；大多数人都具有共和精神。此时的罗马共和国是一个自由农民共和国，与公元 1900 年以前的南非布尔共和国以及公元 1800 至公元 1850 年的美国北方诸城邦都很类似。在这个阶段的初期，罗马只是一个方圆不到 30 英里的小国。虽然它与同族的近邻作战，但其目的不是破坏这些近邻，而是为了让它们和自己结盟。几个世纪以来的国内纷争，使得罗马人十分懂得妥协退让。被罗马击败的国家中，有些可以参政议政，从而彻底被罗马所同化；有些可以独立自治，并被给予了在罗马经商、娶妻嫁女的权利；罗马修筑军事要塞；还在新征服的土地上建立殖民地，罗马人在这里享有各种特权。同时，罗马还开辟了大量的道路。这些政策使得意大利各地都不可避免地罗马化了。到了公元前 89 年，所有的意大利自由民都成了罗马市民。从形式上，罗马帝国终于成为一个庞大的都市。到公元 212 年，帝国内的所有自由民都被赋予了市民权。这意味着，只要他们出席，便可以在罗马市民会议拥有投票权。

这种先把市民权赋予最容易治理的城市，继而扩展到全国的做法，是罗马发展过程中一种特有的方式。这种方式完全改变了以前征服者被自己所征服的民族同化的惯例。正是用这种方法，作为征服者的罗马同化了被自己征服的民族。

到第一次布匿战争及吞并西西里后，虽然旧的同化政策依然在使用，但同时罗马统治者也制定了新的政策。例如西西里就被作为征服者的战利品而成为罗马民族的“财产”。西西里肥沃的土地和勤勉的居民，都成为罗马的致富之源。贵族及较有势力的平民，获得了西西里岛的大部分财富。同时罗马还在战争中攫取了大批奴隶。第一次布匿战争以前，共和国的居民大多是有市民权的农民，服兵役是他们的权利和义务。然而，当服役时，他们的田地都荒芜了，这就使新兴的奴隶农业得到了发展；当解甲归田时，他们才发现自己生产的产品不得不和来自西西里岛以及新的被占领国奴隶生产的产品竞争。时代发生了变迁，共和国的性质也随之发生了变化。随着西西里岛成为罗马的掌中之物，罗马的平民也都落入了富裕的债主和富有的竞争者手中。罗马因此进入第二阶段，富人勃兴的共和阶段。

农民出身的罗马士兵为了获得自由和分享参与国家政治的权利，前仆后继地奋斗了 200 年，但最终却只享受了 100 年的特权。第一次布匿战争不仅拖垮了他们，同时也剥夺了他们已经获得的一切权利。

他们的选举权也是徒有其名。罗马共和国的行政团体由两个部分组成：一个是较为重要的元老院。这个机构本来是贵族的团体，后来发展成由大官员、执政官、监察官召集的，包括一切有权势的人共同参加的团体。和英国的上议院一样，元老院成为大地主、政治要人和大实业家的集团。与其说它像美国的参议院，不如说它更接近英国的上议院。布匿战争以来的3个世纪里，元老院都是罗马政治思想及意志的中心；另一个部分是平民会议。它是罗马全体市民的集会。当罗马还只是一个方圆30千米的小国时，还有可能召集这样的集会。但当罗马的市民权扩张到整个意大利后，这种集会便成了不太可能的事情了。这种通过在朱庇特神庙和罗马城墙上吹响号角来召集的集会，就逐渐变成了政治掮客和市井无赖之流的集会。如果说公元前4世纪的平民会议是平民主张和权利的代言人，能有力地牵制元老院的话，那么到布匿战争末期，平民会议就成为被压迫人民毫无意义的遗物，已经对权威人士不能产生任何合法而有效的牵制作用了。

罗马的共和政治从来没有达到代议制的性质，也从来没有人想到过推举市民代表来代表市民意志。这一点，研究历史的人应该特别注意。罗马的平民会议永远也无法与美国的参议院以及英国的下议院相提并论。在理论上，平民会议包括了全体市民；但在实践中，平民会议却没有任何意义。

因此，第二次布匿战役后，罗马帝国的普通市民，境况极其悲惨。他们物质贫乏，有的失去了田地，有的被奴隶夺去了自己赖以生存的产业，更糟的是他们失去了可以扭转局面的政治权利。因此，对于失去了任何参政权力的他们而言，表达民意的唯一方式就是罢工与叛乱。公元前 2 世纪到公元前 1 世纪的罗马国内政治史，是一篇于事无补的革命运动史。那些企图废除贵族地产，恢复自由农民的田地，免除全部或部分债务的提案，以及其他种种纷乱争斗的情形，本书限于篇幅，实在无法详述。总之，暴动和市民起义连绵不断，扰攘不息。公元前 73 年，斯巴达克斯所领导的奴隶大暴动，使得意大利人心急如焚。因为这些起义者中有很多经过严格训练的职业角斗士，所以这次奴隶暴动显示了强大的战斗力。斯巴达克斯在当时似乎是死火山的维苏威火山口顽强战斗了两年。然而，这次暴动最终还是失败了，公元前 72 年，6000 名被俘的斯巴达克斯战士，被残忍地钉死在罗马南边的阿比斯大路旁的十字架上。

平民们终究没能成功地反抗征服和剥削他们的压迫者。相反，那些压迫了他们的大富翁，不但打败了他们，而且在他们自己和平民之上扶植了一个新的势力：军队。

第二次布匿战争以前，罗马军队都是由应征而来的自由农民组成的，他们按照各自不同的情况，或骑马或徒步奔赴战场。这种军队非常适用于近距离作战，但却无法适应远征或长期征战。随着奴隶的增加和产业的发展，具有自由精神的农民变得越来越少。于是，一位叫马略的农民领袖创建了一种新的形式。迦太基文明没落后，北非成为半开化状态的努米底亚王国。罗马与这个国家的国王朱古达常有冲突，却屡次受挫，始终没有征服它。为了挽回面子，马略被推举为执政官，组织了雇佣军队，进行严格训练，终于击破了朱古达军。公元前 1105 年，马略击败米古达。米古达逃到毛里塔尼亚（今阿尔及利亚和摩洛哥北部）后，被国王波库斯所俘，交付罗马。马略虽然任期已满，但仗着自己一手培养起来的军团，仍然继续不法执政。此时的罗马已经没有什么力量能奈何得了他。

从马略开始，罗马进入了第三个发展阶段：军人共和时期。这时雇佣军的领袖们都想统治罗马，于是争权夺利的战争开始了。与马略作对的，是他以前的属下，远征过非洲的贵族苏拉。他们肆意屠杀政敌，数以千计的人被他们放逐或杀戮，地产也被他们拍卖。继他们的血腥火并及斯巴达克斯暴动之后，卢古鲁斯、庞培大帝、克拉苏、恺撒等先后做了军政当局的首脑，控制了罗马政治。克拉苏击败了斯巴达克斯。卢古鲁斯征服了小亚细亚，入侵亚美尼亚，攫取大批财富后归隐山林。克拉苏远征波斯，被安息人打败阵亡。在长期的战乱后，庞培被恺撒打败，并于公元前 48 年，在埃及被杀。最后，恺撒硕果仅存，成了罗马的唯一主人。

恺撒的故事激发了人类的想象，但很难辨别他的功绩和真实作用的比重到底有多少。他成了传奇中的偶像或崇拜的象征。但在我们看来，他的重要性在于他完成了初期帝国阶段的过渡，也就是从军人共和时期到罗马扩张的第四阶段。当时的罗马虽然国内经济、政治骚动，内乱四起、社会衰败，但其疆域依然在不断扩张。到公元 100 年，罗马的版图达到了最大的程度。第二次布匿战争期间，罗马的扩张进入了停滞的低潮时期。在马略重整军制前，又一次元气大伤，而斯巴达克斯的暴动则使它第三次伤筋动骨。此时，恺撒因征服高卢，也就是现在法国、比利时一带，而一举成名（高卢国内的主要居民都是属于凯尔特族的高卢人，他们曾占领意大利北部，侵入小亚细亚并定居在该地的加拉太斯）。恺撒将入侵日耳曼的高卢人驱逐出境，并把高卢地区并入了罗马帝国的版图。他曾经两次渡过多佛尔海峡（公元前 55 年和公元前 54 年），入侵不列颠，但都遭到了强有力的抵抗。与此同时，庞培大帝也正在罗马东到里海的地方巩固了统治，并培养了自己的势力。

公元前1世纪中期，罗马元老院在名义上仍然是罗马的政治中心，有权任命执政官和其他官吏，并可以赋予他们种种权利，等等。许多政治家仍然为保持罗马的共和传统，以及继续尊重罗马的法律而奋斗，其中以西塞罗最为突出。但是市民权的精神已随着自由农民的锐减而逐渐颓废衰微。意大利成了既不清楚自由为何物，也不要求得到自由的奴隶和贫民的国度。元老院里的共和主义领导者已经没有什么依靠力量，而在他们畏惧并想压制的大冒险家背后，却有着强大的军团。克拉苏、庞培和恺撒三个人的势力远远超过了元老院，他们三分天下，这就是最初的三雄执政。后来，克拉苏在卡里尔莱战役中被安息人杀死，庞培和恺撒也决裂了。庞培支持共和政体，以恺撒违反法律、不服从元老院的命令为借口，依照法律通过了传讯恺撒的提案。

当时，卢比孔河是恺撒的法定驻地和意大利本土之间的分界线，如果将军率军逾越驻地是不合法的。公元前49年，恺撒宣称“事已至此，毫无退路”，越过了这条分界线，向庞培和罗马进军。

过去，罗马的惯例是，在军情紧急时候，推举一位权力至高无上的独裁官来挽救罗马。恺撒击败庞培，被推举为独裁官，任期10年。后来，他又被推举为终身独裁官（公元前45年），实际上就是罗马的终身统治者。当时也有人主张建立帝制，但自从5个世纪前驱逐伊特鲁里亚人后，罗马人一直对皇帝很反感。恺撒坚决不称帝，但却接受了皇帝的宝座和玉笏。恺撒击败庞培后，曾率军进入埃及，在这片由托勒密王朝统治的国土上，恺撒爱上了美轮美奂的埃及女王克娄巴特拉。她似乎使他的思想发生了根本性的转变。他把她灌输的埃及“神圣的王”的观念带回了罗马。恺撒在一座神庙内树立了自己的雕像，并刻上了“献给无敌之神”的铭文。然而行将就木的罗马共和精神，做了最后一击，在元老院刺杀了恺撒，他恰好倒在自己杀死的对手庞培大帝的雕像脚下。

这种个人争名夺利的战斗又持续了13年。其后形成了雷比达、安东尼奥及恺撒的侄子屋大维三足鼎立的第二次三雄执政。屋大维像他的叔父一样占据了贫瘠而多事的西方各省，招募了最精锐的军队。公元前31年，在亚克兴海战中，他一举击溃自己唯一的敌人安东尼奥，成为罗马的唯一执政官。但屋大维和恺撒完全不同，他从未有过做神做王等愚不可及的欲望，也没有过令他目眩神迷的皇后情人。他坚决不做独裁官，还把自由还给元老院和民众。元老院为了表示感谢之意，仍把实际的权威交给了他。屋大维不称皇帝，而是被称为“元首”或“奥古斯都”（尊严的意思）。就这样，他成为罗马第一位皇帝——奥古斯都•恺撒（公元前27年至公元14年）。

其后的皇位继承人，依次为提庇留（公元14年至公元37年）、加里古拉、克芬狄和尼禄。后来是图拉真（公元98年）、哈德良（公元117年）、庇乌（公元138年）和奥勒留（公元161年至公元180年）。这些皇帝都是行伍出身。军队可以拥立皇帝，也可以推翻皇帝。元老院渐渐在罗马历史上消失，取而代之的是皇帝及其行政官。至此，罗马帝国的疆土扩张达到了极点。不列颠的大部分都被并入帝国版图，特兰西瓦尼亚被划分为新省达契亚（即新属地之义）；图拉真则渡过了幼发拉底河，而哈德良的做法则可以使我们立刻想起世界另一边（指中国）的情况。与秦始皇一样，哈德良为了抵御北方的野蛮民族入侵，筑造城墙；其中之一横穿不列颠。此外，他又在莱茵河及多瑙河间建造了栅栏，并放弃了一部分图拉真的领土。

罗马帝国的扩张就此结束。

# ◆ 第 34 章　罗马和中国 ◆

公元前 2 世纪到公元前 1 世纪，人类历史进入了一个崭新的时期。美索不达米亚和地中海东部地域不再是利益中心。美索不达米亚和埃及虽然土地肥沃，人口众多，繁华无比，但已经不是控制世界的中心地区了。权力中心逐渐转向了东方和西方。那时，新兴的罗马帝国和再度强盛起来的中国成为控制世界的两大帝国。由于离本国太远，罗马的势力扩张到幼发拉底河后，就不再向外扩张了。许多新的统治者掌握了从前由塞留卡斯的波斯和印度掌管的幼发拉底河流域以外的地方。当时，中国秦朝的始皇帝已经驾崩，汉朝取代了秦朝。汉朝的势力，穿过西藏，越过帕米尔高原，一直到达中亚 。到这里，汉朝也扩张到了极点，因为再过去也太远了。

当时的中国，是世界上版图最大、组织系统最完整、政治体系最发达的国家，其面积和人口都超过了鼎盛时代的罗马帝国。这两个大国，虽然在同一世界同一时代同时繁荣，但相互之间并不知晓。同时，海陆交通发展和组织体系并不健全，所以两国之间还没有发生直接的冲突。

但是两国却以一种特殊的方式间接地相互作用，这对夹在他们中间的中亚和印度产生了巨大影响。例如，骆驼商队横穿波斯，贸易商船路过印度及红海沿岸，在缓慢地行进中经营着商业。公元前66年，庞培大帝率领的罗马军队，追寻着亚历山大以前的足迹，进军到黑海东岸。公元102年，班超率中国远征军曾抵达黑海，并派遣使者探听罗马的情况。然而，欧洲与东亚两大平行世界间的明确了解和直接通商，一直等到若干世纪后才得以实现。

这两大帝国的北方都是野蛮荒凉之地。现在的德国地区，当时大部分仍然被森林覆盖，大片的森林一直延伸到俄罗斯。森林中有群居的野牛，这些野牛体积与大象不相上下。当时，亚洲大山脉的北方，横亘着沙漠、荒原、森林以及冻土地带。大部分地区气候一直变幻莫测。几百年间，这个地区的降水量变化很大。气候决定了这里的土地不适合人类居住。也曾经有些年头，那些地方牧草丛生，适宜耕种，但接踵而至的是致命的周期性的大旱时代。

从德国的森林地带到南俄罗斯，从哥德兰岛到阿尔卑斯山的一大片北方荒原的西部，是北欧民族以及雅利安民族的发源地。蒙古东部的沙漠和荒原地带，则是匈奴人或蒙古人或鞑靼人或突厥人的发源地。这些民族在语言、种族以及生活方式上都相差不大。一方面，北欧民族不断向外扩张，南下侵入文明国家美索不达米亚南部及地中海沿岸一带；一方面，匈奴人中的过剩人口也成为流浪者、侵略者或征服者，进入汉王朝境内定居下来。多年的丰收使北方人口急剧增加；但是牧草的匮乏、牲畜感染瘟疫却逼着饥饿、凶悍好战的民族大举南下。

有时，这世界的两大强国能够同时击退蛮夷，用武力维护着边境的和平。汉朝军队向外推进的行动强烈而且持久。汉朝的居民越过长城，喷涌而出。农民们依仗着戍守国境的士兵，骑着马扛着锄具，开垦了塞外的草地，占有了冬季的牧场。匈奴人虽然屠杀过不少移民，但却抵不过比他们强大得多的汉军。于是，这些游牧民族有的作为一个耕作民族在当地定居下来，向汉朝政府纳税；有的向别处迁移，寻找新的夏季牧场。前者成了中国人，后者则向东北方和东方漂泊，翻山越岭，进入中亚地区。

从公元前200年起，蒙古骑兵入侵西方。他们欺压雅利安民族，迫使其西迁，又骚扰日渐衰落、防守不严的罗马边境。公元前1世纪，安息人即塞西亚人，这个很明显与蒙古人种混杂过的民族，侵入了幼发拉底河流域。安息人曾抗拒过庞培大帝的东征；击败并杀死了克拉苏，进而夺取了塞琉卡斯王朝在波斯的势力，建立了安息人的王朝，即阿萨西兹王朝。

但是无论是在东方还是在西方，这些被饥饿所困的游牧民族都遭到了强烈的反击，无奈，他们只好跨过中亚，向东南迁移，翻越开伯尔山口进入印度。在罗马和中国强盛的数个世纪间，只有印度屡遭这些蒙古骑兵的侵犯。许多骑兵征服者经过旁遮普进入大平原，大肆劫掠破坏。阿育王的帝国崩溃后，印度历史进入黑暗时期。这些侵略民族的一支大月氏建立贵霜王朝，一度统治印度北部。这些侵略持续了几百年。在公元5世纪的大部分时间里，印度饱受伊达人或白色匈奴人的骚扰。这些人征服了印度小诸侯，使印度陷入了恐慌。每到夏季，他们就在中亚游牧；入秋后，他们就越过山口前来骚扰印度。

公元2世纪，灾难降临到罗马帝国和大汉帝国，也许正因为如此，他们对北方侵略者的抵抗显得有点力不从心。这是一种空前的瘟疫。这场瘟疫在中国肆虐了11年之久，导致了社会秩序混乱，汉王朝灭亡，中国再次进入了新的分裂、战乱的年代。这种情景一直持续到公元7世纪，直到唐朝建立时才有所好转。

这场瘟疫从亚洲传到了欧洲。从公元164年到公元180年，瘟疫在整个罗马帝国极尽猖獗，明显地使罗马帝国的实力大为削弱。此后罗马诸省人烟稀少，国势衰弱。此时罗马的国界不再牢不可破，各处的土地纷纷沦陷。原属于瑞典哥德兰地方的新北欧民族哥特人，此时已经横越俄罗斯，迁移到伏尔加河流域及黑海沿岸，经常在海上劫掠往来船只。公元2世纪末期，哥特人开始感觉到了匈奴人的西侵的压力。公元247年，他们大举渡过多瑙河，一路劫掠，在今天的塞尔维亚打败并杀害了狄西阿皇帝。公元236年，日耳曼民族的一支——佛郎克人，攻破了莱茵河下游的罗马边境；阿拉曼尼族也侵入到阿尔萨斯。高卢的罗马军队虽然曾经打退过入侵者，但是巴尔干半岛的哥特人屡屡进犯，于是达契亚省就从罗马的版图上消失了。

骄傲、自信的罗马弥漫着一种沮丧的情绪。公元270年至公元275年间，罗马改变了过去300年间开放不设防的情形，奥利连皇帝不得不下令开始在罗马周围构筑防御工事。

# ◆ 第 35 章　早期罗马帝国平民的生活 ◆

公元前 2 世纪建立、从奥古斯都·恺撒起繁荣昌盛了 200 年之久的和平稳定的罗马帝国后来陷入混乱，最终灭亡了。在谈这个问题之前，我们还是先关注一下这个大帝国中平民百姓的日常生活。那时距今还不到 2000 年，和平期间的罗马帝国及中国汉朝的文明人生活，和他们的文明的后代、今天人们的生活越来越接近了。

这时在西方国家，钱币已经普遍流通了；在僧侣社会之外，出现了很多非官员非僧侣但有独立财产的人民；出现了宽阔的道路和屋舍，人们的旅行比以前方便多了。与公元前 5 世纪之前相比，人民的生活更加自由了。以前，由于受传统习惯的桎梏，一般文明人都终生居住在狭隘的部落和国家中，只有游牧民族才出外贸易或旅行。

但是罗马帝国与汉朝统治下的广大区域的文明并不相同。各地有各地的文化色彩，不同地方之间的文化存在着巨大的差异，有的甚至截然相反，就像今天英国统治下的印度一样。罗马的驻军和殖民地虽然广泛分布在其统治下的领土上，崇奉罗马神灵，使用拉丁语言，但是在罗马入侵之前就存在城镇和城市的地方，虽然服从罗马，却仍实行自治，并且，至少在某一时间，只供奉本地的神灵。

拉丁语在希腊、小亚细亚、埃及以及希腊化的东方的大部分地区，从来没有流行过，占据主要地位的仍是希腊语。后来成为使徒保罗的塔苏斯人扫罗是一个犹太人，也是一个罗马市民；但是他却不用希伯来文，而是用希腊文来交谈、写作。虽然希腊人统治下的塞琉古斯王朝——安息王朝不在罗马境内，虽然它在波斯推翻了希腊人，但那里却仍然十分流行希腊语。迦太基虽已灭亡，但在西班牙及北非的某些地方，迦太基语仍流行了很长时间。在罗马走上历史舞台前就曾繁盛过的塞维利亚城，虽然距离罗马驻军的意大利只有几英里远，但其居民仍然信奉本族闪米特的女神，使用闪米特人的语言。公元 193 年到公元 211 年统治罗马的皇帝塞弗拉斯，一直使用自己的祖国语言——迦太基语，后来才学会了拉丁语。

但是罗马帝国把许多以前没有大型城市、盛大庙宇和文化的地方都拉丁化了，例如高卢和不列颠等国家、达契亚（即今罗马尼亚的大部）、庞若里亚（即多瑙河以南的匈牙利）等城市。罗马先向这些国家进行文化输出，然后在那里建城设镇，在那些地方使用拉丁语，让他们奉祀罗马的神，后来又向他们灌输罗马风俗。罗马尼亚语、意大利语、法语、西班牙语等都是由拉丁语演化而来的，这些都让我们体会到当年拉丁语和罗马习俗是如何的普及。后来，非洲西北部的大部分地区也都使用拉丁语。不过埃及、希腊以及其他东方帝国都没有被拉丁化，他们保留了埃及和希腊的文化和精神，在罗马，甚至受过教育的罗马人，仍然把希腊语当作绅士语言来学习，并认为希腊文学和希腊知识要优于拉丁文学与拉丁知识。

在这个各种形式混合存在的帝国里，生产方式和商业状况自然也非常庞杂。农业仍是重要的生产部门。我们前面已经提过，在意大利，自由农民曾经是初期罗马共和国的支柱，但自从布匿战争后，他们被奴隶劳力所取代。在希腊人的世界里，曾存在着各种各样的耕种方法，亚加狄亚人的耕种法是所有自由市民都参加劳动，斯巴达人则认为劳动是一件不光彩的事情，因此训练了专门的奴隶阶级——希洛来耕种。但这些都已成为过去，在希腊化的大多数国家中，领地制度和奴隶劳动开始风行。这些农耕奴隶是被俘虏来的，有的则天生就是奴隶。他们言语互不相通，彼此不能交流，所以也没有产生一致反抗压迫的意识。奴隶们没有争取权利的传统，也没有知识，因为他们不能读书写字。直到他们渐渐成为国家人口的多数，也没有一次成功的起义。公元前1世纪斯巴达克斯领导的奴隶暴动，是一种经过特殊训练的角斗士的起义。在罗马共和国末期及帝国的初期，意大利的农奴受尽屈辱。晚上他们被锁起来，以防逃走；或被剃去半边头发，使之逃亡无门。他们没有自己的妻子。主人可以随意虐待他们，甚至断其肢体，残杀无辜，还可以把他们卖到角斗场进行斗兽表演。但是如果一个奴隶杀了奴隶主，那么奴隶主家的所有奴隶，不管是凶手与否，都要受到磔刑。希腊有几处地方，尤其是雅典，奴隶的命运虽不至于如此悲惨，但也很可怜。所以，对处于水深火热中的他们来说，后来入侵罗马的野蛮侵略者，其实是他们的救星而不是他们的敌人。

当时，在大部分的工业行业和需要多人合作的各种工作中，奴隶劳动广泛流行。开矿、冶金、划船、修路及修建大型建筑，无一不是奴隶的工作。一切家务劳动也都由奴隶来完成。在城市和农村，贫穷自由民和簧乐器乐师或为自己工作，或为工钱而劳动。作为工匠、监工等，他们成为与奴隶竞争的新的挣薪酬的工人阶级。他们的人数在罗马总人口中所占的比例已经无法考证，很可能这个比例会随着不同时间不同地方而有所不同。另外，奴隶也分很多种：最开始的奴隶在夜间被链子锁住，白天被鞭子驱赶到农场或矿山，后来有的则在主人允许下像自由民一样耕种自己的小块土地，或做手工活，甚至还有妻子，只要他能向主人缴纳租粮加倍回报就行。

另外还有武装奴隶。公元前264年，布匿战争初期，一种让奴隶互相格斗取乐的伊特鲁里亚人的消遣在罗马盛行一时，后来传遍了全国。很快，罗马的每个大富翁都拥有了自己的角斗士。他们有时在角斗场角斗，但真正的任务是担任主人的保镖。当时还有博学的奴隶。罗马共和国后期的征服者，在文化程度高度发达的希腊各城、北非及小亚细亚俘虏了很多受过高等教育的人。罗马上流社会家庭的孩子的家庭教师往往由奴隶担任。富人们常常派希腊奴隶当图书管理员、秘书，或者豢养的学者。在当时，富人们养一个诗人就如同养一只会表演的狗。近代文学批评主义的传统，即吹毛求疵的风气，就是在这种氛围中发展起来的。有些人把聪明的幼奴买来，让他们受教育，然后卖给富人。很多奴隶往往被训练成为图书抄写员、珠宝工匠以及种种社会所需要的熟练技术工人。

但从富人占优势的开放的共和初期，到瘟疫肆虐国势衰败的400年之间，奴隶的地位发生了巨大变化。公元前2世纪，战俘成群，社会风气粗俗不堪，奴隶没有任何权利。我们所能想象到的暴行，几乎都残酷地施加到奴隶身上。但是到了公元1世纪，罗马文明对奴隶制度的态度发生了显著的改善。这时的战俘比以前少了，奴隶的价格大为提升。奴隶主开始意识到奴隶带给他们的利益和舒适，同时，奴隶们对自身不幸的自尊心也增加了。社会的道德舆论也开始兴起，人们的正义感开始起作用了。更为高尚的希腊精神使得古罗马的残酷得到了缓和。社会开始限制暴行，主人不能再把奴隶卖去斗兽，奴隶主把财产权当作所谓“特权”给予奴隶，奴隶主向奴隶支付工资以作奖励和刺激，而且奴隶也可以结婚了。在许多情况下，奴隶主不能驱使奴隶劳动，或只能在特定的季节才可以驱使奴隶劳动。在后一种情况下，奴隶就成为农奴，只需向奴隶主缴纳自己的一部分收成，或在某个季节为主人工作。

如果我们意识到，公元后200年中，这个使用拉丁语和希腊语的罗马帝国本质上是一个奴隶制国家，而且只有极少数人民能保持自己的尊严，享有自由，那么我们就不难把握它衰微和崩溃的线索。在当时的罗马帝国，几乎没有现在所谓的正常的家庭生活，也几乎没有拥有活跃的思想和研究的家庭。学校也很少，距离也很远。根本就没有所谓的自由意志和自由精神。尽管罗马有宽阔的大道，宏伟建筑的遗迹，以及威严的法律和权力传统，但我们却不能不说，这一切表面的繁华，都是建立在强迫意志、压抑理性以及扭曲欲望的基础之上的。即使那些少数的被征服土地上的统治者和奴隶主，他们的灵魂也是不安、不幸的。艺术、文学、科学和哲学都需要有自由的精神及快乐的心境，在这种氛围下，自然就衰微下去了。抄袭与模仿充斥着帝国，知识渊博的奴隶多如牛毛，但是繁荣了400年的罗马帝国的产物，却根本无法与小城雅典在1个世纪间所产生的勇敢高尚的精神活动相比拟。在罗马的统治下，雅典走向了衰败，亚历山大城的科学研究也一蹶不振了，甚至于人类的精神似乎也在一天天没落下去了。

# ◆ 第 36 章　罗马帝国的宗教发展 ◆

公元后的 200 年里，拉丁和希腊民族统治下的帝国人民经常处于焦急与恐慌之中。那时，压迫和暴行盛行，有骄傲和炫耀，却几乎没有荣誉，也没有宁静和安定的幸福。不幸的人备受欺侮，幸运的人则不安、狂热地寻求欢乐。在许多城市里，大多数人的消遣就是观看角斗场里的血腥场面。在那里，人兽相斗，非死即伤。罗马遗址中最有特色的就是用于角斗的圆形剧场。生活就这样进行着，人们内心中的不安，反映在深切的宗教不安中。

从雅利安游牧民族最初冲击远古文明开始，许多庙宇里原有的神灵和僧侣，不可避免的，或是经历了痛苦的适应过程，或是自行消失。几百年的时间里，文明的暗白人种农耕者，已经形成了以庙宇为中心的思想和生活方式。他们的情绪无不被典礼、恐怖、祭祀以及神秘主义所控制着。在我们现代人看来，他们的神灵是荒谬的、不合逻辑的，但对当时的人民来说，这些神灵就是信念和梦想的表现形式。在苏美尔和古埃及，如果一个国家被他国征服，意味着其神灵就会改变名字，但崇拜的形式和精神却原封不动，其本质特征不会有大的变化。梦想中的神像虽然改变了外表，但梦想本身仍像以前一样继续着。初期的闪米特征服者与苏美尔人的精神非常接近，他们把美索不达米亚文明的宗教夺取过来，并没有进行大的改变，埃及也从来没有进行过真正的宗教改革。不管是在托勒密王朝的统治下，还是在恺撒家族的支配下，埃及的庙宇、祭坛和祭司在本质上仍旧保持着埃及的方式。

如果在社会习惯和宗教习惯相类似的民族之间发生征服事件，那么就可以通过合并或同化的手段来避免两地神灵的冲突。如果两个神灵相似，人们就把他们合二为一。祭司和群众认为，神的名称虽然各异，实际却是同一的。这种神和神的合并，就是所谓的泛神崇拜。公元前 1000 年前后大征服的时代，就是泛神崇拜时代。在广大的地域中，共同的神灵取代了地方性的神灵，或者说共同的神灵把地方性神灵吞并了。所以，当后来希伯来先知们在巴比伦宣传世界上只有一个神——正义之神时，人们已经有充分的心理准备来接受那样的思想了。

然而有时多种神灵各不相同，无法合并，人们便编造一些理由让他们结合在一起。爱琴地域在希腊民族侵入之前供奉的女神被安排嫁给了一个男神。一个兽神或星神会被人格化，而兽类或星象，如蛇、太阳、星星等，被当成装饰或成为某种象征。此外，有的被征服民族的神灵，通常会被看作是与征服民族神灵敌对的邪神。神学史上，这些地方神灵之间相互适应，互相合并，或是被人为地合理化的现象随处可见。

当埃及由许多城市国家发展成一个联合的国家时，泛神崇拜运动大行其道。埃及具有最高权威的神是奥西里斯。他是主管收获的神，人们相信他在人间的肉身就是法老。奥西里斯多次死而复生，所以他不仅是收获之神，还被人们尊崇为长生不老之神。用来象征他的形象的，既有埋卵复活的甲虫，也有夕落朝升的太阳。后来奥西里斯又被视为与神牛亚匹斯合二为一的神，他的妻子就是女神爱西斯。爱西斯也被称作哈梭，原本是母牛神，也是新月和海中之星。奥西里斯死后，爱西斯生下了儿子荷拉斯。荷拉斯是鹰神和黎明之神，长大成人后，他再次成为奥西里斯。爱西斯的形象被塑成手抱着婴孩立于新月之上。这些不合理的关系虽然没有什么逻辑联系，但在人类还没有发展出严密而系统的思维能力之前，这些故事就这样流传下来。在这三神之下，还有其他的埃及恶神，长着狗头的亡灵接引神阿纽比斯。他是黑夜的象征，以捕食人或其他神为生，因此是诸神和人的敌人。

每一种宗教制度，都必须与时俱进地适应当时人类灵魂方面的需要，所以埃及人的这些关于神的信仰虽然不合理，甚至非常荒谬，但对他们而言，却是信仰和灵魂的寄托。埃及人是如此虔诚地相信灵魂不灭，所以埃及的宗教生活也就为追求永生服务。可以说，和以前的宗教相比，埃及人的宗教更突出地追求灵魂不灭。尤其是后来当埃及被外来民族征服，埃及神渐渐失去了重要的政治意义之后，埃及人这种追求来世获得补偿的愿望也就越发强烈起来。

希腊征服埃及后，新兴的城市亚历山大城成为埃及宗教生活的中心，实际上也是整个希腊世界的宗教生活中心。托勒密一世兴建了赛拉匹斯神庙，里面供奉着三位一体之神，即赛拉匹斯（奥西里斯与亚匹斯合在一起的名字）、爱西斯与荷拉斯。他们并不是互相分离的，而是一个神的三个方面。赛拉匹斯被看作是希腊的宙斯，罗马的朱庇特以及波斯的太阳神。这种崇拜扩展到希腊势力范围内，并远传至印度北部和中国西部。所谓灵魂不灭的思想，就是因果报应及来世补偿的想法。这种思想受到了陷于绝望边缘的贫苦人民的普遍欢迎。赛拉匹斯被尊称为“灵魂拯救者”。当时的颂歌中有这么一句："我们死后依然会受到赛拉匹斯的保佑。"爱西斯也吸引了许多的信徒，被尊称为"天之女王"的她怀抱着儿子荷拉斯，站立在自己的神殿里。她的神像前香烟缭绕，供奉着许多贡品。还有些僧人终生独身，毕生侍奉她的祭坛。

罗马帝国兴起后，在西欧也开始盛行这种处于上升趋势的崇拜。赛拉匹斯、爱西斯的庙宇、僧侣的颂歌、永生不死的希望，都随着罗马的扩展传到了英格兰和荷兰。同时，也出现了许多和赛拉匹斯、爱西斯相对立的宗教，其中最突出的是拜日教。拜日教来自波斯，以许多现在已经失传的神秘仪式供奉太阳神，其祭品是神圣而仁慈的牛。拜日教看起来比赛拉匹斯、爱西斯教更原始，它使我们马上联想到人类文化初期日石文化的血祭。拜日教的遗迹上有一头神牛，血从神牛腹部的伤口中汩汩流出。人们相信新生命就是从这鲜血中诞生的。拜日教的信徒习惯于用祭牛的血浇在自己身上。拜日教的信徒入教时，就会站在一个祭坛下面，这样杀牛时流出的鲜血就能沐浴到他们的身上。

这两种宗教与罗马初期皇帝统治时期，那些有相似的仪式、要求奴隶与市民忠顺的宗教一样都是个人的宗教。他们的目的在于个人的超度和永生。但以前更古老的宗教却不是个人的，而是社会的。古代宗教信仰的神灵首先属于城邦或国家，其次才属于个人。祭祀是公共事务而不是私人的典礼。宗教活动考虑的是人类世界集体的实际需要。但是后来，先是希腊人，如今则是罗马人，先后把宗教活动从政治中剥离出来。从此，在埃及传统的指导下，宗教开始转向私人世界。

这些新兴的宣传灵魂不灭的宗教，虽然夺走了古代国家宗教中的忠诚与热情，但却无法取代古代宗教的地位。在罗马初期皇帝统治下的典型城市中，无疑有过奉祀各种神灵的多种多样的神庙。这其中必有罗马神朱庇特的庙宇，也必定有当时在位的恺撒的庙宇。因为恺撒已经从埃及法老那里学会了如何做一个神。在这些庙宇内，供奉着的是一种冷峻而庄严的政治信仰，人们进去后必须贡物焚香，来表示自己的忠诚。但是进入可敬的“天之女王”爱西斯的神庙后，人们可以向神诉说个人的悲惨命运并乞求神的帮助。此外，可能当时也有地方神和古怪的神灵。塞尔维亚就一直崇拜古迦太基的维纳斯女神。在山洞中或在地下的庙宇里，肯定还有一个由士兵和奴隶供奉的太阳神的祭坛。或许也还有过犹太教堂，成群的犹太人聚集在那里诵读《圣经》，赞颂他们所信奉的看不见的世界之主。

罗马的政府和国家宗教有时会与犹太人发生纷争，因为对于犹太人来说，他们的神是不能容忍偶像崇拜的，所以他们绝不会参加对恺撒的公祭，甚至会因为忌讳偶像崇拜而拒绝向罗马国旗致敬。

在释迦牟尼时代之前，东方就已有了男男女女的苦行僧。他们抛弃大部分的人生享乐，抛弃了婚姻和财产，靠禁欲、苦行、独处来寻求精神力量，企图超脱尘间的压迫和烦恼。尽管释迦牟尼本人反对极端的苦行，不过，他的大多数信徒都过着极其严格的僧人生活。希腊有些宗教也有类似的教义，教徒甚至不惜自残。公元前1世纪，犹太城和亚历山大的犹太人社会中曾出现过禁欲主义。这些人舍弃尘世社会，过着严肃而神秘的冥思生活。比如艾赛尼教派就是如此。公元一二世纪间，这种排斥俗世快乐以求解现实苦难的风气几乎在全世界流行。古代严守秩序的思想，古时对祭司、庙宇、法律、习惯的信仰，终于宣告消失了。在奴隶制度、虐待、恐怖、不安、疲劳、大肆享乐风行之时，人们内心的自我厌恶和精神不安的现象随处可见。很多人为了寻求平静，不惜付出克己或苦行的代价。因此，赛累匹斯神庙中充满了哭诉忏悔声，也因此，好多人改变信仰，开始出入黑暗血腥的太阳神洞穴。

# ◆ 第 37 章　耶稣的教导 ◆

在罗马的第一位皇帝奥古斯都·恺撒统治罗马的时代，基督教的救世主耶稣在犹太出生了。那个以基督的名字命名的宗教成立，后来成为罗马帝国的国教。

为了方便，我们从整体上把历史和神学分开来研究。大部分基督徒都相信，耶稣就是犹太人最初承认的那位“世界之神”的化身。对于史学家们来说，要想实事求是地反映历史，既不能全盘接受，也不能全盘否定这种观点。既然耶稣曾以人类的形体出现，史学家们也必须把他作为一个人来研究。

提庇留统治时期，耶稣开始引人注意。他是一个先知，并遵循着以前犹太先知的方式传教。他大约 30 岁开始传教，在此之前他的生活状况完全不为人所知。

四部福音书是我们获取耶稣的生平与教导的最直接也是唯一的途径。这四部福音书给我们勾勒出了一个清晰的人物形象。读了这些书后，我们肯定会承认：“的确有这么一个人，他不是虚构的。”

就像后世佛教中的镀金佛像歪曲和模糊了释迦牟尼形象一样，现代的基督教艺术塑造的耶稣瘦削的形象和积极向上的性格，实际上也是将一种错误的崇敬附加在他的肖像上，使其失去了真实感。

其实耶稣只是一个身无分文的教师，在沙尘满天、阳光四射的犹太国土上流浪，靠着别人偶尔的施舍过活。但是后世为他画的像上，耶稣永远是头发整齐、皮肤光滑、服饰考究、长身直立，犹如在空中飞行，周围的一切都静止不动。这一点让许多人不相信耶稣真实存在过，因为他们无法从后世的粉饰和美化的故事中辨别事情的真伪。

假如能清除那些牵强附会的粉饰和美化的话，我们就能发现一位有人情味、诚恳、热情，有时也会发怒的人，宣传着一种简单而又深奥的教义——上帝是全世界的慈父，天国将要降临。用一句很普通的话，他是一位很有感化力的人。他吸引了很多信徒，向他们灌输仁爱和勇敢的精神。患病和苦闷的人从他那里获得了重新生活的勇气。然而，他自己可能也是个体质纤弱的人，因为被钉上十字架后，他很快就死了。据说，在他依照惯例背负十字架前往刑场的路上，他昏倒了。为了弘扬自己的教义，他在国内游历了三年。当他到耶路撒冷的时候，有人控诉他想在犹太建立一个异端王国。在受到审讯后，他和两个小偷同时被钉在十字架上。在那两个小偷咽气之前，他早已离开了痛苦的世界，奔赴天国。

耶稣所倡导的天国的教义，确实是一种能促使人们思想觉醒和改革的最富革命性的教义。那时的世界还不能完全了解它的重要意义，甚至对教义反对人类固有的习俗和制度的内容也一知半解，感到恐惧退缩。这也并没有什么可以奇怪的，因为耶稣所宣扬的天国教义，不亚于一种勇敢的、毫不让步的、从里到外地彻底改革人类生活的运动。读者如果想了解这惊天动地的教义的内涵，必须去看福音书。在这里，我们只讨论耶稣的教义对以前固有思想的重大打击。

虽然犹太人相信全世界唯一的神就是正义之神，但他们同时也认为，正义之神也有世俗的一面，因为他曾和自己的祖先亚伯拉罕立下了对他们有利的契约，就是承诺犹太人最终将成为世界上最优秀的民族。耶稣否认了这一点，所以他们大为失望，并且感到愤怒。按照耶稣的说法，上帝不是生意人，并没有与人签订契约，在天国里，既没有被上帝挑选的人，也没有所谓的宠儿。上帝是一切生命的慈父，他会公正地对待一切人，就像普照万物的太阳一样。所有人都是兄弟，都是这位神圣之父的子民——罪人是，爱子同样也是。在善良的撒马利亚人的寓言中，耶稣对那种只会赞扬自己的民族，而对有不同信念的其他教派或种族持有强烈的偏见的心态表示了深切的怜悯。在讲给劳动者听的寓言故事中（《马太福音》），耶稣否认了犹太人一直强调的与上帝的特别关系。他说上帝对于被召唤到天国的人，都一视同仁，毫无差别，因为他的仁慈是无限的。除此之外，他还借用埋藏银子的寓言（《马太福音》）、寡妇捐钱的寓言（《马太福音》）来呼吁人们尽力行善。他申明，在天国里既没有特权，也不打折扣，更没有任何借口。

耶稣对犹太民族强烈但褊狭的爱国主义除了攻击，更有感化。他想用上帝的伟大的博爱，来冲散犹太人狭隘有限的家族感情。天国，应该是由信徒组成的大家庭。据传：“耶稣正对众人说话时，他母亲和兄弟站在外边，等着和他说话。有人告诉他说：‘看哪，你母亲和你兄弟站在外边，等着和你说话。’他却对那人说：‘谁是我的母亲？谁是我的兄弟？’然后他伸手指着信徒们说：‘看哪，我的母亲，我的兄弟，凡遵行天父旨意的人，就是我的兄弟姐妹，就是我的母亲。’”（《马太福音》）

耶稣用上帝是全世界之父、全人类都是同胞的观念，来抨击狭隘的爱国主义与家庭感情。很明显地，他也强烈地谴责贫富差别、反对一切私有财产和个人利益。他认为一切人都属于天国，他们的一切财产也都属于天国。人类唯一的正当生活就是以我们拥有的一切与我们所能做的一切来服从上帝的旨意。他一次又一次地反对私有财产和个人利益。

“耶稣正在路上行走，有一个人跑来，跪在他面前，问他：‘完美的主啊，我应当怎样做才能得到永生？’耶稣对他说：‘你为什么说我完美呢？除了上帝外，没有人是完美的。圣诫你是知道的，不可通奸，不可杀人，不可偷盗，不可作伪证，不可欺骗他人，应当孝敬父母。’此人对耶稣说：‘主啊，这一切我从小都遵守着。’耶稣看着他，十分喜欢，就对他说：‘你还差一件事：去变卖你所有的财产，分给穷人，你就会在天国拥有财产。去做吧，然后跟我走。’那人听了这话，脸色变得很难看，郁闷地走开了，因为他有很多财产。耶稣环顾了一下四周，然后对信徒们说：‘有钱财的人想进天国，是何等的难呀！’信徒们听了他的话都觉得很奇怪，但是耶稣又对他们说：‘孩子们，有钱财的人进天国真是太难了，骆驼穿过针眼也比有钱人进天国容易啊！’”（《马太福音》）

不仅如此，在耶稣要使人类都围绕在上帝身边的教义中，还毫不留情地攻击以前宗教中那种与上帝订契约似的正义观。他的大部分有记录的说教，都是攻击那些虚伪的虔诚的繁文缛节的。

“法利赛人和文书问他：‘你的信徒为什么不遵守古人的规矩，用没洗净的手吃饭呢？’耶稣回答：‘看来以赛亚对伪善的你们所做的预言，就像写下来一样的可信。’”

“人们用嘴亲吻我，心却远离我。”

“他们所遵守的是人定的规定，所以尊重我亦是枉然。”

“你们抛弃上帝的诫命，却遵守人的规定。你们所做的事情，不过是等同于洗罐洗杯之类的事情罢了。”他又对他们说，“你们是抛弃上帝的教导而坚持自己的规矩。”

耶稣所宣传的不只是一种道德的与社会的革命，他的教义含有极明显的政治倾向。的确是这样，他说他的国家不在这世界上，而且没有王位，天国存在于人的心灵之中；但是同样明显的是，不管在什么地方，天国在人的心灵里能扩展多远，那么外在的世界的改革和更新就能进行得有多远。

即使他的听众再聋、再瞎、再怎么漏听他教义中的含义，都不可能听不出他要改变这个世界的决心。从那些反对他的材料与他受审与受刑的情景都可以明显地看出，他为当时的人们提出了一整套改革、拓展、融合人类生活的方案。

他的观点很明确。因此，那些富有和走运的人肯定会把他的教义视为洪水猛兽，预感到它会淹没他们的安乐世界，这是很正常的。耶稣要他们交出从社会利益中取得的少许的私人私产，加入到普遍的宗教生活的光明中。他好像一个令人害怕的道德狩猎者，要将人们从久居的舒适的洞穴中赶出去。在他所说的天国中，没有私有财产，没有特权，没有骄傲，没有优越，没有欲求，也没有报应，除了爱没有别的动机和回报。所以人们对耶稣的教义感到迷惘，并高声反对，也是理所当然的事情。即使他自己的信徒，也对他那毫无保留的果敢主张感到迷惑不解。祭司们更深刻地意识到，他们与耶稣是势不两立的，不是他死就是我亡。至于罗马的士兵们，面对这一不可思议却又威胁到他们整个纪律的事物时，就只能用狂笑来掩饰自己的感受了。他们给耶稣戴上荆棘编成的王冠，穿上紫色的长袍，把他装扮成“恺撒”的模样。因为在他们看来，如果认认真真地接受他的教义，就意味着必须开始一种奇特的、可怕的生活，并抛弃旧习，克制自己的本性与冲动，去寻找一种不可捉摸的幸福。

# ◆ 第 38 章　基督教义的发展 ◆

在《四福音书》中，我们可以了解耶稣的人格和教义，但对基督教的教义却不甚明了。在耶稣的追随者所写的一系列的书信——《使徒书》中，基督教信仰的广阔界限才被建立起来。

在基督教义创始者中，起到首要作用的是圣・保罗。他既没有见过耶稣，也没有听过他布道。保罗原名扫罗，在耶稣被钉十字架的时候，他还因迫害基督门徒而闻名。后来他突然皈依了基督教，并改名为保罗。他智力超群，对当时的宗教改革有很深的兴趣和极大的热情。他很精通当时的犹太教，拜日教和拜王教，并将它们当中的许多思想和概念引入基督教。虽然他并没有过多地扩大和发展基督的基本教义，即关于天国的教义，但是他教导人们，耶稣不仅是神所承认的救世主，是犹太人的领袖，而且他的死是一种牺牲，就像原始文明时代牺牲的死一样，他的牺牲是为了替人类赎罪。

当几种宗教同时并存时，很自然，它们往往会吸收和借用别的宗教在仪式上及外在表现形式上的东西。例如，中国的佛教，它现在几乎是完全根据老子开创的道教来建立的，有与道教几乎一样的寺庙、僧侣和用品，然而佛教、道教的原始教义却几乎是截然相反的。同样，基督教不仅采用了拜王教与拜日教中的形式上的东西，如削发为僧、供品、祭坛、蜡烛、诵经、为神灵塑像等，甚至还采用了它们的宗教用语与神学思想，即神灵死后重生并给人以永生，但是这并没有引起别人对基督教的怀疑和轻视。随着基督教的广泛传播，关于救世主耶稣与天父上帝之间复杂关系的神学争论导致了基督教的混乱。阿利阿派认为，耶稣是神，但与天父仍有差距，他的地位应在天父之下。萨柏力阿派认为，耶稣是天父的另外一种形态，上帝是耶稣同时也是天父，就像一个人可以同时是父亲和工匠一样；三位一体派有更加精妙的解释，他们认为上帝是三位一体的，他是圣父、圣子、圣灵的合一。有一段时间，阿利阿派似乎占据了上风，但经过大辩论、冲突和战争之后，三位一体派的教义便成为所有基督徒公认的教义。

在此，我们不想对这些争论作评论，毕竟他们对历史的影响并没有耶稣本人的教义对世界的影响那么深远。耶稣的教导为人类的道德生活和精神生活开创了新纪元。他坚定地宣扬上帝是全世界之父，全人类都是兄弟；每个人的人格都应该是神圣的，都是神所居住的圣殿。这些主张对以后的人类的社会和政治生活都产生了深远的影响。随着基督教的发展和耶稣教义的传播，世界上确立了一种人之为人的新的尊严。虽然正如基督教的敌视者所批判的那样，圣·保罗曾向奴隶宣扬服从之道，但在《四福音书》中同时也明显地记载着，耶稣强烈反对人压迫人的现象，尤其是明确反对角斗场上违背人道的暴行。

耶稣死后的 2 个世纪间，基督教在罗马迅速发展，将一大批信徒凝聚在一起，形成了拥有新理想和新意志的新团体。当时的罗马帝国皇帝们对基督教的态度有所不同，有的敌视，有的却能包容。公元 2 世纪和公元 3 世纪，这种新的信仰开始受到压制；到公元

303 年以后，罗马的戴克里先皇帝在位的时期，终于开始大肆迫害基督徒。基督教会的财产被没收，所有的《圣经》和其他宗教著作被没收和销毁。基督徒不受法律的保护，甚至很多人被处死。对书籍的破坏更是惊人的，这说明当局已经意识到了文字在凝聚新信仰中的巨大力量。这种“书上的宗教”，即基督教和犹太教是受过教育的宗教。它们之所以幸存下来，在很大程度上依赖于人们能阅读并理解其教义。而古老的宗教并没有像它一样求助于人们的理性。在野蛮民族侵入西欧的混乱岁月中，正是基督教会，才使得各种学术传统保存了下来。

戴克里先皇帝对基督徒的镇压彻底失败了。在许多省份，镇压往往无效，因为大量的居民和许多官员都是基督徒。公元 317 年，君士坦丁和东部皇帝李锡尼联合颁布了《米兰敕令》，给予基督教合法地位，并归还了以前没收的教堂和财产。公元 324 年，君士坦丁大帝成为罗马世界的最高统治者。他对基督教十分友好，并在临死时受洗皈依为基督徒。他废除了所有神圣的称号，而将基督教的象征符号刻在自己军队的盾牌和旗帜上。

几年以后，基督教成为罗马帝国的国教。其他与之竞争的宗教不是迅速消失，就是被基督教迅速吸收了。公元 390 年，皇帝狄奥多西拆毁了亚历山大城的朱庇特神像。从公元 5 世纪起，在罗马帝国中就只剩下基督教的寺院与牧师了。

# ◆ 第 39 章　蛮族入侵和罗马帝国的分裂 ◆

公元 3 世纪，社会腐败、道德崩溃的罗马帝国又面临着野蛮民族的入侵。这一时期帝国的皇帝们都是好战的军事独裁者，他们经常根据自己军事政策的需要而不断地移都。帝国的指挥部时而设在意大利北部的米兰，时而设在今塞尔维亚的塞密安或尼西，时而又设在小亚细亚的尼哥米底亚。位于意大利中部的罗马城，过于偏僻，已不再适合做帝国的利益中心，因而正在日渐衰落。帝国的大部分地区依旧平静如昔，人们出行并不需要携带武器。军队仍是唯一的权威。帝国的皇帝依赖其军队的势力，对其人民越来越专制；政府也越来越像波斯和其他的东方君主政府。戴克里先皇帝就戴上了皇冠，穿上了东方的皇袍。

罗马帝国沿着莱茵河和多瑙河建立了自己的疆界，此时，敌人已经从各个地方逼近。法兰克和其他日耳曼部族纷纷侵入莱茵河流域。在匈牙利北部是汪达尔人，在达契亚（今罗马尼亚）地区是西哥特人，在俄罗斯南部是东哥特人，此外在伏尔加河流域是阿雷奈人。与此同时，蒙古人也正在向欧洲进军，匈奴人早就强迫阿雷奈人和东哥特人进贡，并将他们驱逐到西方。

在亚洲，罗马的疆域遭到了复兴的波斯王国的蚕食而逐渐缩小。

在萨桑王朝的统治下，复兴的波斯王国非常强大。在此后的3个世纪中，它一直都是罗马在亚洲的一个劲敌。

在为重建庞大帝国的辛苦操劳中，君士坦丁去世了。很快，帝国的边境再一次被攻破，西哥特人几乎打到了君士坦丁堡。他们在亚得连亚堡大败瓦林斯皇帝，并仿效汪达尔人在庞若里亚的形式，在今保加利亚一带建立了定居点。名义上他们是皇帝的臣民，而实际上他们才是统治者。

从公元379年到公元395年，狄奥多西大帝统治罗马，此时的帝国表面上仍是完整统一的。当时，统帅意大利及庞若里亚军队的，是汪达尔人斯底利哥，统帅巴尔干半岛上军队的，是西哥特人阿拉列。公元4世纪末，狄奥多西皇帝去世，留下两个儿子。阿拉列拥立长子阿卡丢在君士坦丁堡称帝，而斯底利哥则拥立次子霍诺留在意大利登基。换句话说，阿拉列和斯底利哥两人都支持傀儡王子，为争夺帝国的统治权而彼此斗争。战争中，阿拉列攻入意大利，并在短暂的围攻后占领了罗马（公元410年）。

公元5世纪上半叶，蛮族入侵者蚕食了罗马帝国在欧洲的全部领土，很难想象当时的世界形势。在法国、西班牙、意大利和巴尔干半岛，许多在帝国早期繁极一时的大城市虽然仍然存在，但已经贫困荒凉、人烟稀少、日渐衰落。城市生活贫穷、粗俗、动荡不安。地方官员借着遥不可及的皇帝的名义，宣扬自己的权威，肆意妄为。教堂仍然存在，但牧师往往是不学无术之徒。他们很少读书，更多的是宣扬迷信和恐惧。但除了那些遭到掠夺者破坏的地方外，书籍、绘画、雕塑以及其他艺术作品仍随处可见。

乡下的生活也在衰退，与过去相比，罗马世界的各个角落都是杂草丛生，凌乱不堪。有些地区因战争和瘟疫而土地荒芜，道路和森林中强盗出没。在这些地区，野蛮人入侵时往往如入无人之境，他们将自己的首领推举为统治者，并常常加上罗马官员的官衔。如果这些入侵者是半开化的民族，那么他们也许会与被占领的地区订立宽容的条款；在占领的城镇，与当地人交流、通婚，甚至学习点拉丁语（尽管是有口音的）。但是入侵罗马不列颠省的朱特人、盎格鲁人、撒克逊人等一些农业民族，他们不需要城镇，所以他们把不列颠南部的罗马化的居民彻底驱逐出去，用他们自己的条顿方言取代了原有的语言，这种方言最终发展为英语。

由于篇幅有限，我们不能详细回溯各个日耳曼和斯拉夫民族，趁着罗马帝国的混乱，为了寻取战利品和舒适的家园而转战的情形了。这里我们仅以汪达尔人为例。汪达尔人是从日耳曼东部地区登上历史舞台的，如前所述，他们后来定居在庞若里亚。此后，大约在公元409年，他们经过长途跋涉到达西班牙。在那里，他们发现来自南俄罗斯的西哥特人和其他日耳曼民族都在这里确立了各自的贵族和国王。汪达尔人在盖塞里克的领导下，从西班牙乘船直入北非（公元429年），夺取了迦太基（公元439年），并建立了自己的舰队。掌握了制海权后，他们开始侵略和掠夺罗马。此时的罗马，还没有从半个世纪前阿拉列的侵略中恢复（公元455年）。此后，汪达尔人成为了西西里岛、科西嘉岛、撒丁岛以及地中海西部大部分岛屿的主人。事实上，他们已经建立起了与700多年前迦太基海上帝国不相上下的海上帝国。公元477年，他们的势力达到了顶峰，成为掌握着整个国家的一小撮征服者。在接下来的1个世纪中，罗马在查士丁尼一世的统治下获得了短暂的复兴时期，罗马的全部领土差不多都被君士坦丁堡的罗马帝国夺走。

汪达尔人的经历，只是许多类似的冒险中的一个事例而已。随后，一个与此前的征服者毫无关系却又最勇敢的征服者来到了，这个征服者就是西方世界里从未领教过的蒙古种匈奴人和鞑靼人。他们是充满活力、能征善战的黄色人种。

# ◆ 第 40 章　匈奴人与西罗马帝国的终结 ◆

蒙古征服者在欧洲的出现可以说是开创了人类历史的新纪元。直到公元前 1 世纪左右，蒙古人和北欧民族仍然没有什么密切的接触。虽然曾有被称为拉伯人的蒙古民族从比北方森林更远的冻土地带向西漂泊至拉伯兰，但他们从未在历史中起过重要的作用。千百年来，在西方世界里，只有雅利安人、闪米特人和主要的暗白人种之间富有戏剧性的交往，却很少与南方的黑色人种或远东的蒙古人种接触（埃塞俄比亚人入侵埃及除外）。

游牧的蒙古民族向西迁移，可能主要出于两个原因。一方面是由于在汉朝统治下的中华帝国繁荣昌盛、人口激增，开始向北扩张领土。另一方面是由于气候发生了变化，有的地方降雨量减少，造成了沼泽和森林的锐减；有的地方降雨量增加，扩大了草原的范围；甚或这两种情况在不同的地区同时发生，最终推动了蒙古民族向西迁移。还有一个原因是罗马帝国经济衰退、内部腐化、人口减少。罗马共和国末期的富裕阶级、军事统治者的税官们已经榨干了罗马的生命力。于是，我们就很清楚蒙古民族西进的原因、方法和时机了：东方的压力、西方的腐败以及通畅的道路。

匈奴人在公元 1 世纪时，已经到达了欧洲东部的俄罗斯边境，但是直到公元4世纪和公元5世纪，这个马背上的民族才在西伯利亚大草原上占有了优势地位。公元5世纪是匈奴人称霸的世纪，第一批进入意大利的匈奴人，是一支唯利是图的队伍，他们受雇于霍诺留的主子——汪达尔人斯底利哥。不久，他们就占领了已经没有人居住的原汪达尔人居住地潘诺尼亚。

公元5世纪的第二个25年，匈奴人中出现了一位伟大的领袖阿提拉。我们对于他那强大的力量所知甚少，只知道他不仅统治着匈奴人，而且还控制着一批附属的日耳曼部落。他的帝国从莱茵河流域起，跨过欧洲大草原，一直延伸到中亚。他曾与中国互派使臣，并将其大本营设在多瑙河东部的匈牙利草原上。在那里，来自君士坦丁堡的特使普里斯克斯曾经拜访过他，并在他的著作中为我们留下了有关阿提留情况的记述。这些蒙古人的生活方式，很像他们所征服的原始雅利安人的生活方式。平民百姓生活在茅屋和帐篷里，而首领们则住在围有栅栏的木质宫殿中。此处也是他们举行宴会、酒会、听吟唱诗人朗诵诗歌的地方。相比之下，荷马史诗中的英雄们和亚历山大的马其顿骑士们可能更愿意待在阿提拉的营帐中，而不愿意待在君士坦丁堡的皇帝狄奥多西二世(阿卡丢之子)的皇宫里，因为那里礼节繁多，并且日趋颓废。

有一段时间，匈奴人和阿提拉领导下的游牧民族似乎在地中海地区和罗马文明中扮演重要的角色，就像当初希腊民族在爱琴文明中所扮演的角色一样。历史似乎要在更大的舞台上重演。然而，匈奴人比早期的希腊人更加不舍得游牧生活，他们到处袭击、掠夺，但并不定居下来。

阿提拉在狄奥多西为所欲为了好几年。他的军队一路烧杀抢掠，直抵君士坦丁堡城下。据吉朋推测，阿提拉在巴尔干半岛上所破坏的城市不下 70 座，狄奥多西试图以重金和贡品贿赂他，也曾经为了彻底摆脱他而派人去刺杀他，但都没有成功。公元 451 年，阿提拉又将其注意力转向说拉丁语的西罗马帝国。他侵入高卢，几乎洗劫了高卢北部的每一座城镇。阿提拉遭到了法兰克人、西哥特人和帝国军队的联合抵抗，最终在特鲁瓦战役中被击败。这是一次相当惨烈的战斗，根据不同的估计，至少有 15 万到 30 万人在这次战斗中丧生。这阻止了阿提拉在高卢的扩张，但并没有耗尽他强大的军事资源。接下来的一年中，他取道威尼西亚进入意大利，焚烧了阿奎利亚和帕多瓦，并把米兰洗劫一空。

来自这些意大利北部的城市，尤其是帕多瓦地区的居民逃往亚得里亚海北部海湾中的海岛上避难。在那里，他们建起了最初的威尼斯城邦国家。中世纪时，威尼斯成为世界上最大的商业中心之一。

公元 453 年，阿提拉娶了一个年轻女人，婚宴后，他突然逝世。他死后，他的联盟四分五裂。真正的匈奴人从历史中消失了，融入了周围的印欧语系人种之中。但是，这些匈奴人大规模的侵略，事实上导致了拉丁语罗马帝国的最终灭亡。他死后的二十年中，在汪达尔人及雇佣军的支持下，先后有十位皇帝统治过罗马。公元 455 年，来自迦太基的汪达尔人侵占并洗劫了罗马城。最终在公元 476 年，野蛮民族部队的首领奥多亚克推翻了班诺尼亚人皇帝罗慕路斯·奥古斯都，并向君士坦丁堡的宫廷通报说：“从此以后，西罗马不会再有皇帝了。”于是，拉丁语罗马帝国就这样不体面地走到了尽头。公元 493 年，哥特人狄奥多里克登上了罗马的王位。

就这样，当时整个西欧和中欧都由野蛮民族的首领所统治，他们自封为王、侯或类似的称号，表面上效忠于皇帝，事实上他们是独立的，这样独立的、强盗似的统治者成百上千。在高卢、西班牙、意大利和达契亚等地，虽然夹杂了各种方言，拉丁语仍是通用语。但是在不列颠和东莱茵河地区，日耳曼语（或在波希米亚地区，一种斯拉夫语言，捷克语）却成为常用语言。只有高级神职人员和很少一部分受过教育的人可以阅读和书写拉丁语。无论何处，生活都是不安定的，财产被强大的军队所占有。城堡不断增加，道路则不断被破坏。对于整个西方世界来说，公元6世纪初期是一个四分五裂、文化知识领域一片黑暗的时代。如果不是因为有修道士和基督教的传教士，拉丁文化可能已经全部被毁坏了。

罗马帝国为什么会崛起，又为什么会彻底灭亡呢？它之所以能够崛起，首先是因为公民权的思想使人民团结到了一起。在共和国扩张的时期里，甚至在帝国的早期，众多公民非常珍惜他们的公民权，并把它看成是罗马公民的权利和义务。他们确信在罗马法律保护下的权利，并愿意为维护罗马的名义做出牺牲。罗马人公正、伟大和守法的名声早已闻名于外。但是早在布匿战争的时候，公民权就已经受到了财富和奴隶制发展的破坏。公民权确实在扩展，但公民权思想却没有得到发展。

毕竟，罗马还是一种非常原始的国家组织，它没有向民众施行教育，没有向日益增多的公民解释国策，也没有邀请它的同盟者参与决策。那里没有严格意义上的学校体系来传播普通的知识，也没有新闻机构来支持公众活动。自马略和苏拉以后，那些争权夺利的冒险家们从未想过在帝国事务上让公民们发表意见。公民权的精神因饥饿而死亡，但是没有人意识到它的死亡。在人类社会中，一切帝国、一切政府和一切组织，归根结底都是认识和意志的产物。罗马帝国的意志不存在了，罗马也就走向了灭亡。

虽然讲拉丁语的罗马帝国在公元5世纪灭亡了，但在其内部却产生了大大有益于他名声和传统的其他东西，这就是操拉丁语的天主教会。它能够在帝国灭亡后依然存在，是因为它呼唤着人类的理性和意志，是因为它拥有书籍和教师、传教士的庞大体系来维持它的团结，这比任何法律或是军队的力量还要强大。整个公元 4 世纪到公元 5 世纪，罗马帝国正在衰落，而基督教却传遍整个欧洲。它甚至征服了欧洲的征服者——野蛮民族。当阿提拉准备进军罗马的时候，罗马的大主教阻止了他，用纯粹的道德力量使他退却，完成了任何军队都难以完成的丰功伟绩。

罗马的大主教即教皇自称为所有基督教会的首领。既然罗马不再有皇帝，教皇就得到了皇帝的头衔和称号。于是，他承袭了罗马以前各种皇帝的称号中最古老的称号——最高大祭司，成为罗马境内主持牺牲的最高祭司。

# ◆ 第 41 章　拜占庭帝国和萨桑帝国 ◆

使用希腊语的罗马帝国的东半部，在政治上比西半部要强韧得多。公元 5 世纪的灾祸彻底摧毁了拉丁语罗马帝国的势力，但东罗马帝国却平安渡过了这场大灾难。尽管阿提拉威胁皇帝狄奥多西二世，四处抢掠，并几乎攻到君士坦丁堡城下，但那座城市仍旧安然无恙。努比亚人沿尼罗河南下，抢掠了北部埃及，但南部埃及和亚历山大仍然相当的繁荣。小亚细亚的大部分地区也有效地抵抗住萨桑王朝的波斯军队侵略。

公元 6 世纪，对西罗马来说是一个黑暗的时代，但希腊势力却迎来了他们的复兴。查士丁尼一世（公元 527 年至公元 565 年在位）是一位野心勃勃、才能超群的统治者，他娶了曾当过演员，能力与其相当的提奥多拉为皇后。查士丁尼从汪达尔人手中重新夺回北非，并从哥特人手中夺回意大利的大部分。他甚至恢复了对西班牙南部的统治。他并不是只关心海军和陆军事业，他还创立了大学，在君士坦丁堡建立了圣·索菲亚大教堂，并组织编撰了罗马法典。但是，为了除去自己大学的竞争对手，他竟然下令关闭了雅典的哲学院。这些哲学院成立于柏拉图时代，据说已经存在近 1000 年之久。

从公元 3 世纪开始，波斯王国就一直是拜占庭帝国的强劲对手。

这两个国家使得小亚细亚、叙利亚和埃及长期处于不安和疲惫之中。公元 1 世纪，这些地区还是文明水平较高、生活富足、人口众多的地区，但是不断的战乱、屠杀、抢掠和战争消耗等使它们逐步衰退，只剩下衰败、荒凉的城市和农民分散的农村。在这个贫困、混乱的痛苦过程中，似乎只有北部埃及比世界其他地方要好一点。亚历山大和君士坦丁堡一样，仍在尽量维持着东西方的贸易往来（尽管是在不断减少的）。

在这两个战乱和衰落的王国里，科学和政治哲学似乎已经死亡。雅典最后的哲学家们在他们被镇压前，怀着无限崇敬的心理和求知的欲望保存着过去伟大文明的文献。但是在这个世界上再没有一个阶级中能找到一个能够勇敢地进行独立思考的人，能将在那些文献中直接表述的和内部隐含的传统继续保持下去。社会和政治的混乱是导致这一阶级消失的主要原因，但还有其他原因导致了这个时代的人们知识匮乏。无论在波斯还是拜占庭都进入了一个排除异己的时代。这两个国家都成为新型的宗教国家，压制着人类思想的自由活动。

当然，世界上最古老的帝国几乎都是以崇拜神或像神一样的帝王为中心的宗教帝国。亚历山大被国人看作是神，恺撒家族的皇帝们也像上帝一样被供奉在祭坛和寺庙里，向他们进香已经成为检验对罗马帝国忠诚的标准。但是这些古老的宗教，本质上只是行动和事实上的宗教，并不干涉人们的思想。如果一个人向神献祭、行礼，那么不管他怎么想、怎么说，都无关紧要。但是这些出现在世界上的新型的宗教，尤其是基督教，却干涉到人们的内心。这些新的宗教不仅要求表面的形式，更要求对信仰的理解。于是，很自然的，关于信仰的真正意义的狂热辩论出现了。这些新宗教是信仰上的宗教，于是，世界上出现了一个新名词——正教。正教用教条严格规定了人的行为、言语，甚至思想。这样，如果有人观点错误，而且把他的错误思想传播给其他人，那么就不只是简单的知识上的欠缺，而可能被谴责为使灵魂永远堕落的道德上的罪过。

无论是在公元3世纪建立萨桑王朝的阿尔达西一世，还是在公元4世纪重建罗马的君士坦丁大帝，都曾寻求过宗教组织的帮助。因为在这些组织中，他们发现了利用和控制人们意志的新手段。所以，早在公元4世纪末之前，这两个国家就开始破坏自由言论和宗教改革。在波斯，阿尔达西发现了古老的波斯宗教——火袄教。这个宗教有牧师、寺庙和在祭坛上点燃圣火的仪式。他对它一见倾心，马上把它定为国教。公元3世纪末以前，火袄教开始迫害基督教。公元277年，一种新的信仰——摩尼教的创始人摩尼被钉死在十字架上，尸体还被剥皮。另外，君士坦丁堡也在忙于驱赶基督徒。由于摩尼教的思想扰乱了基督教，后者必须以最猛烈的方式回击；反过来说，基督教的思想也玷污了火袄教教义的纯洁性。就这样，所有的思想都成为可疑的。科学最首先需要的就是宽容心，在这个不容异己的阶段，科学变得黯淡无光。

战争、最黑暗的神学和人类的普遍罪恶构成了当时拜占庭王朝的生活。它像一幅画，很浪漫，但却很少能看到快乐与光明。当拜占庭和波斯没有受到来自北方的野蛮人的进攻时，它们就会以沉郁、破坏性的敌意在小亚细亚和叙利亚开战。即便是结成紧密的联盟，这两国也会发现他们很难战胜野蛮民族，恢复往日的繁荣。突厥人和鞑靼人在刚刚登上历史舞台时，时而与这个势力结盟，时而与那个势力结盟。公元6世纪时，两国互相作对的领袖是查士丁尼一世和克斯洛埃斯一世；到了公元7世纪初时，则变为赫勒克留皇帝和克斯洛埃斯二世（公元580年登基）唱反调。

最初，直到赫勒克留皇帝登基以前（公元610年），克斯洛埃斯二世一直占上风。他先后占领了安提拉、大马士革和耶路撒冷，然后率领军队进入了加尔西顿，这座城市在小亚细亚与君士坦丁堡遥相呼应。公元619年，他征服了埃及。赫勒克留皇帝进行了反攻，并在尼尼微战役中大败波斯军队（公元627年），尽管当时在加尔西顿仍有波斯的军队。公元628年，克斯洛埃斯二世被他的儿子卡瓦德废掉并谋杀，两个筋疲力尽的国家之间终于出现了不太稳定的和平。

拜占庭和波斯已经开始了它们最后的战争。但是直到那时，许多人做梦也没有想到，使这场漫无目的、遥遥无期的战争永远结束的风暴，正在沙漠中渐渐地形成。

# ◆ 第 42 章　中国的隋唐时代 ◆

公元 5 世纪到公元 8 世纪这 400 年间，蒙古民族不断向西扩张。阿提拉率领的匈奴人只不过是这次冒险的先驱者，他们最终带领蒙古人在芬兰、爱沙尼亚、匈牙利和保加利亚定居下来。这些地方直到今天还生活着他们讲类似突厥语的后代。事实上，蒙古的游牧民族在欧洲、波斯和印度的雅利安文化中扮演的角色，和十几个世纪以前的雅利安人在爱琴文明和闪米特文明中所扮演的角色是一样的。

突厥人在中亚扎了根；在波斯，很多人当了官吏或雇佣军。安息人已经走下了历史舞台，融合为波斯的普通居民。在中亚的历史中已不再有雅利安游牧民族，取而代之的是蒙古人。

公元 2 世纪末，严重破坏了罗马帝国的大瘟疫同样瓦解了中国的汉朝。中国开始了国内分裂和匈奴入侵的时代。但是中国正在复兴，并注定比欧洲更快、更彻底。公元 6 世纪末前，在隋朝的治下中国重新统一。在赫勒克留时代，唐朝取代了隋朝。它的统治标志着中国又一个繁荣昌盛的时代。

公元 7 世纪到公元 9 世纪，中国是世界上最安定、最文明的国家。汉朝推进了中国的北方边界，而隋朝和唐朝则向南方扩展它的文明，中国开始拥有和今天差不多的领土。事实上，在中亚，它到达了更远的地方，最后到达波斯和里海。

新崛起的中国与汉朝时的古老的中国有着很大的不同。一个新的、更有活力的文学流派出现了，这是一个伟大的诗歌复兴的时代；佛教改变了人们的哲学和宗教思想；艺术作品、工艺技巧以及所有使生活愉快的东西都得到了很大的发展。人们开始饮茶，木版印刷术也开始出现。在这几个世纪里，欧洲和西亚的人口不断减少。他们生活在茅屋、城墙矮小的城市或是蛰居在恐怖的强盗的城堡里；与此同时，在中国，人们则过着稳定、繁荣、安详的生活。当西方人的思想因神学思想的蒙蔽而变得黯淡时，中国人的思想则是开放、宽容和不断追求进步的。

唐太宗是唐朝早期的皇帝之一，他于公元627年即位，这正是赫勒克留在尼尼微取得胜利的那一年。他接见了赫勒克留的一位使者，这位使者可能是希望在波斯的后方寻求到同盟者。波斯则派来了基督教传教士的使团（公元635年），他们获准向唐太宗讲解他们的教义，唐太宗还审查了他们的《圣经》的中译本。最后，他宣布承认这个陌生的宗教，并允许建立教堂和修道院。

# ◆ 第 43 章　阿拉伯世界的黄金时代 ◆

接下来要讲述的是人类历史上最令人惊叹的征服故事。公元 634 年，拜占庭军队在耶尔穆克（约旦河支流）战役中被击溃；赫勒克留皇帝的精力因水肿病而在减弱，而他的国家的资源也在波斯战争中消耗殆尽，只能眼睁睁地看着自己新征服的叙利亚、大马士革、巴尔米拉、安提阿、耶路撒冷及其他地区几乎未做什么抵抗就落入他人手中。大量居民都改信了伊斯兰教。之后，阿拉伯军队转向东方。波斯人在鲁斯忒谟找到了一位有能力的将军，并拥有一支很大的象军。他们在卡德西亚和阿拉伯军队激战了三天（公元 637 年），并最终落败。

之后，整个波斯都被征服了，帝国势力向西推进到中亚，向东到达中国边境。埃及几乎未做抵抗就落入新征服者之手。征服的大军沿着非洲北海岸到达直布罗陀海峡和西班牙。公元 710 年，西班牙遭到侵略；公元 720 年，征服者到达比利牛斯山脉。公元 732 年，阿拉伯的先行军到达法国中部，但受到善战的普尔泰人的阻挡，又重新退回到比利牛斯山脉。征服埃及的过程中，他们得到了一支舰队，有一段时间，他们似乎要取得君士坦丁堡。从公元 672 年到公元 718 年，他们多次从海上进攻君士坦丁堡，但这个伟大的城市进行了坚决的抵抗。

阿拉伯人缺乏政治才能，而且没有政治经验，这个以大马士革为都城、从西班牙直到中国的大帝国注定要快速的衰落。从一开始，教义上的差异性就破坏了它的统一。但是我们的兴趣点不在于它政治上的分裂，而是它对人类思想和人类总体命运的影响。阿拉伯的知识向全世界扩张，比1000年前希腊文化的扩张更迅速、更富有戏剧性。中国以西的整个世界的知识激励、旧观念的破坏以及新观念的发展，都是巨大的。

在波斯，这种新鲜的、激动人心的阿拉伯精神不仅与摩尼教、火祆教和基督教的教义发生接触，而且与在希腊和在叙利亚的译本中保存下来的科学的希腊文化发生接触。它在埃及也发现了希腊文化；它还发现无论何处，尤其是在西班牙，都有着犹太人好思善辩的活跃传统；在中亚，它接触到佛教以及中华文化的物质成就。它从中国学会了造纸术，这使得书籍的印刷成为可能。最后，它还开始接触印度的数学和哲学。

阿拉伯征服者的脚步所到之处，都出现了学习的热潮。到了公元8世纪，在所有“阿拉伯化”的世界里都出现了一种教育组织。公元9世纪，西班牙科尔多瓦学校中的学者开始和开罗、巴格达、博克拉和撒马尔汗各地的学者相互通信。犹太思想迅速与阿拉伯思想融合，在一段时间里，这两个闪米特民族以阿拉伯语为中介一起工作。在阿拉伯政权崩溃和衰落很长时间以后，阿拉伯语世界这种知识组织仍旧保持着。它在公元13世纪仍产生出巨大的成果。

因此，首先由希腊人开始的对事实的系统收集和批判，在闪米特世界的使人惊讶的复兴中复活了。曾经失去活力、遭到忽视的亚里士多德和亚历山大博物馆的种子重新发芽，并开始成长、结果。

数学、医学和物理学都取得了巨大的进步。

粗陋的罗马数字被今天我们仍在使用的阿拉伯数字所取代，零的符号也第一次被引入。“代数”这一名称源自阿拉伯语，“化学”这一名词也是如此。大陵变、阿耳德勃兰及牧夫座等星星的名字，在天空中体现了阿拉伯征服者的轨迹。他们的哲学注定会在法国、意大利等基督教国家的中世纪哲学中重新焕发生命力。

阿拉伯的实验化学家被称为炼金术士。他们在精神上还不是很开化，都尽可能对他们的方法和结果保密。他们很早就知道他们的发现会给他们自己带来多么大的好处、对人类生活可能会形成多么深远的影响。他们发现出合金、染色、蒸馏、药剂酒精、香料和光学玻璃等影响深远的冶金方法和工艺。但是他们所追求的两个终极目标都没有实现。一个是“炼金术”，即将一种金属元素转变为另外一种金属元素，从而可以制造人工黄金；另一个是“长生药”，就是使人返老还童，延长生命的药剂。阿拉伯炼金术士难懂的试验扩展到基督教世界。试验的爱好在扩展。渐渐地，这些炼金术士的活动变得更有社会性，更加团结。他们发现交换和比较彼此的思想是非常有益的。在不知不觉中，最后一位炼金术士就成为第一位实验哲学家。

古代的炼金术士追求的是将普通的金属变成金子的炼金术和长生不老的药剂，但他们却发现了现代实验科学的方法。这最终为人类提供了掌握世界和自己命运的无穷力量。

# ◆ 第 44 章　拉丁语基督教世界的发展 ◆

值得注意的是，公元 7 世纪和公元 8 世纪，雅利安民族所统治的世界已经是相当小的区域。1000 年前，雅利安语民族成功统治着中国以西的整个文明世界。但此时，蒙古人一直打到了匈牙利，除了拜占庭统治的小亚细亚以外，整个亚洲都不再是雅利安人的统治范围，整个非洲和几乎全部的西班牙也落入他人之手。伟大的希腊世界，已经缩小到以君士坦丁堡这个商业城市为中心的少数地区，而罗马世界的记忆仅靠西方基督教牧师的拉丁语才得以保存了下来。与这种衰退形成鲜明对比的，是闪米特的传统在数千年黑暗的压抑和蒙蔽后，重新崛起。

然而北欧人民的精力并没有消耗殆尽。尽管被限制在欧洲的中部和西北部，尽管他们的政治和社会思想一片混乱，不过他们渐渐地建立起一种新的社会秩序，在不知不觉中为比以前更广大的势力的复兴做着准备。

前面我们曾提到，公元6世纪初，西欧根本不存在一个中央政府。整个世界由大量尽力维持其统治的地方统治者所割据。这种不安全状态无法持续下去。在这种混乱状态下产生了一种合作和互助的制度，即封建制度，至今仍能在欧洲的生活中找到这种制度的痕迹。

这种封建制度是权威社会的集中体现。无论在何处孤独一人感觉到不安，他都准备用一定的自由来换取帮助和保护。他会寻求一位比他强大的人作为主人和保护者，他为他服兵役，向他纳税；相应地，他可以确保对自己的东西的占有权。他的主人也要臣属于更大的主人来获取安全。城市也发现依附于封建保护者更容易，修道院和教堂也通过类似的纽带联系在一起。毫无疑问，很多时候，在获取保护前要先宣誓效忠。对上如此，对下也是如此。于是，一种金字塔式的制度形成了。这种制度在不同的地区有不同的范围。刚开始时也发生过叛乱和私人冲突，但一种新的制度和法律终于形成了。这种金字塔不断发展，最后，在一些地方就形成了国家。在公元 6 世纪早期，在现在的法国和荷兰，就出现了在创始者克洛维统治下的法兰西王国。不久，西哥特、伦巴底和哥特王国也相继出现。

当阿拉伯人在公元 720 年越过比利牛斯山的时候，发现了实际上由查理·马特统治的法兰西王国。他是克洛维一个堕落的后代的宫廷总管，法兰西王国曾在他的领导下在普瓦提埃战役取得决定性的胜利（公元 732 年）。查理·马特实际上成为阿尔卑斯以北，从比利牛斯山直到匈牙利的欧洲的君主。他统治着许多讲法兰西拉丁语和高地及低地德语的小领主。他的儿子丕平推翻了克洛维家族的最后一位继承人，取得了君主的地位和称号。公元 768 年，他的孙子查理曼登上王位，他发现他所统治的国土是如此之大，以至于他曾想过恢复拉丁皇帝的称号。他征服了北意大利，成为罗马的统治者。

如果我们从世界历史的更广阔的角度去仔细研究欧洲的历史，我们就会比那些单纯的民族主义的历史学家能够更多地了解到，拉丁罗马帝国的传统是多么拘束又是多么的不幸。为了虚幻的优越感而进行的狭隘、紧张的战争，消耗了欧洲 1000 多年的精力。在这个时期里，阻止任何一场对抗都是不可能的，这使欧洲人丧失了理性。查理曼（即查理大帝）想做恺撒、想成为成功的统治者的野心便是争斗的原动力。查理曼所统治的领土由各种未开化的封建日耳曼小邦混合组成。在莱茵河以西，大多数日耳曼人学习说各种拉丁化的方言，这些方言最终融合成法语。在莱茵河以东，人种类似的日耳曼人并没有丢弃日耳曼语。正由于此，这两个野蛮民族的征服者很难交流，分裂就很容易产生了。查理曼死后，法兰西的传统使得他的儿子们很自然地分裂了帝国，这就使分裂变得更加容易了。因此，查理曼以后的欧洲历史，是一个战乱的历史。时而是这个君主和他的家庭，时而是那个，为了争夺欧洲的不稳定的国王、诸侯、大公、主教等位置而斗争，而法兰西和日耳曼语人民之间逐渐加深的敌意也在其中得到了发展。每一位皇帝都有一个加冕仪式。他们最大的野心就是夺取已经衰败了的罗马城，并在那里举行加冕礼。

欧洲政治混乱的另一个因素，是罗马教会不让世俗的王子继承王位，而使罗马教皇成为实际上的皇帝。他已经是最高的祭司，为了许多实际的利益，掌管着这个日渐衰落的城市。虽然他没有军队，但他拥有遍布整个拉丁世界的牧师的宣传组织；虽然他缺乏统治人类肉体的能力，但是他却拥有人们幻想中天堂和地狱的钥匙，能够对他们的灵魂产生更大的影响。因此，在整个中世纪，当诸侯为了平等，进而为了统治权，最后为了最高权力而钩心斗角时，罗马主教，有时大胆、有时狡猾、有时虚弱——因为教皇一般都是由相当老的人继承，教皇的平均统治时间不超过两年——作为基督教世界的最终统治者，努力使所有的诸侯都屈服于他。

但是这种诸侯与诸侯、皇帝与教皇之间的冲突，并不能解释欧洲混乱的所有原因。在君士坦丁堡还有一位讲希腊语、要求整个欧洲对他忠诚的皇帝。当查理曼大帝试图复兴罗马帝国时，他仅仅复兴了拉丁帝国。很自然地，拉丁帝国和希腊帝国之间的敌意迅速发展。而希腊语系基督教与新兴的拉丁语系基督教之间的敌意则发展得更为迅速。罗马教皇自称是基督使徒的首领和全世界基督教社会的领导者圣·彼得的继承者。但是君士坦丁堡的皇帝和主教都拒绝承认这种说法。关于教义中三位一体的观点的争论导致了一系列的冲突，并最终于公元 1054 年宣告分裂。此后，拉丁教会和希腊教会开始，此后也保持着不同以及直接的冲突。在我们估量影响到中世纪拉丁基督教世界的冲突时，这种敌对状态必然被考虑进来。

在基督教世界四分五裂的影响下，后来又出现了三组对立。在波罗的海和北海上，残留着一些北欧部落，即诺曼人。他们极其缓慢、极其勉强地被基督教化。他们雄踞海上，劫掠船只，骚扰向南直到西班牙一带的基督教势力的海岸。他们沿着俄罗斯河逆流而上，来到中央荒原，并转向南部的河流里航行。他们还在里海和黑海做着海盗的行径。他们在俄罗斯建立了一些公国，成为最早被称为俄罗斯人的人。这些诺曼系的俄罗斯人几乎占领了君士坦丁堡。公元 9 世纪的英国是在查理曼的门徒和学生、国王爱格伯领导下的基督教化的低地日耳曼国家。诺曼人从他的继承者阿尔弗莱德大帝手中夺取了一半的国土（公元 886 年），并最终在喀努特领导下成为整个国家的统治者（公元 1016 年）。在罗伦统帅之下，另一支诺曼军队征服了法兰西的北部，建立了诺曼底公国（公元 912 年）。

喀努特不仅统治着英格兰，同时统治着挪威和丹麦，但是他所统治的帝国在他死后，由于未开化民族的政治弱点——统治者子嗣的分裂而四分五裂了。如果这个短暂的诺曼人的同盟能够维持下去，将会发生什么样的事情呢？这是一个很有趣的思考。他们相当勇敢和有活力，他们甚至乘着他们的小船航行到冰岛和格陵兰岛。他们是第一批登上美洲领土的欧洲人。后来，诺曼冒险者又从撒拉逊人手中夺回了西西里岛，并洗劫了罗马。想象一下，喀努特王国里竟然可以进行这样伟大的北方航行（从美洲到俄罗斯），这是一件多么了不起的事啊！

在日耳曼人和拉丁化的欧洲人以东，混住着斯拉夫人和土耳其人。而在各个民族中占优势的，是公元八九世纪西迁的马扎尔人或匈牙利人。查理曼大帝曾经统治过他们一段时间，但在他死后，他们在今匈牙利建立了自己的国家。他们效法自己的祖先匈奴人，每年的夏季都会侵入欧洲地区。公元938年，他们经日耳曼侵入法兰西，越过阿尔卑斯山进入北意大利，一路烧杀抢掠，大肆破坏后，返回自己的家园。

最后，从南方攻打罗马残余势力的是撒拉逊人。他们掌握了当时绝大部分的制海权，只有来自里海的俄罗斯诺曼人和西方的诺曼人才是他们的对手。

尽管处于充满活力的侵略者的包围中，尽管处于他们无法理解的武力和无法预料的危险中，查理曼及其之后的野心家们，仍然上演了一出在神圣罗马帝国的名义下恢复西罗马的闹剧。查理曼时代以来，这种观念始终存在于西欧的政治生活。而在东方，在罗马帝国的希腊部分已不断衰败、缩小，最后，除了腐败的商业城市君士坦丁堡及其周围寥寥数里的领土外，已经一无所有。从查理曼以后的1000年中，欧洲大陆在政治上墨守成规，缺乏创新之举。

查理曼的名字在欧洲历史中是非常显赫的，但是他个人形象却不能清楚地了解。他既不能阅读也不会写字，但是他却非常尊重知识；他喜欢在他吃饭时有人给他读书，还迷恋神学辩论。在他的冬季驻地爱斯拉沙伯和马因斯，他聚集了大量的学者，并从他们的谈话中汲取很多东西。在夏季他向西班牙撒拉逊人、斯拉夫人和马扎尔人、撒克逊人以及其他尚未开化的日耳曼部族开战。至于他的继承罗慕路斯·奥古斯都成为罗马皇帝（恺撒）的思想是在他征服北意大利之前产生的，还是极力使拉丁教会脱离君士坦丁堡的教皇利奥三世向他建议的，则是一个让人疑惑的问题。

在罗马，在是否由教皇为查理曼加冕的问题上，教皇和这位深谋远虑的皇帝之间各显神通。公元800年的圣诞节，教皇成功地在圣彼得大教堂出其不意地为他的客人和征服者戴上了皇冠。教皇拿出一顶皇冠戴在查理曼的头上，并高呼他为恺撒和奥古斯都。人群中热烈地欢呼，但查理曼并不喜欢这种做法，他把这当作一种失败，一直难以释怀。他给儿子留下了一条最细致的诏书：不要让教皇为其加冕，一定要将皇冠抓在自己的手中，亲自将皇冠戴在自己的头上。我们可以看到，从帝权恢复之初，教皇和皇帝之间就开始了争夺最高权力的长期斗争。不过查理曼的儿子，虔诚的路易，并没有遵守父亲的指示，而是完全服从于教皇。

路易死后，查理曼的帝国即告分裂。说法语的法兰克人和说德语的法兰克人之间的分裂变得更加严重。接下来的皇帝是撒拉逊人亨利的儿子奥托。公元919年，他被日耳曼王公及教长会议选举为日耳曼王。公元962年，奥托来到罗马，并在那里被加冕为皇帝。这个撒克逊王朝到了公元11世纪早期就灭亡了，由其他日耳曼的统治者所取代。在得名于查理曼的加洛林王朝灭亡以后，西部各种说法语的封建王公和贵族并没有依附于日耳曼帝国。此外，不列颠的任何一部分都始终没有加入神圣罗马帝国。诺曼底大公、法兰西国王以及其他较小的封建统治者，也始终在帝国之外。

公元 987 年，法兰西王国脱离了加洛林王朝的统治，转而落入休·卡佩特之手，其继承者的统治延续到公元 18 世纪。在休·卡佩特时代，法兰西国王所统治的只是巴黎附近相当小的一块地区。

公元 1066 年，英格兰几乎同时受到了来自哈罗德·赫德拉达王领导的挪威诺曼人和诺曼底大公所率领的拉丁化的诺曼人两方面的进攻。英格兰哈罗德二世在斯坦福桥战役中击退了前者，却在黑斯廷斯被后者打败了。英格兰被诺曼人征服，失去了与斯堪的那维亚人、条顿人和俄罗斯人的联系，进入和法兰西最为密切的联系和冲突时期。此后的 4 个世纪，英格兰就卷入了与法兰西封建诸侯的冲突中，在法兰西的战场上消耗着自己。

# ◆ 第 45 章　十字军东征与教皇统治的时代 ◆

很有意思的是，查理曼大帝与哈里发哈隆·拉西德，即《天方夜谭》中的哈隆·阿尔·拉西德相互交往。据记载，哈隆·阿尔·拉西德曾从巴格达——此时已取代大马士革成为首都——派遣大使送去了华丽的帐幕、滴漏、大象和一把圣墓的钥匙。这最后一件礼物是精心挑选的，其目的是想挑起拜占庭帝国和新的神圣罗马帝国之间的战争。因为这两个国家都想成为耶路撒冷基督徒的真正保护者。

这些礼物提醒我们：公元 9 世纪，当欧洲还处于战争和劫掠的混乱中时，在埃及和美索不达米亚崛起了一个阿拉伯大帝国。它比欧洲所表现出的一切都更文明。在这里，文学和科学仍然生机勃勃，艺术繁荣，人的思想活动不受恐怖和迷信的影响。即使是在撒拉逊人的统治陷入政治混乱的西班牙和北非，理性生活仍然充满活力。在欧洲处于黑暗的这些世纪中，犹太人和阿拉伯人仍在阅读和讨论着亚里士多德的著作。他们保护着被忽视的科学和哲学的种子。

哈里发领地的东北部是大量土耳其人。公元 10 世纪，阿拉伯势力开始分裂和衰落时，土耳其人却变得强大和兴盛。土耳其人与哈里发帝国的关系，和公元 14 世纪前的米堤亚人和最后阶段的巴比伦帝国的关系非常相似。公元 11 世纪，一群土耳其人、塞尔柱土耳其人南下侵入美索不达米亚，名义上他们拥立哈里发为领袖，实际上只是把他当作他们的俘虏和工具。他们征服了亚美尼亚，接着又进攻小亚细亚的拜占庭残余势力。公元1071年，在梅拉斯基特战役中，拜占庭军队被彻底击溃。土耳其人挥军直上，直到扫光了拜占庭在亚洲统治的任何痕迹。他们占领了与君士坦丁堡相对的尼西亚要塞，并准备向它进攻。

拜占庭的皇帝迈克尔七世惊恐万分。他已经和掠夺杜拉曹的诺曼冒险者、渡过多瑙河突袭的剽悍的贝奇尼格人发生过激烈的战斗。他已经到达极限，不得不向所有可能的地方求助。但值得注意的是，他没有向西方的皇帝，而是向拉丁基督教会的首领罗马教皇求援。他致信给教皇格列高里七世，而他的继承者阿列克修斯·科穆宁给教皇乌尔班二世写的信就更为急切了。

这是拉丁教会和希腊教会分裂还不到25年的事情。那场辩论仍清晰地存在于人们的记忆中。这次拜占庭的危机，向教皇呈现了一个重新确定拉丁教会对不知情的希腊教会的优势的绝好机会。此外，这次事件还给了教皇解决令西方基督教国家非常烦恼的另外两个难题的机会。一个是扰乱了社会生活的“私斗”风俗；另一个是低地日耳曼人和基督教化的诺曼人，尤其是法兰克人和诺曼人过于强大的战斗力。一场针对占领耶路撒冷的土耳其人、在基督徒之间休战的宗教战争——十字军东征开始了（公元1096年）。战争发动者宣称，战争的目的是要从不信教的人手中收复圣墓。一个被称为隐士彼得的人以广泛的、民主的形式在法兰西和日耳曼的民众中进行宣传。他身披粗布外套，光着脚，骑着毛驴，背着一个大十字架，在街头、市场或教堂向群众发表演讲。他告诉人们土耳其人施加给基督朝圣者的暴行，以及圣墓在非基督徒手中所受的侮辱。基督教几个世纪以来的宣传成果在这时表现出来了。狂热的巨浪席卷了西方世界，基督世界找回了自我。

像这样为了一个单纯的观念在普通民众中发生如此广范围的起义，这在人类历史上是前所未有的。在罗马、印度和中国的过去的历史中，没有一种现象可与之相比。在此之前，宗教更多的是神物崇拜和伪科学的宗教，而不是良心的宗教。旧式的宗教依赖寺院、启蒙牧师和神秘的牺牲，利用恐怖将普通民众像奴隶一样统治。新的宗教则使人成为他自己。

第一次十字军远征是普通民众第一次出现在欧洲历史上。虽然把它称为近代民主主义的诞生有点过分，但是近代民主主义的确从那时开始出现。此后很久，我们会看到民主主义再次复兴，严重冲击着各种社会和宗教问题。

当然，民主的第一次出现其结局令人遗憾和惋惜。庞大的民众队伍与其说是军队，不如说是乌合之众。他们没有等待首领和合适的装备，就从法兰西、莱茵兰和中欧向东出发去拯救圣墓。这就是所谓的“人民十字军”。两大群乌合之众在匈牙利陷入困境，他们把刚改信基督教的马扎尔人误认作异教徒,犯下了暴行,结果被屠杀。思想同样糊涂的第三批人在大肆屠杀了莱茵兰的犹太人后，向东进发，也同样在匈牙利遭到了杀害。另外两批人在隐士彼得的率领下，到达了君士坦丁堡，渡过博斯普鲁斯海峡，结果遭到了塞尔柱土耳其人的屠杀。欧洲人作为人所进行的首次运动，就这样开始和结束了。

第二年（公元 1097 年），真正的军队渡过了博斯普鲁斯海峡。从领导权和精神品质来看，他们基本上都是诺曼人。他们攻占了尼西亚，并基本上沿着 14 个世纪前亚历山大所走过的路程，向安提阿进发。围攻安提阿花了他们一年的时间。公元 1099 年 6 月，他们开始进攻耶路撒冷，并在一个月的围攻后占领了它。大屠杀是非常可怕的。骑着马走在街上，身上都会溅上鲜血。7 月 15 日傍晚，十字军长驱直入圣墓教堂，降服了一切敌人。他们浑身血迹斑斑，身心疲惫，喜极而悲地跪下祈祷。

拉丁与希腊的敌意立刻再一次爆发。十字军是拉丁教会的仆人，耶路撒冷的希腊大主教发现处于胜利的拉丁人统治下比在土耳其人统治下的情况更糟。十字军发现自己实际上处于拜占庭与土耳其两种势力之间，必须同时与双方作战。小亚细亚的大部分地区被拜占庭帝国夺回，留下一些拉丁王侯去统治耶路撒冷和叙利亚等两三个小王国。作为土耳其与希腊的缓冲地带，其中伊德萨是最主要的城市。甚至这些小块领土也是靠不住的。公元 1147 年，爱德沙又落入他人手中。他们为此发动了毫无意义的第二次十字军东征。爱德沙并未收复，但是处于同样危险情况下的安提阿总算避免了同样的命运。

公元 1169 年，一位库尔德冒险家萨拉丁重新整合了军队，并使自己成为埃及的领袖。他号召了一场反对基督教的圣战，并于公元 1187 年重新攻战耶路撒冷，这挑起了第三次十字军东征。这次十字军东征并没能夺回耶路撒冷。在第四次十字军东征中（公元 1202 年至公元 1204 年），拉丁教会坦率面对希腊帝国，甚至不以任何借口即对土耳其人作战。十字军从威尼斯出发，于公元 1204 年攻占了君士坦丁堡。由于新兴的大型商业城市威尼斯是这次冒险活动的领导者，拜占庭的大部分海岸和岛屿都被并进了威尼斯的版图。一位“拉丁”皇帝（弗朗德勒的鲍尔文）在君士坦丁堡登基，并宣布拉丁教会与希腊教会重新统一。从公元 1204 年起，拉丁系诸皇帝一直统治君士坦丁堡，直到公元 1261 年希腊人从罗马统治者手中夺回自由为止。

正如公元 11 世纪是塞尔柱土耳其人处于统治地位、10 世纪是北欧人处于统治地位一样，公元 12 世纪至公元 13 世纪初期，是教皇统治的时期。在教皇的统治下，一个统一的基督教世界比此前和此后都更接近现实。

在那几个世纪中，朴素的基督教信仰真正广泛地传播到了欧洲的大部分地区。罗马自身经历了一些黑暗而不光彩的阶段。几乎找不到一个作家会为公元 10 世纪的教皇约翰十一世和约翰十二世的生活辩解。他们是令人厌恶的畜生，但拉丁基督教徒的心灵和肉体还是热切而朴素的，一般的教士和修女都过着典范的、虔诚的生活。正是由于信徒的捐赠，教会的势力巩固起来。历史上的伟大教皇，有格列高里大教皇，即格列高里一世（公元590年至公元640年在位），有利奥三世（公元 795 年至公元 816 年在位），即邀请查理曼做罗马帝国皇帝并出其不意地为他加冕的那位教皇。到了公元 11 世纪末，则出现了伟大的从事圣职的政治家，有希尔德布兰德，他去世时被称为教皇格列高里七世（公元 1073 年至公元 1985 年在位）。其后还有教皇乌尔班二世（公元 1087 年至公元 1099 年在位），即从事第一次十字军东征的教皇。这两个人开创了教皇支配皇帝的教皇权力至上的时代。从保加利亚到爱尔兰，从挪威到西西里及耶路撒冷，教皇都是至高无上的。格列高里七世强令皇帝亨利四世到卡诺沙向他忏悔，并让他身穿麻衣，光着脚站在雪地中，在城堡庭院待了三天三夜等待原谅。公元 1176 年，在威尼斯，皇帝弗里德里希（弗里德里希·巴布罗萨）向教皇亚历山大三世下跪，并宣誓忠诚于教皇。

公元 11 世纪初，教会强大的势力在于人们的意愿和良心。但它没能保持其力量的基础——道德威信。到了公元 14 世纪初，我们可以看到教皇的势力已经衰退。究竟是什么原因破坏了基督教国家的普通民众对教会的朴素信任，使得他们不再寻求它的帮助，也不再为其目的服务呢？

第一个原因当然是教会的敛财。教会永远不会死，那些没有子嗣的人死后把自己的土地捐给教会是常有的事。悔过的罪人也被劝说这样做。因此，在欧洲的许多国家，有四分之一的土地都变成教会的财产。喂得越多，他们对财产的胃口就越大。早在公元13世纪，人们就普遍认为牧师不是好人，常常在猎取金钱和遗产。

国王和诸侯们对这种财产的转让也非常不满。在那些封建领主的军队所支持的地方，他们发现自己的土地却养活着修道院中的神父和修女。而且这些土地实际上是由外国人支配的。早在教皇格列高里七世以前，诸侯和教皇之间就为“圣职任命权”，即谁来任命主教的问题而发生了斗争。如果这个权力掌握在教皇手中而不是国王的手中，那么后者不但会失去对他的国民良心的控制，更失去了相当大的统治区域。另外，神职人员还主张免除他们的税收，因为他们向罗马纳税。不仅如此，教会还主张普通信徒除了缴纳给国家的税款外，还要收取他们的“十一税”。

公元11世纪，几乎每一个拉丁基督教国家的历史都呈现着同样的情形，即国王与教皇为了圣职任命权而彼此斗争，并且往往是教皇获胜。教皇宣称他有权解除王侯的教籍，有权解除其臣民对他们的忠诚，有权承认继任者。他声称有权对一个国家行使禁行圣事令，这样，除了洗礼、按手礼和忏悔礼外，几乎所有的宗教职能都将停止。牧师们不能执行日常的各种礼拜，不能主持婚礼和葬礼。有了这两种武器，教皇才能在公元12世纪镇压大部分不服从的王侯，恐吓大部分动乱的民众。这些是非同寻常的权力，只能用于特别的场合。但教皇们滥用了它们，使其失去了作用。在公元12世纪的后30年中，苏格兰、法兰西及英格兰先后都被行使了禁行圣事令。而教皇们也难以克服向冒犯自己的王侯派遣十字军的诱惑——直到十字军精神从此消失。

如果罗马教会仅仅与王侯做斗争，而注意保持对大众思想的控制，它可能会得到对整个基督教世界的永久统治。但是教皇的高贵权力，反映在牧师们的行动中，就是傲慢。公元 11 世纪前，罗马的神父可以结婚，他们与周围的民众有着密切的联系。实际上，他们就是人民的一部分。格列高里七世要求他们独身，他原是想要割裂神父与普通教民之间的过于亲密的联系以使他们更接近罗马，但事实上，他造成了教会与民众之间的隔阂。教会有自己的法庭，不单是涉及神父的案件，连涉及修道士、学生、十字军人、寡妇、孤儿和无助者的案件，都要由宗教法庭审理。同样，所有有关意志、婚姻、誓约等事件，以及巫术、邪说、渎神案件，也由它来审理。世俗人员发现他和神职人员发生了冲突时，他只能交由宗教法庭。战争时期与和平时期的义务都落在老百姓的身上，而神职人员却自由自在。毫无疑问，在基督教世界中，嫉妒和憎恨会与日俱增。

罗马教会似乎从未意识到它的力量建立在公民的良心上。它攻击人们的宗教热情，这本应该是他该联合的，它还用正统的教义压制那些诚恳的疑问和迷惑的见解。当教会干涉道德问题时，民众会站在他一边；但当它干涉教义时，民众就不会这样做了。在法兰西南部，沃尔多教导人们应该在生活和信仰上恢复耶稣的朴素，但是教皇英诺森三世却因此召集十字军讨伐沃尔多的追随者——沃尔多教派，企图用火、剑、污辱和最残忍的刑罚使之屈服。后来圣·方济各（公元 1181 年至公元 1226 年）也教导人们以基督为榜样，过清贫和为人民服务的生活。但他的追随者团体——方济各会教徒，也被迫害、鞭笞、监禁和被迫解散。公元1318年，有四个方济各派教徒被活活烧死。另一方面，圣·多米尼克（公元1170年至公元1221年）建立的多明我会狂热的正统信仰秩序却得到了英诺森三世的支持。在多明我会的帮助下，教皇设立了宗教裁判所，以迫害异教徒，禁锢人的自由思想。

这样,教会通过过度的索取,不正当的特权和一种不合理的偏见，破坏了作为它所有力量的最终源泉的普通民众的自由信仰。教会势力的衰落，并非是由外来的劲敌造成的，而是它内部日益加剧的腐败导致的。

# ◆ 第 46 章　王侯们的反抗与教会的分裂 ◆

罗马教会在保证其在基督教国家中的领导地位的斗争中表现出了一个极大的弱点，那就是教皇的选举方式问题。

如果教皇确实要实现自己明显的野心，在整个基督教世界建立唯一的统治和和平，那么拥有强大、稳定而持久的领导权就成为必需。在有机会实现这一点的那些伟大时代里，首要的事情在于：教皇在位期间应该是年轻力壮的；教皇应该选定自己的指定继承人，并能同他商讨教会的政策；选举的方式和程序应该是清楚、明确、固定且没有争议的。但不幸的是这些条件一个都没有实现。人们甚至不清楚谁在教皇选举中有选举权，也不知道拜占庭和神圣罗马帝国的皇帝在这个问题上是否有发言权。那位伟大的教皇兼政治家希尔德布兰德（即格列高里七世，公元 1073 年至公元 1085 年在位），为使选举正规化做了很多工作。他将选举权局限于罗马的主教，同时把皇帝的权力缩小到只拥有教会让予他的形式上的批准权。但是他没有选定自己的继承人，故意让主教们在这个问题上争论不休，结果，有时教皇位置空缺竟能达一年多。

直到公元 16 世纪，在整个教皇历史中，我们可以看到缺乏稳定的制度的后果。在很早以前，就出现过有争议的选举，同时有两三个人自称为教皇。这时教会就不得不忍辱求助于皇帝或外部调停者来解决纷争。同时，每个大教皇生涯的结束，都留下一大堆的疑问。他死后，教会很可能没有领导者，群龙无首，毫无效率可言；或者教皇被他的老对手所取代，他们只热衷于不信任和取消原来教皇的工作；甚至由一些已经徘徊在坟墓边的老人来继任他。

教皇制度中的这些弱点，不可避免地引来了大量日耳曼王侯、法国国王和那些统治英格兰的诺曼人及法兰西系的国王们的干涉。他们都想操纵选举，都想使罗马的拉特兰宫中有一位对自己有利的教皇。教皇在欧洲事务中越强大、越重要，这些干涉也就越来越急迫。在这种情况下，许多教皇软弱无能则不足为怪。但是令人奇怪的是，他们当中的许多人是有雄才大略的。

在这个时代的教皇中，最有活力、最令人感兴趣的是英诺森三世（公元1198年至公元1216年）。他很幸运，不到38岁就做了教皇。他和他的许多继承者，都和那位更有趣的皇帝弗里德里希二世作对，后者被人称为“世界奇才”。这一次国王和罗马之间的斗争成为历史上的一个转折点。虽然最后罗马教会击败了他，毁灭了他的王朝，但他已经给教会和教皇的声誉以致命的创伤，并开始走向衰落。

弗里德里希是皇帝亨利六世的儿子，他的母亲是西西里诺曼王罗哲尔一世的女儿。公元1198年，他四岁时继承了西西里王国。英诺森三世成为他的监护人。那时的西西里刚刚被诺曼人征服，其宫廷是半东方式的，宫廷里有很多知识渊博的阿拉伯人，有一些人还参与到对年轻国王的教育中。毫无疑问，向他解释清楚他们的观点是有一定的困难。他既接受了伊斯兰教徒眼中的基督教义，又接受了基督教徒眼中的伊斯兰观念。不幸的是，这双重教育的后果，就是他认为一切宗教都是虚伪的。这在那个信仰的时代是少有的。他自由地谈论各种话题，他的不信神、不敬神是有记载的。

当这个年轻人长大以后，他就和自己的监护人发生了冲突。英诺森三世对他的被监护人要求太多了。当弗里德里希有机会继位为罗马帝国皇帝时，教皇提出了干预条件：弗里德里希必须以强硬手腕镇压日耳曼境内的异教徒；另外，他还必须放弃西西里和意大利南部的王位。因为不这样，他的力量对于教皇来说太强大了。同时，日耳曼境内的神父的一切捐税都要免除。弗里德里希答应了——不过他并不打算遵守这些诺言。教皇已诱使法兰西国王在法兰西对自己的臣民发动了一场镇压沃尔多教派的残酷和血腥的战争；他希望弗里德里希在日耳曼也这样做。因此，当英诺森三世催促弗里德里希征讨异教徒，拯救耶路撒冷时，他一方面口头上答应，另一方面在行动上敷衍了事。

在确保了帝国的王位后，弗里德里希二世一直居住在西西里。他更喜欢这里而不是日耳曼作为自己的居住地。他完全没有履行与英诺森三世的任何约定。公元 1216 年，英诺森三世在挫败感中死去。

英诺森的继位者霍诺里乌斯三世对弗里德里希也无可奈何。公元 1227 年成为教皇的格列高里九世下定决心，不管付出什么代价，都要解决这个年轻人的事情。他开除了弗里德里希的教籍，不准他享受宗教上的一切权利。但在西西里这个半阿拉伯化的宫廷中，几乎没有产生什么特别的不安。教皇还给皇帝写了一封公开信，列举了他的恶行（这是不容置疑的）、背教和一般的失职行为。为此，弗里德里希回应了一封更尖锐有力的信。这封信是写给欧洲所有的王侯的，它第一次明确地清晰地说明了教皇与王侯之间的矛盾问题。

他毫不客气地攻击了教皇想要成为整个欧洲的统治者的明显野心。他提议诸侯联合起来对抗这种僭越行为，他还提醒王侯们，要特别注意教会的财产。

弗里德里希点燃了这颗致命的炮弹后，便决定履行 12 年前的旧约，召集十字军东征。这就是第六次十字军东征（公元 1228 年）。作为一次十字军东征，它就是一场闹剧。弗里德里希二世到了埃及，与苏丹会晤并交换政见。这两位都持有怀疑观点的君主，交换了意气相投的观点，并订立了互惠的商业条约，苏丹同意把耶路撒冷转交给弗里德里希。事实上，这是一次新型的十字军东征，是通过私人条约实现的十字军东征。征服者既没有进行屠杀，也没有出现喜极而泣。由于这次十字军的领导是一个被解除教籍的人，所以他进行的是完全世俗化的耶路撒冷王的加冕礼，亲自从祭坛上取下了王冠——因为所有的牧师们一定会避开他。之后，他回到了意大利。他把侵入他领土的教皇军队全部赶回他们自己的领地，并强迫教皇恢复自己的教籍。在公元 13 世纪，君主这样对待教皇，也不再有群众愤怒反抗的风暴了，那样的日子已经过去了。

公元 1235 年，格列高里九世重开与弗里德里希的斗争，再次解除他的教籍，再次开始公开的侮辱战，教皇受到严重的伤害。格列高里九世死后，英诺森四世继位为教皇，争执重新开始。弗里德里希又发了一封深入人心的反对教会的破坏性信件。他谴责教士的骄傲和漠视宗教，并把当时所有的腐败现象都归咎于他们的骄傲和财富。他建议各王侯统一没收教会的全部财产——这是为了教会好。这个建议此后一直萦绕在欧洲王侯的脑海中。

我们不再叙述他的晚年了。他一生的特殊事件，远不及他生活的一般气氛那么重要。我们可以从他在西西里宫的生活中窥见一斑。

他的生活很骄奢，喜欢美丽的东西。他被描述成一个放荡不羁的人。但是，很明显，他是一个富有好奇心、喜欢探究的人。他把犹太教、伊斯兰教和基督教哲学家召集在自己的宫廷里，他还竭力向意大利人灌输撒拉逊文化。正是通过他，阿拉伯数字和代数才被介绍给基督教学生。在他宫中有一个叫作迈克尔·斯哥特的哲学家，曾翻译了部分亚里士多德的著作和阿拉伯大哲学家阿韦芳埃斯（科尔多瓦人）对其著作的解释。公元 1224 年，弗里德里希建立那不勒斯大学，又扩大和丰富了萨勒诺大学的医学院。他还设立了一个动物园；他留下了一本关于放鹰的书，这表明他曾仔细观察过鸟类的生活习性；他还是第一个用意大利语写诗的意大利人。意大利诗事实上就是在他宫中诞生的。一位有才华的作家曾称他为“第一个近代人”，这恰当地描述了他在知识上无偏见的客观立场。

正当教皇与权力不断增强的法国国王发生冲突时，支持教皇的势力进一步下降。皇帝弗里德里希二世在位时，日耳曼已经陷入分裂，法国国王开始扮演教皇的保护者、扶持者和竞争者的角色，此前这都是由霍亨索伦家族承担的。几代教皇都实行了支持法兰西君主的政策。在教皇的支持和赞成下，法国的王侯们在西西里及那不勒斯建立了王国，法兰西国王们看到了复兴和统治查理曼帝国的可能。然而，霍亨斯陶芬王朝的最后一位皇帝——弗里德里希二世死后，日耳曼出现了权力真空，直到哈布斯堡家族的鲁道夫被选为第一位哈布斯堡王朝的皇帝（公元 1273 年）。罗马的政策开始按照各位教皇的喜好，在法兰西和日耳曼之间摇摆。在东方，希腊人于公元 1261 年从拉丁皇帝手中夺回了君士坦丁堡。新的希腊王朝的创立者迈克尔·佩罗加斯，即迈克尔八世，在几次和教皇假意的暂时性和解之后，和罗马教会完全脱离。由此，再加上亚洲拉丁王国的衰亡，教皇在东方的统治结束了。

公元1294年，博尼法斯八世成为教皇。他是一个意大利人，仇视法兰西人，充满了罗马伟大传统的意识和使命感。他曾经独断一时。公元1300年，他组织一个大庆典，大批朝圣者来到罗马。“流入教皇财库的金钱是如此之多，以致两个助手不得不用耙子来收拾圣彼得墓上堆积的奉献物。”这次盛会只不过是表面上的胜利。公元1302年，博尼法斯与法国国王发生了冲突。公元1303年，正当他要宣布解除法国国王的教籍时，出乎意料的在阿纳尼他自己祖先的宫殿中，被纪克姆·德·诺加雷逮捕了。这个法国国王的使者闯入宫殿，直冲到受惊的教皇的卧室里——他正手持十字架躺在床上——大肆威胁、侮辱他。一两天后，教皇才被市民释放，回到罗马。在那里他被阿尔斯尼家族逮捕，并再一次被拘禁起来。几个星期后，这个受惊、失望的老人像个犯人一样死在了他们的手中。

阿纳尼的人民确实对第一次的暴行不满，他们群起反抗诺加雷，救出了博尼法斯，但那是因为阿纳尼是教皇的故乡。值得注意的很重要的一点是，法国国王这次粗暴对待基督教世界领袖的行为是得到了人民完全支持的。在采取行动前，他曾召集三级会议（贵族、教会、平民），得到了他们的一致同意。无论是意大利还是日耳曼和英格兰，无不赞成这次对教皇的自由行动。基督教世界的观念已经腐朽到不再有控制人的思想的能力了。

整个公元14世纪，罗马教皇在恢复它道德上的影响力上无所作为。紧接着被选出的教皇是克雷蒙五世。他是法兰西人，由法王菲利普选定。他从来没有到过罗马。他把教廷设在亚维农镇，该镇虽然在法国境内，但那时不属于法国而属于教皇的教区。此后，继任的几代教皇都住在这里，直到公元 1377 年格列高里十一世回到罗马的梵蒂冈宫。但格列高里十一世并没有把全部教会的同情带回罗马。红衣主教大都是法兰西血统，他们的习惯和社交团体都深深地扎根于亚维农。公元 1378 年格列高里十一世去世，意大利人乌尔班六世当选，但这些持不同意见的红衣主教宣布选举无效，并推举另外一位教皇克雷蒙七世，与罗马教皇对立。这次的分裂被称为“教皇分立”。教皇仍在罗马，一切反法兰西的势力，包括罗马皇帝、英格兰、匈牙利、波兰的国王，以及北欧都效忠他。另一方面，对立的教皇仍住在亚维农，由法国国王及其同盟苏格兰、西班牙、葡萄牙国王，以及许多日耳曼诸侯支持。两方的教皇都解除了对方信徒的教籍，并诅咒对方的信徒（公元 1378 年至公元 1417 年）。

此后，毫无疑问，全体欧洲人民都开始慢慢学会在宗教事务中为自己着想。

在前几章中我们曾提到过方济各会和多明我会。它们只是基督教世界内新兴势力中的两个。它们根据自己的判断，或支持教会，或反对教会。教会对这两种教派都加以吸收和利用，尽管对前者曾施加过一点暴力，但是对于其他教派，教会明确持不容忍和批判的态度。一个半世纪后，出现了一个叫威克里夫（公元 1320 年至公元 1384 年）的人。他是牛津大学一个很有学问的博士。到了晚年，他公然批评神父的腐败行为和教会的愚昧。他组织了许多穷苦的神父，成立了威克里夫派，在英格兰各地传播他的思想。为了使人们在教会和他之间进行辨别，他把《圣经》译成了英文。他的学问和才能都高过方济各会和多明我会的人。他有上层社会的支持者，在人民中有大量的追随者。虽然罗马教会对他非常震怒，并下令拘捕他，但直到他去世，他仍是自由的。然而那种把天主教会引向毁灭的黑暗和腐朽的精神，却不让他的尸骨安眠于地下。公元 1415 年，根据康斯坦茨宗教大会的教令，他的遗骸被掘出并被焚毁。这项决议是由主教弗莱明于公元 1428 年奉教皇马丁五世之命执行的。这种亵渎举动并非只是单独的狂妄行为，而是教会的正式决议。

# ◆ 第 47 章　蒙古人的远征 ◆

公元 13 世纪，正当欧洲在教皇统治下为统一基督教国家而进行着莫名其妙而又徒劳无益的战争时，在亚洲的历史大舞台上，正发生着更为重大的事件。一批突厥人在中国北方崛起，在世界事务中突然上升到显著位置，并在历史上取得了无人能比的征服成就——他们就是蒙古族人。公元 13 世纪初期，他们还是游牧民族，其生活方式极像匈奴人，住在皮毛制的帐篷里，主要以肉和马奶为生。他们从中国的统治中脱离出来，同许多其他的突厥部落结成军事同盟。他们的大本营在鄂嫩河边。

这时中国正处于分裂状态。伟大的唐朝到公元 10 世纪时已经开始衰亡了。经过一个从分裂到战争的年代后，只剩下三个主要的帝国：北面是以北京为首都的金国，南面是以南京为首都的宋朝，中部则是西夏。公元 1214 年，成吉思汗对金国发动战争，并攻占了北京。后来，他又转向西方，征服了土耳其、波斯、亚美尼亚、印度，一直远征到拉合尔，向北打到南俄罗斯的基辅。他去世时已经成为一个从太平洋一直延续到第聂伯河的大帝国的统治者。

他的继承人窝阔台汗继续着这令人惊叹的征服。他的军队有着极高的效率；他们拥有中国的新发明——火药，并将之用于小野炮。

他完成了对金国的征服，此后，他以惊人的速度，挥军从亚洲直到俄罗斯（公元1235年）。公元1240年，基辅被攻破，几乎整个俄罗斯都成了纳贡国。波兰也受到了攻击。公元1241年，波兰和德意志组成联军在南西里西亚的利格尼茨战役中全军覆没。皇帝弗里德里希二世似乎也没能阻止蒙古人的侵略浪潮。

伯里在注释爱德华·吉本的《罗马帝国的衰亡》时，曾有这样的话：

“直到最近，欧洲历史学家们才开始理解，公元1241年春，那支横行波兰并占领匈牙利的蒙古军队之所以成功，并非由于兵力具有压倒性的优势，而是由于完美的军事战略。但这一事实尚未成为普遍的知识，这样的观点仍很盛行：即以为鞑靼人是一群野蛮民族，他们之所以能席卷东欧、冲破障碍并战胜他们，并不是靠什么军事战略，而全靠兵源数量。”

“当从维斯杜拉河下游向特兰西瓦尼亚扩展的时候，其精确有效的军事部署，令人惊叹。这样的战役完全超过了当时欧洲军队的能力，而且超出了任何一位欧洲将帅的预见力。在欧洲，从弗里德里希二世以下，没有一位统帅的战略能与窝阔台相比。还有一点需要注意，蒙古人对匈牙利的政治局势和波兰的国情了如指掌——他们非常注意用组织精良的间谍系统来获取情报；另一方面，匈牙利和其他基督教国家，却像幼稚的野蛮民族一样，对自己的敌人几乎一无所知。”

虽然蒙古人在利格尼茨战役中获得了胜利，但他们却没有向西推进。他们即将进入那些丛林和多山的国家，而这并不宜于他们的战术，因此他们转向南方，准备定居于匈牙利，屠杀或者同化近族的马扎尔人，就像此前屠杀或同化混合的斯基台人、阿瓦尔人、匈奴人一样。可能当时蒙古人想从匈牙利平原出发，进军西部和南部，就像匈牙利在公元 9 世纪，阿瓦尔人在公元 7、8 世纪，匈牙利在公元 5 世纪所做过的一样。但是窝阔台突然去世了。公元 1242 年，因为继承人的问题出现了麻烦，这支战无不胜的蒙古军，经过匈牙利和罗马尼亚撤回东方。

此后，蒙古人就集中力量征服亚洲。到公元 13 世纪中期，他们已经征服了宋朝。公元 1251 年，蒙哥继窝阔台成为大汗，任命他的弟弟忽必烈汗统治中国。公元 1280 年，忽必烈汗正式登基成为中国的皇帝，建立了元朝，其统治一直持续到公元 1368 年。当宋朝最后的残余力量在中国衰落的时候，蒙哥的另一个弟弟旭烈兀正在征服波斯和叙利亚。他们攻陷巴格达后，不但大肆屠杀居民，而且毁坏了苏美尔人从远古以来就保存下来的使美索不达米亚地区繁荣昌盛、人口丰富的灌溉系统。从那时起，美索不达米亚就成为一片荒原，人烟稀少。蒙古人没能进入埃及。公元 1260 年，埃及的苏丹在巴勒斯坦彻底击溃了旭烈兀的军队。

从这次战败以后，蒙古军胜利的大潮开始退了。大汗的领土分裂为几个国家。东方的蒙古人像汉族人一样，成为佛教徒。汉族人于公元 1368 年摆脱蒙古人的统治，建立了明朝。其统治从公元 1368 年一直延续到公元 1644 年。俄罗斯人仍向东南原野的鞑靼游牧民进贡，直到公元 1480 年，莫斯科大公拒绝履行这一义务，奠定了近代俄罗斯的基础。

公元 14 世纪，在成吉思汗的后裔帖木儿的领导下，蒙古人的势力出现了一次短暂的复兴。他于公元 1369 年接受大汗的封号，并征服了从叙利亚到德里的大片土地。他是蒙古征服者中最残忍和最具破坏性的一个。他建立的帝国也随着他的死而宣告结束。然而，公元 1505 年，帖木儿的后裔、冒险家巴贝尔组织了一支炮队，挥军侵入印度平原。他的孙子阿克巴（公元 1556 年至公元 1605 年）完成了他的征服行动。这个蒙古的王朝（阿拉伯人称其为莫卧儿王朝）便以德里为都，统治着印度的大部分地区，直到公元 18 世纪为止。

公元 13 世纪蒙古人第一次大举远征的结果之一，就是把一个突厥部落——奥斯曼土耳其，赶到了小亚细亚。他们在小亚细亚扩张和巩固自己的势力，渡过达达尼尔海峡，征服了马其顿、塞尔维亚及保加利亚，直到最后使君士坦丁堡成为奥斯曼统治范围中的一个孤岛。公元 1453 年，奥斯曼苏丹穆罕默德二世调集了许多炮兵，从欧洲一侧进攻并最终攻占了君士坦丁堡。这使整个欧洲都为之震动，大家都在讨论重组十字军，但是十字军的时代已经过去了。

公元 16 世纪，奥斯曼苏丹征服了巴格达、匈牙利、埃及和北非的大部分地区。他们的海军使他们成为地中海地区的海上霸主。他们差点攻陷维也纳，并强迫罗马帝国向他们纳税。公元 15 世纪只有两件事可以稍微抵消基督教国家普遍衰落的现象：一是独立的莫斯科公国的复兴（公元 1480 年）；另一个是基督徒渐渐恢复了对西班牙的统治。公元 1492 年，西班牙半岛上最后一个伊斯兰国家格拉纳达终于落入阿拉贡国王费迪南德及他的皇后卡斯提尔的伊莎贝拉之手。

然而直到公元 1571 年的勒潘多海战中，基督教徒才击碎了奥斯曼人的傲气，重新夺回了地中海的统治权。

# ◆ 第 48 章　欧洲人理性的复活 ◆

整个公元 12 世纪，大量迹象表明，欧洲理性正在恢复勇气和悠闲，准备继续发展从希腊开始的科学探究的理性事业，并像意大利人卢克莱修一样思考。理性复活的原因很多、很复杂。私斗的禁止，十字军东征带来的高度的舒适和安全感，以及这些探险经历对人们思想的刺激作用，毫无疑问都是理性复活必要的前提条件。商业复兴了，城市也恢复了舒适和平安，教育水平在教会中得到了提高，并开始向一般群众中普及。公元 13 世纪到公元 14 世纪是许多独立或半独立的城市，如威尼斯、佛罗伦萨、热那亚、里斯本、巴黎、布鲁日、伦敦、安特卫普、汉堡、纽伦堡、诺夫哥罗德、威士比和贝亨等获得很大发展的时代。这些城市都是有很多旅行者的商业城市，而人们在贸易和旅行的地方都会交谈和沉思。教皇和诸侯的争论，迫害异教徒的引人注目的野蛮和恶劣行径，都使人们怀疑教会的权威性，质问和讨论一些根本的问题。

我们已经了解到，阿拉伯人是怎样成为欧洲复兴亚里士多德学术的媒介的，而像弗里德里希二世这样的王侯在阿拉伯哲学和科学作用于新生的欧洲思想中又是起到怎样的渠道作用的。更有力地激起人们的理性观念的是犹太人。他们的存在本身就对教会主张提出了疑问。最后，炼金术士那种神秘而充满诱惑的研究扩展到更远、更宽的领域，使人们对那些小的、神秘的但却有一定效果的实验科学产生了兴趣。

人类精神的觉醒，已经不仅仅局限于那些独立的知识分子了。世界上普通人的精神世界也开始苏醒，这在人类以往的历史中从未发生过。不考虑教士和破坏，似乎基督教义所到之处，都在人们思想中掀起了波澜。它在人们的良心与上帝的正义之间建立了直接的联系。因此，只要有必要，人们就会有勇气对君主、主教和信条做出独立的判断。

公元 11 世纪时的欧洲已经重新开始了对哲学的讨论。在巴黎、牛津、波洛尼亚以及其他中心地区已经有了颇具规模和不断发展的大学。中世纪的“经院学派”提出了成套的概念，对各种文字的意义及价值反复进行讨论，为即将到来的科学时代中澄清人们的思想做着必要的准备。以独有的天才傲然于世的是牛津方济各会的罗吉尔·培根（约公元 1210 年至公元 1293 年），他是近代实验科学之父。在历史上，他的名气仅次于亚里士多德。

他的著作是嘲弄无知的攻击性的演说，揭露了他那个时代的无知，这是令人难以置信的大胆做法。今天，人们可以批评世界既愚蠢又严肃，一切方法也都是幼稚的、拙劣的，各种教条都是幼稚的假设，这并不会有杀身之祸。但对中世纪的人来说，只要没有被杀害、被饿死或死于瘟疫，他们就会虔诚地相信他们的信仰的智慧、完美无缺和不可改变，激烈地反对一切不满的反应。罗吉尔·培根的著作犹如划破暗夜的一道闪电。他通过对增长知识的丰富的建议来抨击那个时代的蒙昧。从他热情地主张实验及知识的积累来看，亚里士多德的精神在他的身上又一次体现了。“实验，实验”，这就是培根所反复倡导的。

然而罗吉尔·培根甚至批判亚里士多德本人。他批判他是因为当时的人们不敢大胆地面对现实，只是坐在屋里研读这位伟大作者的著作拙劣的拉丁文译本，这在当时是唯一能够得到的译本。他以一贯过激的风格写道："如果我有机会，我会把亚里士多德的书全部都烧掉。因为学习他的著作，只不过是浪费时间、产生谬误和增加无知而已。"假如亚里士多德重生，发现人们并没有像他们所崇拜的那样认真地阅读——并且如罗吉尔·培根所说的那样，翻译得如此拙劣——恐怕也会发出同样的感慨。

为了防止入狱或更可怕的事情发生，除了在表面上以正统派做了必要的掩饰外，在他的著作中，培根始终向人类大声疾呼："不要再受教条和权威的统治。看看这世界吧！"他指出了愚昧的四个主要来源：尊崇权威，墨守成规，无知群众的判断力以及人类自以为是的劣根性。只要能够克服这四方面，一个强有力的世界就会呈现在人类面前。

"没有划手的用于航行的机器将会出现，这样的大船适合河流和海洋，由一个人驾驶，但比装满划手的大船速度更快。同样，车辆也可以不用畜力，而是自动运转，就像我们相信古时战争中有装满钩刀的战车。飞翔的机器也是可能的，一个人坐在里面操纵某种设备，人造的翅膀就会像飞鸟在天空中飞翔。"

尽管培根这样写，但是人们开始系统地探索他所清楚意识到的存在于人类事务黯淡的表面下的潜在的力量与利益，仍是三个多世纪以后的事。

但是撒拉逊世界不仅给基督教国家带来了哲学家和方士的刺激，还带来了造纸术。从某种程度上讲，正是纸使欧洲理性的复活成为可能。纸起源于中国。在中国，纸的使用大概可以追溯到公元前2世纪。公元751年，中国人曾经袭击撒马尔罕的阿拉伯人，但是被击败。被他们俘虏的中国人中有几个擅长造纸的，阿拉伯人从他们那里学会了造纸术。公元9世纪以来的阿拉伯纸质文件至今仍保存着。造纸术不是通过希腊，就是在基督教征服西班牙的过程中，通过占有摩尔人的造纸作坊传入基督教国家的。但是在基督教统治下的西班牙，其造纸业被大大地破坏了。直到公元13世纪末，基督教欧洲才造出了上好的纸张。这之后意大利的造纸业开始领先世界。到了公元14世纪，造纸术才传到德国。直到公元14世纪末，纸张的丰富及其价格的低廉才使得书籍的印刷成为可能的商业领域。于是，印刷术的出现就是自然和必然的了，因为印刷术是发明当中最容易理解的。从此，世界理性生活进入了一个崭新的、更加丰富多彩的时代。知识不再是从一个人的思想到另一个人的思想之间的涓涓细流，而是千万人思想参与其中的广阔的洪流。

印刷术所造成的一个直接的结果，是世界上出现了不计其数的《圣经》。还有一个结果是教科书更便宜了。书本知识迅速传播。不仅世界上的书籍的数量大量增加，而且文字更加清晰，更加容易理解与阅读。不同于过去那种苦苦理解字迹模糊的文章之后再去思考它的意义，现在的读者可以毫无障碍地一边读一边思考了。随着读书便利性的增加，读者的范围也就扩大了。书籍不再是华丽的装饰性的玩具或学者的宝物。人们开始写作给普通人读和看的书。他们用通俗的语言写作，而不是拉丁文。到公元14世纪，欧洲开始有了真正的文学史。

以上我们只讲了撒拉逊人对于欧洲复兴所起的作用。现在让我们来看看蒙古人远征的影响。蒙古人极大地刺激了欧洲人的地理想象力。在大汗统治的一段时期里，整个亚洲和西欧形成了开放的相互交往的局面。所有的道路都暂时性的开放，各国的使者都出现在哈拉和林的宫廷中。欧亚之间因基督教和伊斯兰教宗教上的宿怨而建立起的屏障也降低了。罗马教廷抱着使蒙古人皈依基督教的伟大愿望。而蒙古人唯一的宗教是原始的偶像崇拜教萨满教。教皇的使者，印度的佛教徒，巴黎、意大利和中国的工匠，拜占庭及亚美尼亚的商人，以及阿拉伯的官吏，波斯及印度的天文学家和数学家，都聚集在蒙古人的宫廷。我们听了太多的蒙古人的战争和屠杀史，却很少知道他们对于学问的好奇和渴求。蒙古人虽然算不上创造者，但是在知识和方法的传播上，他们对于世界历史的影响却是非常巨大的。从成吉思汗和忽必烈的模糊而浪漫的性格中，每个人都能确信这样的观点：他们的创造力与理解力，至少与成功但自大的亚历山大大帝，或政治幽灵、精力过人却目不识丁的查理曼相比毫不逊色。

在这些访问蒙古宫廷的人中，最有趣的是威尼斯人马可•波罗。他后来把自己的故事写成了一本书。大约在公元 1272 年，他与父亲和叔父到中国去游历，而后两位已经到过中国一次。大汗对这两位老波罗留下了很深的印象。他们是大汗第一次见到的拉丁人。之后，大汗派他们回去寻找能够向他解释基督教的老师和有学问的人，同时也去寻找各种已经引起了他的好奇心的其他欧洲物品。他们带着马可同行的这次访问正是他们的第二次访问。

三位波罗从巴勒斯坦起程，不像上次的探险那样取道克里米亚。他们持有大汗赐予的金牌和其他信物，这大大地便利了他们的旅行。大汗希望得到一点耶路撒冷圣墓中所点的油灯的油，因此他们先到那里，然后取道西里西亚进入亚美尼亚。他们之所以绕道北行是因为当时埃及苏丹正在进犯蒙古人的领地。之后他们又通过了美索不达米亚到达波斯湾的霍尔木兹，他们似乎计划海上航行。在霍尔木兹，他们遇到了来自印度的商人。由于某种原因，他们并没有乘船，而是向北穿过波斯沙漠，经由巴尔克，翻越帕米尔到达喀什戈尔，再经由和田、罗布泊到达黄河流域，最后到了北京。当时大汗正在北京，他们受到了热情的款待。

马可尤其受忽必烈的青睐：他年轻聪慧，并且他已经精通蒙古语。他曾被授予官职，并多次接受使命，主要是到中国的西南地区。他情不自禁地记述了这个幅员辽阔、繁荣昌盛的国家："沿途都有为旅人准备的非常好的客栈"，"幽雅的葡萄园、田野和花园"，有许多佛教僧侣的"修道院"，大量的"蚕丝和金丝织成的衣料以及精美的绸缎"，"连绵不绝的城邑"，等等。这些最初遭到欧洲人的怀疑，继而激发了整个欧洲的想象力。他还谈到了缅甸，谈到它那由数百头大象组成的军队，以及这些大象是怎么被蒙古弓箭手击败的；谈到蒙古人是怎样征服和巩固的。他还谈到了日本，大大地夸大了日本的黄金量。马可曾做过三年的扬州宣慰使，在中国居民的眼中他可能是与鞑靼人差不多的外国人。他也很可能曾出使过印度。中国史书上提到，公元1277年，有个叫波罗的人曾做过中书省的官员，这正是对马可故事真实性的一个非常有价值的证明。

《马可·波罗游记》的出版，对欧洲人的想象力产生了巨大的影响。欧洲文学，尤其是那些公元15世纪的传奇小说中，经常提到《马可·波罗游记》，提到中国、北京等词。

2个世纪后，在《马可·波罗游记》的读者中有一个热那亚的水手克里斯托弗·哥伦布。他产生了一个异想天开的念头，计划向西绕地球航行到达中国。在塞维利亚至今还保存着哥伦布批注过的

《马可·波罗游记》。这个热那亚人的思想之所以会转向这一方向，其原因有很多。君士坦丁堡在公元1453年被土耳其人占领之前，原是东西方世界之间一个公平的商业贸易中心，热那亚人一直在那里自由经商。而热那亚人的劲敌拉丁系的威尼斯人是侵略希腊的土耳其人的同盟者和支持者，因此，当君士坦丁堡被土耳其占领后，开始对热那亚的贸易采取不友好的政策。其次，被人遗忘已久的“地圆说”渐渐在人们的心中复活。向西航行可以到达中国的想法正是一个相当明显的证据。这种想法得到了两件事情的支持：一是罗盘针的发明，人们在航行中不再依赖晴朗的夜晚，通过观察星象来决定方向；二是诺曼人、加泰鲁尼亚人、热那亚人和葡萄牙人这时都已开始远渡大西洋，到达加那利群岛、马德拉群岛和亚速尔群岛。

但是哥伦布发现在他取得将自己的理想付诸实践的船只之前还有很多困难。他在欧洲从一个宫廷到另一个宫廷去游说，最后在刚刚从摩尔人手中夺回的格拉纳达，他得到了费迪南德和伊莎贝拉的资助，才能够驾驶三艘小船，开始向未知的大洋航行。经过两个月零九天的航行，他到达了一片他认为是印度的大陆，而事实上是块新大陆。它的存在是在旧世界中从未想象过的。他带着黄金、棉花和珍禽异兽回到了西班牙，还带着两个目光炯炯、身上画着花纹的印第安人回去接受洗礼。这两个人之所以被叫作印第安人，是因为哥伦布到死都以为他所发现的大陆是印度。在许多年之后，人们才开始意识到将整个美洲新大陆加入到世界的资源库中。

哥伦布的成功，极大地刺激了航海业。公元1479年，葡萄牙人绕非洲到达印度；公元1515年，葡萄牙的船只到达爪哇；公元1519年，受雇于西班牙的葡萄牙航海家麦哲伦，率领五艘船从塞维利亚向西航行，其中一艘名为维多利亚号的船于公元1522年返回塞维利亚，这是历史上环球航行的第一艘船。出发时船上有 280 人，只有 31 人生还，麦哲伦自己在菲律宾群岛被杀死了。

印刷书籍的出现，完全被证实的球形世界的现实，新大陆，奇珍异兽，奇风异俗，在海上、空中、远航路途中的新发现以及生活的物质资料，都在欧洲人的思想中突然出现。那些久被埋没和遗忘的希腊经典也迅速被翻印和研究，在人们的思想中染上了柏拉图的梦想以及共和国时代的自由与严肃的传统的色彩。罗马的统治曾第一次将法律与秩序带到西欧，拉丁教会又将它复活。但是不管是在异教的罗马还是在天主教的罗马的统治下，好奇和革新总是被宗教制度压抑和遏制。拉丁思想的统治，至此走向末路。从公元 13 世纪到公元 16 世纪，幸亏受到闪米特人以及蒙古人的刺激性影响和古希腊经典的重新发现，欧洲的雅利安人才得以摆脱拉丁传统，再次崛起，成为人类精神和物质的领袖。

# ◆ 第 49 章　拉丁教会的改革 ◆

拉丁教会本身也受到了这次精神复兴的极大影响。它发生了分裂，其幸存的部分也广泛地被更新了。

我们已经讨论了教会在公元 11、12 世纪怎样成为几乎所有基督教国家的独裁统治者，到了公元 14、15 世纪它统治人思想和事务的力量又是怎样衰落下去的。我们已经描述过那些早期作为教会支柱和力量的热心宗教的民众，怎样因为教会自大、迫害和集权而开始对抗它，以及弗里德里希二世如何因为自己的狡猾和多疑而造成了诸侯日益增长的不服从。教皇的大分立又将教会在宗教和政治上的权威缩小到微不足道的地步。现在，反叛的力量从两方面同时进攻。

英国人威克里夫的教义在欧洲广泛传播。到了公元 1398 年，一位有学问的捷克人约翰·胡斯在布拉格大学作了一系列关于威克里夫教义的演讲。这个教义迅速传播到受教育阶层以外，并迅速唤起了广大人民群众的热情。公元 1414 年至公元 1818 年间，为解决大分立的问题，在康斯坦茨召开教会全体会议。胡斯也应邀参加了此次会议，皇帝许诺保障其安全。但他还是被捕了，被宣判为异端并被活活烧死（公元 1415 年）。波希米亚人民不再平静，在该国引起了胡斯派信徒的一次起义，这是一系列宗教战争中的第一次，拉开了拉丁系基督教分裂的序幕。为了镇压这次起义，被选出的作为基督教重新统一的教皇马丁五世召集了十字军。

教皇对这个顽强的小民族共发动了五次十字军征讨，但所有的都失败了。公元 15 世纪，欧洲的无业暴徒都加入了进攻波希米亚的行列，就像他们在公元 13 世纪加入讨伐沃尔多教派的大军一样。但是与沃尔多教派不同的是，波希米亚的信徒相信军事的抵抗力。开往波希米亚的十字军只要听见胡斯军的战车声和远处传来的战歌声，就四散奔逃。他们甚至不等战争开始（如公元 1431 年的多马日利策之役）。公元 1436 年，教会在巴塞尔重开教会会议，与胡斯派达成了一项协议，拉丁教派实践中的许多特殊情况都被承认。

公元 15 世纪，欧洲各地大瘟疫流行，社会秩序遭到破坏。在英国和法国，平民生活尤其困苦，这在民众中产生不满，农民常常奋起反抗地主和富人。胡斯战争以后，农民起义在德国境内大量增加，并带有宗教色彩。印刷术进一步推动了起义的发展。到公元 15 世纪中叶，荷兰和莱茵兰的印刷工人已经掌握了活字印刷术。这种技术传入意大利和英格兰，公元 1477 年，卡克斯顿就在威斯敏斯特开始了印刷事业。其直接结果，就是《圣经》的大量增加和普及，这也大大便利了受欢迎的辩论的广泛传播。欧洲成了到处都是《圣经》读者的世界，其广泛程度是过去任何一个社会所没有的。在这个时代，当教会混乱和分裂无法维持之时，当诸侯们想方设法削弱教会对其领土内财富的控制时，一种更为清晰的思想和更容易接受的主张被灌输到人民的头脑中。

在德意志，反对教会的中坚人物是马丁·路德（公元 1483 年至公元 1546 年）。他以前是修道士，公元 1517 年曾在维登堡对各种宗教教义及仪式进行辩论。最初，他以学者的方式用拉丁文辩论。

后来他采取了印刷品这种新武器，用德文写作，在民众中深远广泛地传播他的见解。虽然有人试图像迫害胡斯一样迫害他，但由于印刷品的发展已经改变了现状，他在德意志王公贵族中有大量的公开或秘密的支持者，因此，他幸免于难。

在这个思想混乱、信仰薄弱的时代，许多统治者认识到了切断他们的人民与罗马宗教联系的好处。他们追求使自己个人成为更民族化的宗教的领袖。英格兰、苏格兰、瑞典、挪威、丹麦、德国北部和波希米亚相继从罗马教会中分离出来。从那以后，这些国家一直维持着自己的独立。

但这些君主并不注重其臣民的道德和理智的自由。他们利用人民对宗教的怀疑和起义来巩固他们对罗马的反抗，然而一旦这种分裂实现了，建立了在王权控制下的国家教会，他们立刻就想控制这种民众运动。但是耶稣的教诲——直接呼吁正直，并且人的自尊超越任何的忠诚和服从，无论是世俗的还是教会的——总是有一种奇妙的生命力。所以，从罗马分裂出来的王权教会又分裂成许多更小的教派，而所有的这些教派无一例外，都不允许王侯或教皇干涉自己与上帝之间的关系。例如，在英格兰和苏格兰，有一些教派恪守《圣经》作为其生活及信仰的唯一指导。他们拒绝国家教会的戒律。在英格兰，这些持不同意见者被称作“非国教徒”。他们在公元 17、18 世纪的国家政治生活中扮演了重要的角色。他们反对王侯担任教会的领袖，甚至在公元 1649 年把查理一世推上了断头台，英国在“非国教徒”共和制的统治下，维持了 11 年的繁荣。

北欧脱离拉丁基督教会的运动，就是普遍所称的“宗教改革”。罗马教会的这些失败所产生的震撼和压力，在其内部产生了同样巨大的可能变化。教会被改组，一种新的精神注入它的生命当中。在这场复兴运动中，领袖性的人物之一是一个年轻的西班牙战士，伊尼格·洛佩斯·德·雷卡尔德，世称洛约拉的圣·伊格纳休斯。在早期一段带有传奇色彩的经历之后，他成了一位教士（公元1538年），并获准创立“耶稣会”，试图将军事领域中慷慨和侠义的传统引入到宗教服务当中。耶稣会成了历史上伟大的教导和传道的团体之一。它将基督教带到了印度、中国和美洲，阻止了罗马教会的迅速解体。它提高了整个天主教世界的教育标准；提高了天主教徒的知识水平，唤醒了各处天主教徒的良心。它也刺激了欧洲的新教徒们在教育事业上更加努力。我们今天所知的那充满生气、富于奋斗精神的罗马天主教会，大多是这次耶稣会复兴的产物。

# ◆ 第 50 章　皇帝查理五世 ◆

神圣罗马帝国在查理五世统治时期达到了它的巅峰时期。他是欧洲历史上最卓越的君主之一。有一段时间，他大有成为继查理曼之后最伟大的君主之势。

他的伟大并不是他自身所造就的。这大部分是他的祖父马克西米连一世（公元 1459 年至公元 1519 年）的成果。世界上有些家族通过战争、有些家族利用阴谋来夺取权力，而哈布斯堡家族用的则是联姻政策。马克西米连以哈布斯堡家族最初的遗产奥地利、施蒂里亚、阿尔萨斯的一部分，及其他一些地区开始了他的事业。他通过婚姻——这位夫人的名字对我们来说微不足道——得到了尼德兰和勃艮第。他的第一个妻子死后，他失去了勃艮第领地的大部分地区，但仍然保住了尼德兰。后来，他又试图利用婚姻得到布列塔尼，但没有成功。公元 1493 年，他继承他父亲弗里德里希三世的皇位成为皇帝，又靠婚姻得到了米兰公国。最后，他又让儿子娶了费迪南德与伊莎贝拉的弱智女儿，他们是哥伦布的支持者，当时不但统治着新近统一的西班牙，统治着撒丁岛和两西西里王国，还统治着巴西以西的美洲的绝大部分地区。因此，他的孙子查理五世，继承了美洲大陆的大部分地区以及在土耳其统治之外的三分之一或二分之一欧洲领土。公元 1506 年，他又继承了尼德兰。在公元 1516 年他的外祖父费迪南德去世以后，由于母亲懦弱无能，查理五世便成了西班牙实际上的统治者。公元 1519 年，他的祖父马克西米连去世，公元 1520 年他就被推选为皇帝。当时他才 20 岁，还是一个稍显幼稚的年纪。

查理五世是个外表看起来不太机灵的青年人，有着厚厚的上唇和长长的下巴。他生活在一个少年君主辉煌的时代。公元 1515 年，弗朗西斯一世在他 21 岁的时候继承了法兰西的王位。公元 1509 年亨利八世登上了英格兰王位的时候才 18 岁。当时印度有巴贝尔（公元 1526 年至公元 1530 年），土耳其有伟大的苏里曼（公元 1520 年），二者都是特别有能力的君主。而教皇利奥十世（公元 1513 年）也是一个非常杰出的教皇。教皇和弗朗西斯一世试图阻止查理被选为皇帝，因为他们害怕如此多的权力集中于一人之手。弗朗西斯一世和亨利八世都参与了皇帝的选举。但是哈布斯堡家族有着长期建立起来的当皇帝的传统（从公元 1273 年开始），再加上积极的贿赂确保了查理被选为皇帝。

这位年轻人刚登上皇位时，就像是一个华丽的木偶一样受他的大臣摆布。不过渐渐地，他开始维护自己的权威并掌握控制权。他开始意识到危及自己高贵地位的复杂势力。皇位虽然显赫，但同时也是极不稳定的。

从他的统治刚一开始，他就面临着路德的鼓动在德国激起的暴乱。在教皇反对他当皇帝的情况下，他有理由支持宗教改革。但是他生长在西班牙，这是各国中天主教最为盛行的地方，他下决心反对路德。因此，他与支持新教的各诸侯尤其是萨克森选帝侯发生了冲突。他发现自己正处在将要使基督教世界分化成两个敌对阵营的分裂的开端中。他真心诚意地想弥补这个裂口，但最终失败。德国又发生了波及全国的农民革命。这是一场把政治问题和宗教纠纷纠缠在一起的骚乱。同时，这次内部的混乱又混入了来自东西方对帝国的夹击。西边是他精神上的对手弗朗西斯一世，东边则是非常活跃的土耳其人，他们现在在匈牙利，与弗朗西斯一世结成联盟，并向奥地利的一些统治区域索取进贡。查理虽能自由控制西班牙的金钱和军队，但要得到德国的任何有效的资金援助都是相当困难的。他在社会和政治上所遇到的麻烦又混入了财政危机，他被迫借债，但这将使他破产。

总的来说，查理联合亨利八世成功地对抗了弗朗西斯一世和土耳其人。他们交战的主战场在意大利北部，双方的将帅都很平庸。他们的进退，主要看是否有援军到来。日耳曼人侵入法国，进攻马赛没有成功，只好退回意大利，却失去米兰，并被围困在帕维亚。弗朗西斯一世对帕维亚进行了长时间的围攻，被德国新到的援军击败，受伤被俘。但这也促成了害怕查理势力过大的教皇和亨利八世联合起来反对查理。波旁将军率领的德国军队在米兰因为领不到军饷，强迫而不是跟随其统帅进攻罗马。他们攻下这个城池并大肆劫掠（公元 1527 年）。在掠夺和屠杀进行的时候，教皇躲在圣安极乐城堡避难。最终他花了 40 万金币才遣走德军。这场长达 10 年的混战拖穷了整个欧洲。最后，查理皇帝在意大利取得了胜利。公元 1530 年，他在波伦亚接受了教皇加冕，他是最后一个由教皇加冕的德国皇帝。

与此同时，土耳其人正入侵匈牙利。公元 1526 年，他们打败并杀害了匈牙利国王，占据布达佩斯。公元 1529 年，苏里曼大帝几乎占据了维也纳。皇帝大为担忧，倾全力来驱赶土耳其人。但是他发现，即使强敌压境，他所遇到的最大困难仍是使德国诸王侯团结起来的问题。在一段时间里和弗朗西斯一世很难和解，一场新的法兰西战争爆发了。到公元 1538 年，查理占领了法兰西南部后，才使他的对手转变态度。于是，弗朗西斯一世和查理建立起了反对土耳其的联盟。但是一些拥护新教的王侯们，即决心和罗马决裂的德国王侯们，结成了施马尔卡尔登同盟，共同反对皇帝。查理不得不放弃将匈牙利变为基督教国家的想法，集中精力解决德国内部争斗。他明白，这些斗争仅仅是战争的开端。这是一场战争，是各个领主为了权力所进行的激烈的无理智的争吵，时而爆发为战争和破坏，时而又隐藏起来搞阴谋和外交。这种斗争就是王侯政策的“蛇袋”，它将不可避免地滚落到公元 19 世纪，一次又一次地消耗和分裂中欧。

查理皇帝似乎没有抓住在这些危机中起作用的重要因素。就他所处的时代和地位来说，他是个了不起的人物。但是他似乎把将欧洲撕裂成战争碎片的宗教纷争完全看作真正的神学上的分歧，故多次召开各种会议，试图对其进行调解，也尝试过发布告书和声明。研究德国历史的人必须详细了解纽伦堡的宗教合约、雷拉斯堡的议会决议案，以及奥格斯堡临时和约等文件。这里我们只是提到这位盛极一时的皇帝烦恼生活的一些细节。事实上，欧洲的各种诸侯和统治者，几乎没有一个在行动上是有诚意的。世界上广为扩展的宗教纠纷、平民对于真理以及社会正义的渴望、当代知识的扩展，所有这些仅仅是诸侯外交的想象中的反驳理由。英王亨利八世以一本反对异端的书开始了他的政治生涯，他被教皇授予“信仰守护者”的称号。他爱上了一个名叫安娜·博林的少妇，急着想和他的第一个妻子离婚。他还想夺取英格兰教会的巨额财富，于公元 1530 年加入新教诸侯的行列。瑞典、丹麦、挪威都已站到新教的一边了。

德国的宗教战争开始于公元1546年，即马丁·路德去世后的几个月。我们没有必要讲述战争的详情，新教的萨克森军在洛肖遭到了惨败。皇帝剩下来的主要敌人——黑森的菲利普，也因犯了背叛信仰一类的罪而被捕入狱。土耳其则以每年向它进贡为条件退兵。公元1547年弗朗西斯一世逝世，皇帝如释重负。因此，到公元1547年为止，查理进行了某种安排，并为使未取得和平的地区实现和平尽了自己最后的努力。公元1552年，整个德国又陷入战争，查理从因斯布鲁克逃出才免于被俘。公元1552年，伴随着帕绍条约的签订，开始了另一个不安定的平衡局面。

这就是查理统治32年间的政治概况。研究欧洲的全部思想如何集中在对欧洲霸权的争夺上，是一件很有趣的事。无论是土耳其人、法国人、英国人还是德国人都还没有在美洲大陆上发现任何政治上的利益，也没有意识到通往亚洲新航线的重要性。美洲大陆上大事不断。科尔特斯仅率领少数人，就替西班牙征服了新石器时代的墨西哥帝国；皮萨罗越过巴拿马海峡（公元1553年），征服了另一奇异的土地秘鲁。但是这些事情对欧洲人来说，仅仅表明流入西班牙国库大量有用的白银。

帕绍条约签订以后，查理开始产生了一些奇特的想法。对于他的帝国的成就，他感到彻底厌倦，不再抱有幻想。他产生了对欧洲对手的不可遏制的烦躁。他的体质天生不好，天性懒散，并大受风湿之苦。他决定退位。他把全部的德国统治权交给他的弟弟费迪南德，西班牙和荷兰则传给了儿子菲利普。然后，他怀着庄严的理想，到于斯特修道院中过起了隐居生活。该修道院位于塔古斯河谷北面，一个橡树和栗树包围的小山中。公元1558年，查理死在这里。

对于这次隐退，以及这位疲惫、威严、厌世的伟人放弃世界的权力，有很多伤感的文字，说他想在简朴的孤独中追求与上帝在一起时的平和心境。但相反，他既不孤独也不简朴。他带了近 150 名随从，他的住处辉煌放纵不亚于皇宫，却没有皇宫的辛苦。菲利普二世是一个孝顺的儿子，对他来说父亲的建议就是命令。

如果说查理对管理欧洲失去了兴趣，那么还有一些别的更直接的东西使他感兴趣。普雷斯科特写道："大多数奎克塞达、加兹特罗与巴利亚多里德的国务大臣之间的日常书信中，几乎每一封信最终都会或多或少的谈论到皇帝的饮食和疾病。就好像时事评论一样，一个话题自然接着另一个话题。罕见的是这样的话题已经产生了与政府部门沟通的负担。国务大臣们在阅读这些把政治和烹饪奇怪结合的信件时忍住笑意恐怕是一件难事。从巴利亚多里德到里斯本的特使，常常受命绕道亚兰迪拉采购皇帝餐桌上的原料。每个星期四，他必须带鱼回来用于次日的斋戒。查理认为附近的鳟鱼太小，总是叫人从巴利亚多里德送大的来。他喜欢所有鱼类，事实上，是喜欢任何一种性质和习性像鱼的东西。鳝鱼、青蛙、牡蛎占据了他的菜单的重要位置。罐装的鱼，特别是凤尾鱼，非常受他的欢迎。他常为没能从低地国家一带获得更多的这种鱼深感遗憾。他尤其爱吃鳝鱼饼……"

公元 1554 年，教皇尤里乌斯三世特许查理免除斋戒，甚至允许他在行圣礼时仍可在早上不守斋戒。

饮食与治疗，变成主要的事情。他一直没有养成读书的习惯，但他像一位描述者所描述的那样发表一些"优美而绝妙的评论"。他喜欢摆弄机械玩具，喜欢听音乐和布道，有时也关心国事，但这不过是他的消遣罢了。他与皇后感情很深，皇后的逝世，使他的心神转向宗教。他的宗教十分死板，注重仪式。每逢四旬斋期的星期五，他总要怀着虔诚的信念和修道士们一起鞭打自己，直至出血。这种苦刑和痛风病，使查理释放了出于政治的考虑而压抑的对宗教的热情。巴利亚多里德附近出现了新教徒时，他十分震怒："告诉宗教法庭的庭长和他的议会，一定要忠于职守，在罪恶蔓延之前，用斧头把它连根斩断。"尽管他有这样的疑问：对这类罪犯我们不通过一般审讯也不加同情是否正确？但他还是认为："一旦这些犯人得到了宽恕，就会有机会重新犯罪。"他还以自己在荷兰的行动为例，宣布："执迷不悟者烧死，悔悟者斩首。"

几乎可以成为他在历史上的地位和所扮演的角色象征的是他对于葬礼的过分关注。他似乎有种直觉，觉得欧洲某些伟大的东西已经死去，非常需要举行葬礼对未偿还的一切画上句号。他不仅参加在于斯特举行的每一次真正的葬礼，而且他还为不在场的死者举行仪式。他就曾在妻子逝世的周年忌日，为纪念她而举办了一次葬礼仪式，最后，他为自己举行了葬礼。

"小礼堂的四周挂着黑幔，虽然有千百支蜡烛，发出的烛光尚不足驱散黑暗。教会的信徒个个身着正装，皇帝的所有家属也身穿黑衣，陷入深深的悲痛之中，围绕在教堂中央一个蒙着黑布的灵柩周围。接着，葬礼仪式开始了。在修道士的哀悼声中，人们替离去的亡灵祈祷，祝愿他进入天国。当主人死亡的样子出现在他们的脑海中时——或许他们是被感动了，又或者是对主人表现出来的懦弱表示怜悯，悲哀的侍从禁不住放声大哭。裹在深色斗篷里的查理手持一根点燃的蜡烛，夹在家属当中，做自己葬礼的旁观者。最后，他把蜡烛递给教士，表示他把自己的灵魂交给了万能的神。这次悲哀的丧礼就这样结束了。"

在这次假葬礼后不到两个月，查理死了。神圣罗马帝国短暂的辉煌，也同他一起消逝了。他的领土早已分给了弟弟和儿子。神圣罗马帝国以一种衰弱、将死的状态一直撑到了拿破仑时代。直到今天，它的未被埋葬的传统，仍毒害着政治的空气。

# ◆ 第 51 章　政治实验的时代：欧洲的君主制、议会制和民主制 ◆

拉丁教会崩溃了，神圣罗马帝国也彻底衰落了。公元 16 世纪以来的欧洲历史，是人们在黑暗中摸索新的、更好的适应新形势的统治方式的历史。在古代世界的漫长岁月中，朝代甚或是统治的民族和语言在更替，但是君主和教会的统治方式却保持着相当的稳定性，日常生活方式则更加稳定。在公元 16 世纪以后的近代欧洲，朝代的更替已经不再重要，历史的兴趣集中在广泛和日益多样的政治和社会组织的实验上。

如前所述，公元 16 世纪以来的世界政治的历史是一种努力，是一种下意识的努力，是人们为了适应已经出现了的新形势而改变政治和社会组织方式所做的努力。这种努力往往因为情况本身的迅速变化而变得复杂。这种下意识的、往往是不情愿的变化（因为人们总的来说不喜欢主动的变化）越来越落后于形势的变化。公元 16 世纪以来的人类历史，就是一部政治与社会制度越来越不平衡的历史，是一部更加不安、更加繁琐的历史，也是人们面临前所未有的新的需求和可能性，缓慢犹豫地意识到有必要对人类社会整体模式进行有意识的、深思熟虑的改造的历史。

在人类状况的变化中，是什么打破了伴随着由野蛮民族的征服带来的周期性更新已经在欧洲旧世界中以一种特定的节奏控制人类生活万余年的帝国、牧师、农民和商人之间的平衡？

变化是多种多样的，因为人类事务本来就是特别复杂的。但是主要的变化似乎都可以归结为一点：即关于事物本质的知识的增长与扩展。这些知识最初由一小群知识分子所掌握，传播得很慢。但在最近的500年中非常迅速地传播到越来越广泛的人群中。

人类生活所发生的变化中，也有很多是因为人类精神生活的变化所引起的。这些变化伴随着知识的增长和扩展而不断发生，同时与知识发生着微妙的联系。人们的生活越来越倾向于不再把生命看作是满足人类普遍的、基本的欲望和享乐，而是倾向于在更广泛的生活中去参与、去探求、去做出贡献。这是佛教、基督教、伊斯兰教等这些在过去二十多个世纪中传遍世界的伟大宗教的共同特征。它们作用于人类的精神，这是那些古老的宗教所无法做到的。它们完全不同于那些被它们部分改造或取代的、以教堂和牧师为中心的、有迷信血祭的古老宗教。它们逐步发展了个人的自尊心和对人类共同事业的参与心和责任感，这是在古代文明中所不存在的。

政治和社会生活领域第一个大的变化是古代文字的简化和广泛应用，这使更大的帝国和更广泛的政治谅解成为可能和必然。第二个变化是马以及后来骆驼成为运输工具和陆地上发现铁，促进了车辆的使用、道路的扩展以及军事能力的提高。接着发生了深刻的经济变动，这是由于货币的出现，以及由于这种便利而危险的契约方式而发生的债务、所有权和贸易的本质的变化所导致的。帝国在大小和范围上不断扩展，人们的思想也同样得到了相应的发展。地方神的消失，神权统治时代的开始，伟大的世界性宗教的教义开始出现，详细的历史和地理记载也开始出现，人类第一次意识到自己的蒙昧时代和对知识的第一次系统的研究也从此开始。

在希腊和亚历山大时期开展的科学进程曾一度中断。日耳曼野蛮民族的袭击、蒙古民族的西侵、宗教改革的震动以及大瘟疫都给政治和社会秩序造成了巨大的损害。当文明从冲突和混乱中重新恢复过来时，奴隶制已不能作为经济生活的基础了。第一批造纸厂的建立通过印刷品为收集信息、加强合作提供了新的媒介。渐渐地，在各处，对知识的研究和系统的科学进程又重新恢复。

这样，公元 16 世纪以后，作为系统思考的必然产生的副产品，不断出现大量的发明创造，影响着人与人之间的交流与互动。他们往往加强了活动的范围，加大了互相的利益或伤害，加强了合作，并且这些来得越来越快，人们的思想并没有对这一切做好准备。直到公元 20 世纪初的大灾难加快了人们的思想发展之前，历史学家们几乎找不到为应付在不断发展的发明浪潮的影响下产生的新情况而做出的有才智、有计划的尝试。最近 4 个世纪的人类历史就好像是一个被监禁的熟睡者，当囚禁和庇护他的监狱着火时只是笨拙不安地动一动，根本不会醒来。他将火的噼啪声和温暖混入到原来混乱的梦境中，不像是一个清醒者能够意识到危险和机会。

正因为历史并不是个人生活的历史，而是关于全社会生活的记载，因此，那些在历史上有重要影响的发明必然是影响人类交往的发明。在公元 16 世纪出现的新事物中，最值得注意的就是印刷品以及应用罗盘的适于航海和远洋航行的船只的出现。前者普及、扩展并改革了教育、公共信息、讨论以及政治活动的基本组织，后者使整个世界联为一体。但是同样重要的是枪炮和火药的使用和改进。这最初是公元 13 世纪由蒙古人带到西方的。它破坏了城堡中的贵族和有围墙的城市实际上的豁免权。枪炮将封建制度一扫而空。君士坦丁堡被炮火攻陷，墨西哥和秘鲁也是在西班牙炮火下屈服的。

公元17世纪，系统的科学出版物有了很大的发展，虽然并不显著但却是富有意义的创新。在这伟大进步过程的领导者中，成就显著的是在维鲁拉姆大法官之后的英国大法官弗朗西斯·培根（公元1561年至公元1626年）。他是另外一位英国人、卡切斯特的实验哲学家吉尔伯特（公元1540年至公元1603年）的学生，并可能是他的代言人。这一位培根和前一位培根一样，鼓吹观察和实验。在他的乌托邦式的故事《新大西洋》中，他以令人鼓舞的丰富形式，表达了他献身科学的理想。

不久，伦敦皇家学会和佛罗伦萨学会成立了，其他奖励研究、出版、知识进步的国家团体也相继成立。这些欧洲的科学团体不仅成为无数发明的源泉，而且成为猛烈抨击几个世纪以来统治和摧残人类思想的荒诞哲学思想的中心。

尽管公元17、18世纪并没有出现像印刷品和航海船只这样能迅速改变人类生活状况的发明，但是稳定的知识和科学能力的积累在公元19世纪结出硕果。对世界的探索和地图的绘制仍在继续。塔斯马尼亚、澳大利亚和新西兰在地图上出现。公元18世纪，在英国，煤炭已应用到冶金技术中。这大大降低了铁的成本，并且与过去的木炭冶金相比，增加了铸造和使用更大的铁的可能性。现代机器制造的黎明来到了。

如天国之树一样，科学也在不断地发芽、开花、结果。到公元19世纪开始结出科学的果实（事实上今后可能永远不会停止）。首先出现的是蒸汽机、钢铁、铁路、大型的船只、巨大的桥梁和建筑以及几乎万能的机器。人类的任何物质需求似乎都能够得到满足。

然而更加奇妙的是，电子科学这一隐秘的宝藏也开始向人类敞开大门。

前面我们曾将公元16世纪以来的人类政治和社会生活比作一个在关押他的牢房失火时仍在做梦的昏睡着的犯人。公元16世纪的欧洲人仍在继续着他们的拉丁帝国梦，统一在天主教会下的神圣罗马帝国梦。但是，正如一些不可控的因素会给我们的梦插入一些最荒谬最具破坏性的注解一样，当英格兰的亨利八世和路德将天主教撕成碎片时，在这样的梦中我们会看见皇帝查理五世昏睡的脸和贪吃的胃。

到了公元17、18世纪，这样的梦就成为个人的君主国。这一时期几乎整个欧洲历史都在呈现出变化：努力巩固君主制，使其变得更彻底并向更虚弱的临近地区扩展。随之出现了反对王权的勒索和干涉的坚决抵抗，这首先来自于地主。其后，随着国际贸易和国内工业的发展，又出现了新涌现出的贸易和有产阶级的反抗。双方都没有取得彻底的胜利，在这里国王取得了优势，而在那里则是私有财产者战胜了国王。有时，国王在他的国界里成为太阳和中心，而其边界上就存在着由强硬的商人阶级统治的共和国。变化的范围是如此广泛，这表明这一阶段的各种不同的政府形式有着强烈的试验性和地方色彩。

在这些国家上演的戏剧中，一个非常普遍的角色就是大臣，在天主教国家则是主教。他们站在国王的背后，为其服务，并通过这种不可缺少的服务支配着国王。

由于篇幅的限制，我们不能对这些国家上演的各种戏剧进行细致的描述。荷兰的商人加入了新教并支持共和制，摆脱了皇帝查理五世的儿子、西班牙的菲利普二世的统治。在英格兰，亨利八世和他的大臣沃尔西、伊丽莎白女皇和她的大臣伯利奠定了专制主义的基础，结果却断送在愚蠢的詹姆斯一世和查理一世的手上。查理一世因叛国罪被推上断头台（公元 1649 年），这成为欧洲政治思想的一个新的转折点。在一段时期内（直到公元 1660 年），不列颠实行了共和制。王权很不稳定，更多地受到议会的控制。直到查理三世（公元 1760 年至公元 1820 年）时期为恢复统治做出了不懈的努力，并取得了部分的成功。与此相反，法国的国王是欧洲所有国王中完善君主制最成功的一位。两位伟大的大臣，黎塞留（公元 1585 年至公元 1642 年）和马萨林（公元 1602 年至公元 1661 年）在这个国家树立了王权的权威，而这一过程也得到了被称为“大君主”的国王路易十四长期统治和非凡才能的帮助。

路易十四确实是欧洲君主的典型。在其权力范围内，他是一个罕见的有能力的国王，他的野心比他的激情更加强烈。他以一种至今仍令我们敬佩的精心树立的尊严和霸道的外交政策相混合的方式，最终将国家引向破产。他的短期目标是巩固法国，并将领土扩展到莱茵河和比利牛斯山，吞并西属尼德兰；他的长远目标是使法国的国王成为重建的神圣罗马帝国中查理大帝的可能继任者。他把行贿看作是甚至比战争更重要的国策。英格兰的查理二世就曾被他收买，同样，大部分波兰贵族也被收买，这将在以后介绍。他的钱，确切地说法国纳税阶级的钱被送往世界各地。但是在他心中最重要的就是风光。他的宫殿凡尔赛宫及其客厅、走廊、镜子、阳台、喷泉、花园和景观，都成为全世界羡慕和赞赏的对象。

他引起了全世界的仿效。欧洲各国的国王和王侯纷纷建立自己的凡尔赛宫，几乎超越了他们的臣民和信贷所允许的范围。各地的贵族都将他们的城堡重建或扩大成新的样式。精美的纺织品工业和家具业得到巨大的发展，奢华的艺术品到处流行。雪白的雕刻品、彩色的瓷器、镀金的木器、铁制品、印花皮革、各种音乐、壮丽的绘画、精美的印刷品和装帧、巧妙的烹饪、上等的葡萄酒，到处都是。在镜子和精美的家具中间，穿梭着被称为“绅士”的奇怪的一群人。他们戴着高高的扑了粉的假发，穿着带花边的丝绸，靠着手里令人惊讶的拐杖的支撑在红色的高跟鞋上寻求着平衡。更奇妙的是那些所谓的“贵妇人”，扑了粉的头发高高梳起，穿着由金属支架支撑起来的蓬大的丝绸衣裙。在他们中间是装模作样的伟大的路易十四。他自诩为世界的太阳，并没有意识到那些消瘦、愤怒、痛苦的脸正在他的阳光所照射不到的低矮阴暗处注视着他。

在这个君主制和各种政体试行的时代里，德国人民在政治上仍然是分立的，但仍有大量的王公贵族在不同程度地模仿着凡尔赛宫的奢华。三十年战争（公元 1618 年至公元 1648 年），即德国、瑞典和波希米亚之间为了争夺政治优势而进行的破坏性的战争，使德国元气大伤达 1 个世纪。从地图上我们可以看到战争结束后，根据威斯特伐利亚和约所进行的疯狂瓜分。我们看到的是王国、公国和自由政权的混合体，一部分在帝国内，一部分在帝国外。读者应注意到，瑞典的势力已经深入到德国。除了帝国境内的几块岛屿外，法国还远在莱茵河彼岸。在德国的各部分中，普鲁士王国（公元 1701 年成为王国）正稳步地崛起，并取得了一连串战争的胜利。普鲁士的弗里德里希大帝（公元 1740 年至公元 1786 年）在波茨坦修建了自己的凡尔赛宫，在那里，他的大臣说法语，读法国文学，并与法国国王的文化竞争。

公元 1714 年汉诺威选帝侯成为英国国王。这使部分在帝国内，部分在帝国外的君主政体的名单中又增加了一个。

查理五世的后裔中，奥地利的一支仍保持着皇帝的称号，西班牙的一支也是如此。但是此时东方又出现了一个皇帝。君士坦丁堡失陷后，莫斯科大公伊凡大帝（公元 1462 年至公元 1505 年）自称是拜占庭帝国的继承人，并采用了拜占庭的双头鹰作为他军队的徽章。他的孙子伊凡四世，即暴君伊凡将王朝命名为恺撒（俄语中为沙皇）。但直到公元 17 世纪后半期，在欧洲人的心目中才改变俄国是偏远的亚洲国家的印象。沙皇彼得大帝（公元 1672 年至公元 1725 年）将俄国带入了西方事务的舞台。他在涅瓦河边为他的帝国建立了新都圣彼得堡，这成为俄国与欧洲交流的窗口。他在 18 千米外的彼得霍夫建起了自己的凡尔赛宫。他聘请了一位法国的建筑师，设计了露台、喷泉、瀑布、画廊、花园甚至所有人们能想象得到的一个大的君主国应该有的东西。俄国也像普鲁士一样，法语成为宫廷用语。

位于奥地利、普鲁士和俄国之间的是不幸的波兰王国。这是一个由大地主统治的病态组织的国家。他们太吝惜自己的权威，只给他们选出的国王以名义上的王权。除了法国曾试图维持波兰为独立的联盟外，它的命运最终是被三个邻国所瓜分。瑞士在当时是一个共和制郡县的集团；威尼斯是一个共和国；意大利和德国一样，分裂为一些小的公国和王国。主教像国王一样统治着国家，但是因为害怕失去天主教王国的联盟而不再干涉他们的内政，也不再提醒世人基督教国家的联盟。事实上，欧洲已根本不存在共同的政治观念。它们所拥有的，只是分裂和差异。

所有这些主权王国和共和国计划着向彼此扩张。每一个国家都奉行着侵略邻国和结成侵略性联盟的“外交政策”。今天的欧洲人仍然生活在多种主权国家共存的最后阶段，仍然受到由此而产生的憎恨、敌意和猜忌的伤害。对于一个现代知识分子来说，当时的历史变得越来越明显像是“闲谈”，越来越没有意义和乏味。你会发现，这个国王的情妇如何引起这场战争，而那个大臣对另一个大臣的嫉妒如何引起那场战争。贿赂和竞争的无聊故事令有头脑的学生感到厌恶。更有永久意义的事实是：尽管有着大量国界的阻碍，知识和思想仍在传播和增长，发明也在增加。公元 18 世纪涌现出大量怀疑和批评当时的朝廷和政策的文学作品。例如在伏尔泰的《老实人》一书中，我们可以感受到他对欧洲出现的混乱的极度厌倦。

# ◆ 第 52 章　欧洲人在亚洲和海外的新帝国 ◆

当中欧正处于分裂和战乱纷争时，西欧的人民尤其是荷兰人，斯堪的纳维亚人、西班牙人、葡萄牙人、法国人和英国人，已经跨越海洋，将他们之间的斗争扩展到整个世界。印刷机已经把欧洲政治思想溶解到一个大的、最初很不稳定的概念之中，而另一项伟大的发明——远洋航船，极大地将欧洲人经验的领域扩展到大洋彼岸。

荷兰人和北大西洋的欧洲人海外定居的最初目的并不是为了殖民，而是为了贸易和采矿。西班牙人是最早登上这片土地的人，他们对外宣称自己拥有整个美洲新大陆的统治权。然而，不久以后，葡萄牙人也要求统治这个新大陆。于是教皇——这也是罗马教廷最后一次行使世界主宰者的权力——把这块新大陆分给了两个捷足先登者：将巴西以及佛得角群岛西部 370 里以东的所有部分都交由葡萄牙统治，而所有剩下的部分归属西班牙（公元 1494 年）。当时，葡萄牙人还不断将自己的海外事业向南向东扩展。公元 1497 年，瓦斯克・达・伽马从里斯本出发，绕过好望角到达莫桑比克，然后到达印度的卡利卡特。公元 1515 年，葡萄牙人的航海船到达了爪哇和摩鹿加群岛，他们就在印度海岸周围和附近建立贸易区并保卫它。莫桑比克、果阿和印度的两块较小的地区，中国的澳门（译者注：

中国政府已于公元1999年收回）和帝汶岛的一部分，至今还在葡萄牙人的统治之下。

因教皇的决定而被排除在美洲之外的国家，并不承认西班牙和葡萄牙的特殊权利。英国人、丹麦人、瑞典人，以及后来的荷兰人，都开始群起瓜分北美和西印度群岛。连最忠实于天主教的法国国王，也同新教国一样忽视教皇的命令。欧洲的战争不知不觉转移到这种要求和占有。

在争取海外霸权的长期战斗中，英国人成为最大胜利者。丹麦和瑞典深深地陷入了德国的动乱争执中，难以保持一支强有力的海外探险队。瑞典还因为信奉新教的国王——“北方之狮”古斯达夫·阿道夫在德国战败而元气大伤。荷兰人趁机夺取了瑞典人在美洲的小块殖民地，但由于他们要留神近在咫尺的法国军队，所以也不能成为英国人的对手。在远东，加入争夺的主要国家是英国、荷兰及法国，而争夺美洲的主要国家是英国、法国及西班牙。英国有着被誉为“银带”的英吉利海峡，所以在欧洲占有海上优势。他们是最少受到拉丁帝国传统束缚的国家。

法国人对在欧洲的利益考虑过多。整个公元18世纪，为了控制西班牙、意大利及德国矛盾的局面，法国失去了在西方和东方扩张的机会。公元17世纪英国宗教和政治上的混乱，迫使大批英国人到美洲去寻求永久居住地。他们在那里扎根，人口不断增长，使得英国在美洲的殖民斗争中占有极大优势。公元1756年和公元1760年，英国人从法国人手中夺去他们在加拿大和美洲的殖民地。几年之后，在印度半岛的英国贸易公司发现自己完全胜过了法国、荷兰和葡萄牙。巴贝尔、阿克拜和他们的后裔所统治的帝国，此时早已衰败不堪，实际上是被英国的一个贸易公司——英国东印度公司所统治。这是人类征服史上一段最令人惊奇的传奇故事。

东印度公司最初只不过是在伊丽莎白女王时代一个由几个海外冒险者所组成的公司。渐渐的，他们被迫建立军队，武装他们的船只。现在，这个有着获取利益的传统的贸易公司，发现自己已不仅仅满足于处理那些香料、染料、茶叶和宝石贸易，而开始干涉王公们的税收和领土，甚至干涉印度的命运。他们是来做生意的，但他们发现自己竟开始了可怕的海上抢劫。没有任何人来挑战他们的行为。所以东印度公司的船长、指挥官、官员，不仅如此，甚至一般职员和兵卒都能在海上进行劫掠，并携带大量掠夺来的财富返回英国，就不是什么奇怪的事了。

当人们处于这样一种情况下，即有这样一片辽阔和富饶的土地上任由他们摆布的时候，很难分辨他们该做什么不该做什么了。对他们来说，这是奇异阳光下的一片奇异的土地；这里的棕色人种是异类，不值得他们同情；这里神秘的庙宇是维持他们怪异行为的标准。这些军官和官员回到国内后，互相揭发对方的敲诈勒索和种种残酷行为，国内的人民对此很迷惑。国会投票通过了谴责克莱夫一案。他在公元1774年自杀而死。公元1788年，第二任印度总督沃伦·黑斯廷斯也受到了弹劾，但被无罪开释（公元1792年）。这是世界历史上前所未有的奇事。英国国会发现他们统治着一家伦敦贸易公司，而这家公司又统治着一个帝国，而这个帝国比所有大英帝国统治的地方都更辽阔、人口更加众多。对于大多数的英国人来说印度是遥远、神奇、几乎无法到达的国家。许多贫困的青年冒险前往，多年后当他们回来时，已成为一个富有而脾气暴躁的老绅士了。英国人民很难想象在东方的阳光下，那无数的棕色人民的生活是怎样的。他们的想象力也拒绝这样的任务。印度仍保持着浪漫的虚幻。因此，英国人不可能对公司的行为实行任何有效的监督和控制。

正当西欧诸国在世界的各大洋上，为争夺那些梦幻般的海外帝国作战时，亚洲也在进行着对两大片土地的征服战争。公元1360年，汉族人脱离了蒙古人的统治，建立明朝，国势昌盛，直至公元1644年。后来，女真人进入北京，其统治一直延续到公元1911年。与此同时，俄罗斯也向东发展，逐渐成为国际事务中一支重要的力量。这支既不完全属于东方也不完全属于西方、处于旧世界中心地区的伟大力量的崛起，对人类的命运来说是最重要的事件之一。俄罗斯的扩张，很大程度是靠一个叫哥萨克的信奉基督教的草原民族进行的。它建立起了西方的波兰、匈牙利两个封建农业国家与东方鞑靼人之间的屏障。哥萨克是欧洲东部的野蛮民族，在许多方面都和公元19世纪中叶美国西部荒原地区的野蛮民族相似。所有在俄罗斯待不下去的人，如罪人、被放逐的无辜者、异端分子、叛乱的农奴、盗贼、流氓、凶手等，都到南方广阔的草原寻求庇护，在那里开始自己的新生活，并为了生命和自由同波兰人、俄罗斯人以及鞑靼人等作战。当然从东方来的鞑靼亡命之徒也加入了哥萨克这兼容并包的团体。渐渐地，这个边缘的民族被并入俄罗斯帝国的军事力量，就像苏格兰高原民族被英国政府编成自己的部队一样。亚洲的新大陆出现在他们面前。他们成为对付日渐衰落的蒙古游牧民族的武器，最初是在土耳其，后来又越过西伯利亚直到黑龙江。

很难解释公元17、18世纪蒙古人的彻底衰落。自成吉思汗和帖木儿以后，短短的两三个世纪中，中亚竟从世界的霸主沦落到政治上毫无影响力的地步。气候的变迁，史书上没有记载的瘟疫、疟疾等传染病，可能都在这次中亚人民的衰退中起到了一定的作用——

不过从世界历史范围来看，这大概只是一次暂时的退步。一些学者认为，从中国传入的佛教教义，也对他们发生过感化作用。总之，公元 16 世纪时，蒙古人不但没有向外扩张，反而受到东方的中国和西方的俄罗斯的侵略、征服和驱赶。

整个公元 17 世纪，哥萨克不断从欧洲的俄罗斯向东推进，哪里能找到适合农耕的土地，他们就在哪里定居。他们建筑碉堡、兵营，作为他们定居地变动的南方边界。在东北方，因为没有边界，俄罗斯一直把自己的领土推进到太平洋。

# ◆ 第 53 章　美国的独立战争 ◆

公元 18 世纪六七十年代，呈现在我们面前的，是欧洲再一次出现显著的不稳定景象，不再有统一的政治和统一的宗教观念。然而，通过由印刷的书籍、地图以及新的航海船激起的无边的想象力，使人们在这种混乱、竞争的情况下，依然可以控制世界上所有的海岸。进取心的无计划的、不连贯的爆发，取决于暂时的、甚至是偶然的超过其他人类的优势。正是通过这些优势，这片新的、仍然大部分荒芜的美洲大陆上，住满了主要从西欧来的人们，而南非、澳大利亚和新西兰也作为欧洲人未来的家园被占据。

促使哥伦布到美洲，达·伽马到印度的本来动机，是自古以来所有水手的永恒的第一动力——贸易。到人口稠密、物产丰富的东方进行贸易的动机仍是主要的，并且欧洲的殖民者是商业殖民者，欧洲居民的梦想，是回到本国去消费他们赚取的钱财。而对于到美洲的欧洲人来说，生产力极为低下让他们发现了一个新的坚持下来的诱因，即寻找金矿、银矿。西属美洲尤为盛产白银。到美洲去的欧洲人不仅有武装的商人，还有淘金者、开矿者、自然物资勘探者，不久之后还有农耕者。在北方，他们征收毛皮。由于开矿和种植必须定居，他们迫使人民在海外永久定居。最终，出于多种原因，如公元 17 世纪初英国清教徒为了逃避宗教迫害而来到新英格兰，公元 18 世纪奥格尔索普把因负债坐牢的罪犯遣送到佐治亚，公元 18 世纪末荷兰把孤儿送到好望角，许多欧洲人干脆自己渡过海洋来寻找美好的家园。到了公元 19 世纪，尤其是轮船出现以后，欧洲人潮水般地涌入美洲和澳洲这两个新大陆。这股移民潮持续了数十年之久，达到了一个非常大的移民比率。

就这样，出现了永久的欧洲海外人口。欧洲文化也传播到了比其发源国更为广阔的土地上。这些海外新团体把一些已有的文明带到新大陆上来，不过这种文明的发展正如它本身所体现的那样，是既无计划性又无预见性的。欧洲的政策制订者并没有预见到这一点，对它们的处理方式没有任何思想准备。殖民地人民已经发展出对独立的社会生活的渴望，很长时间以后，欧洲的政治家和大臣们仍把新大陆当作远征的殖民地、国家收入的源泉、“领土”及“属地”。甚至在殖民地的人口向内陆发展，摆脱了来自海洋的任何有效的惩罚措施以后，欧洲人仍把他们看作是母国无能的属民。

我们必须记住，直到进入公元 19 世纪，这些海外帝国之间的联系全靠海上的船只。陆地上最快捷的方式仍然是骑马，陆地上政治组织的团结及统一仍然受到马车交通的局限性限制。

公元 18 世纪六七十年代末期，北美洲北部的三分之二领土属于英国。法国已经放弃了美洲。除了巴西属于葡萄牙，一两个小岛和小片领土属于法国、英国、丹麦和荷兰之外，佛罗里达、路易斯安那、加利福尼亚以及整个南美地区，都属于西班牙。最先证明帆船不足以把海外人口维持在一种政治系统下的，是缅因及安大略湖以南的英属殖民地。

这些英属殖民地的来源和性质都很不相同。居民中不仅有英国人，还有法国人、瑞典人和荷兰人。马里兰的英国人信天主教，新英格兰的英国人则是激进的新教徒。一方面新西兰的移民们耕种自己的土地，公开谴责奴隶制度；另一方面，弗吉尼亚和南方的种植园主却日益增加对黑人奴隶的使用。在各州之间没有天然的普通的联系，从一州到另一州去，可能意味着必须沿海岸航行，这几乎与横渡大西洋没什么区别。不同的来源和自然条件否定了联盟的产生，但是由于在伦敦的英国政府的自私和愚蠢，使他们被迫联合起来。他们要纳税，但却没有关于应用这些税收的任何解释；他们的贸易被奉献给英国的商业利益；英国政府继续进行能够获得暴利的奴隶贸易，全然不顾弗吉尼亚人民的反对——虽然他们非常愿意保有和使用奴隶的——他们担心遭到日益增加的野蛮的黑色人种的反抗。

当时，英国正滑向更为专制的君主政体，乔治三世（公元 1760 年至公元 1820 年）的顽固性格，更加剧了本国与殖民地人民之间的矛盾冲突。

冲突是由一项立法引起的。这项立法偏袒东印度公司而损害了美洲船主的利益。按照新条例规定运到美洲的三船茶叶，在波士顿港口被一队乔装的印第安人扔进了海里（公元 1773 年）。公元 1775 年，当英国政府企图在波士顿附近的莱克星顿逮捕两个美国领袖时，战争爆发了。英国人在莱克星顿开了第一枪；第一次战争却是在康科德发生的。

美洲的独立战争就这样开始了。尽管有一年多的时间，英国移民都表示不愿切断他们和母国的联系。直到公元 1776 年 6 月，起义各州代表召开的会议发表了《独立宣言》。与当时美洲殖民地的许多领袖一样，乔治·华盛顿拥有一支在与法国人交战中得到训练的军队，因此被推选为全国的总司令。公元 1777 年，一位英国将军伯戈因企图从加拿大进军纽约，途经弗里曼斯农场时被击败，并被迫在萨拉托加投降。同年，法国和西班牙向英国宣战，大大妨碍了英国的海上交通。公元 1781 年，康沃利斯将军统率的英国军队在弗吉尼亚的约克敦半岛被包围，被迫投降。公元 1783 年，在巴黎签署了停战协议，从缅因到佐治亚的 13 个州组成了一个独立的、拥有主权的州的联盟，美国宣告成立。不过在加拿大，英国国旗仍在飘扬。

在 4 年的时间里，这些州只有一个借助联邦条约维持着的非常软弱的中央政府。他们似乎注定要分裂成相对独立的团体。但是考虑到英国的敌意和法国某种程度的侵略，分裂被推迟了。一旦分裂，立刻就会出现危险。公元 1788 年，宪法得到了通过，于是成立了一个更为有效的联邦政府，并有一个握有大量权力的总统。微弱的国家统一意识，也在公元 1812 年与英国第二次战争时得到改善。然而，各州覆盖的范围如此辽阔，而当时各州之间的利益如此不同——如果不是后来交通变得方便起来——以致同盟崩溃并分裂成诸如欧洲各国一样大小的许多国家，仅仅是一个时间问题。对于边远各州的议员来说，出席在华盛顿召开的会议是一个漫长、沉闷而又不安全的旅行。此外，在公共教育和普通文化知识的传播中，机械的障碍事实上是不可逾越的。但是能和分裂相对抗的各种力量，也正在世界各地发挥着作用。蒸汽轮船出现在内河，铁路和电报也相继出现。它们把美国从分裂中拯救了出来，把散漫的人民再次结合起来，使美国成为第一个现代化的大国。

22 年以后，美洲的西属殖民地也效仿美国十三州，与欧洲脱离了关系。不过由于它们散布于大陆各处，受到山脉、荒原、森林和葡萄牙属巴西帝国的隔阻，所以始终没能联合起来，而是成立了一个个独立的共和国。在初期，各国之间经常发生战争和革命。

巴西则是通过另一条途径走上了不可避免的独立道路。公元1807年，拿破仑率领法国军队占领了母国葡萄牙，葡萄牙国王逃到巴西避难。从那时开始一直到巴西独立，与其说巴西是葡萄牙的属地，倒不如说葡萄牙是巴西的属地。公元1822年，巴西宣布成为独立的帝国，由葡萄牙国王之子彼得一世统治。但是新世界并不赞成君主政体。公元1889年，巴西的皇帝被暗中遣回欧洲，从此巴西联合国就和其他美洲国家一样，走上了共和之路。

# ◆ 第 54 章　法国革命和君主制在法国的复辟 ◆

英国失去美洲的十三个殖民地以后，法兰西王国的中心也发生了一次深刻的社会和政治动乱。这次革命更加生动地提醒欧洲人：世界上的一切政治安排其本质上都是暂时的。

我们曾讲到，法国的君主政体是欧洲各君主专制政体中最为成功的。它受到一些竞争的小宫廷的仿效和羡慕。但是它的繁荣是建立在不正义之上的，这最终导致它戏剧性的瓦解。尽管它绚烂辉煌、敢作敢为，但是它对平民的生命和财产造成了浪费。牧师和贵族通过免税政策可以避免交税，这就将国家的全部负担都压在了中、下层阶级的肩上。农民们承受着税负的折磨，中等阶级受到贵族阶级的支配和羞辱。

公元 1787 年，法国国王发现自己已经破产，被迫召开各阶级的代表大会，来商议解决由于收入不足和支出过度所造成的混乱。公元 1789 年，由贵族、教士和平民组成的，大致相当于英国议会的早期形式的三级会议在凡尔赛召开。这种会议自公元 1610 年以来从未召开过。因为这段时间，法国一直是彻底的君主专制制度。现在，人民发现了表达自己长期压抑的不满情绪的方式。三个等级之间很快就爆发了一场争论，原因在于第三等级，即平民决心控制三级会议。平民等级在这些辩论中获得胜利，三级会议改为国民议会。国民议会明确表示限制国王权力，就像英国议会限制英国王权一样。国王路易十六准备反抗，他从各省召集了军队。于是，革命在巴黎、在法国爆发了。

法国专制君主政体的瓦解非常迅速，阴森恐怖的巴士底狱被巴黎人民攻陷，起义迅速扩展到整个法国。在法国东部和西北部各省，许多贵族的城堡被农民烧毁，地契也被销毁，其所有者被杀掉或被驱逐。仅仅一个月，古老而腐朽的贵族制度就瓦解了。大量王侯和王后阵营的党羽都逃亡国外。巴黎和其他大多数大的城市都成立了临时政府。新的武装力量，即国民军，是一支专门抵抗国王的军队，也是由这些自治的团体建立起来的。人民要求国民议会建立一个适合新时代的新的社会政治制度。

这是将群众的力量发挥到极致的行动。它大大扫清了专制政府的不正义；废除了免税权、农奴制。贵族称号和贵族的特权，并寻求在巴黎建立君主立宪政体。国王放弃了凡尔赛宫和它的辉煌，在巴黎的杜伊勒里宫中维持一个缩小了的国家。

在两年的时间里，似乎国民议会建立了一个有效率的、现代化的政府。它的工作很多是有效的，并得以保留；而有些是实验性质的，不得不废除；也有一些是无效的。国民议会修改了刑法典，拷打、任意监禁、迫害异端都被废止。法国一些古老的省，如诺曼底、勃艮第等被划为80个郡。擢升到军队里最高官阶的机会，开放式地呈现在每一阶级的每一个人面前。一种完美而简单的法庭制度被建立起来，但是由人民选出的法官任期太短，使这一制度的价值受到很大损害。这使得民众从某种程度上成了起诉的最高法庭，法官们就像议会中的成员一样，被迫在舞台上表演。教会的全部大型财产都被国家没收，由国家管理；凡是不从事教育或慈善性质的宗教机构都被取缔；神职人员的薪金一律由国家支付。这件事对于下等的神职人员来说并不是一件坏事。与高级神职人员相比，他们的薪水确实太低。此外，国民议会还规定神父和主教通过选举产生。这一规定打击了罗马教会的根本思想，即教会中的一切事情都集中于教皇，所有的权威都是自上而下的。实际上，国民议会是要一举把法国教会变成新教教会，即使不是从教义上也至少是在组织上实现这一点。无论在什么地方，都有国民议会指定的牧师与忠于罗马的顽固牧师之间的争论与冲突。

公元 1791 年，法国君主立宪政体的实验突然结束，因为国王、王后同逃往国外的贵族和君主主义者合作，想采取一些行动。外国的军队也集合到法国东部边境。6 月的某个晚上，国王、王后和他们的孩子偷偷地从杜伊勒里宫中逃了出来，准备投奔外国人和被放逐的贵族。但是他们在瓦雷内被捕，并被遣送回巴黎。整个法国都爆发出爱国主义和共和主义的激情。共和政府宣告成立，接着便对奥地利和普鲁士宣战。国王受到审判，并像英国曾发生过的那样，以叛国罪被处死（公元 1793 年 1 月）。

紧接着，法国人民进入历史上一个奇特的时期。人们都热切地保卫法国、保卫共和制，对内对外都停止了妥协。在国内，一切的贵族和反叛势力都被摧毁；在国外，法国成为一切革命运动的保护者和支持者。他们想使全欧洲、全世界都变为共和国。法国青年纷纷加入共和国军队。一首奇妙的新歌传遍了整个大陆。那首歌至今还能像酒一样使人热血沸腾，那就是法国的《马赛曲》。唱着这支神圣的歌曲，法国的步兵纵队在猛烈的枪炮掩护下奋勇前进，将所有的外国军队赶了出去。公元 1792 年年底前，法国军队已经远远超过了路易十四所取得的成果。他们到处占领外国的领土。他们在布鲁塞尔驻军，侵占了萨瓦，袭击了美因兹，又从荷兰人手中夺取了斯凯尔特河。后来法国政府做了一件愚蠢的事情。他们处死了路易十六，激怒了英国。英国驱逐了法国的驻英使节，于是法国对英国宣战。这是很不明智的。虽然革命使得法国拥有一支摆脱了贵族官员统治的热情的步兵和辉煌的炮兵，但很多特别的状况使得他们的海军纪律遭到破坏，而英国在海上始终是处于优势地位的。在英国，最初还有人很同情法国革命的自由运动，但这一次的挑战，却使英国人团结一致反对法国了。

以后几年中，法国对欧洲联盟作战的情况，我们不能在此详细说明。法国把奥地利人永远赶出了比利时，使荷兰成了一个共和国。荷兰舰队被冰冻结在特塞尔岛，没有放一枪一炮，就向小小的法国骑兵队投降了。法国侵入意大利的行动曾一度中断，直到公元 1796 年，新上任的将军拿破仑·波拿巴又重新率领那些衣衫褴褛、饥肠辘辘的共和国军队，胜利地穿过皮埃蒙特，抵达了曼图亚和维罗纳。阿特金森曾作过如下的叙述：“最令盟军惊讶的是共和军的人数与速度。事实上，没有任何力量可以阻止这支临时的军队。不过，他们根本没有这些必要。如果这是一支职业军队，这些因素势必造成大量的逃兵事件，而对于公元 1793 年和公元 1794 年的法国士兵来说则是可以愉快地忍受的。这支前所未有的庞大军队要想保证足够的补给，实在是件不可能的事，但法军很快就习惯了‘就地补给’的办法。于是近代化的战争方式——以迅速的行动、国力的总动员、露营等为标志，于公元 1793 年诞生。这种战争方式——以慎重的行动、小规模职业性军队、帐篷、丰富的粮食以及诡计等为特点，形成了强烈的对比。前者代表了果敢的战斗精神，而后者代表了避免风险，重视小利益的精神。”

当这支衣衫褴褛的军队热情地唱着《马赛曲》为法国作战的时候，显然他们的思想中并不清楚，自己侵入他国，到底是为了掠夺还是为了解放那个国家。在巴黎，革命的热情以更加不光彩的方式被消耗着。革命运动此时掌握在一个狂热的领导人罗伯斯庇尔的手中。这个人很难做评价。他是一个身体虚弱、天性懦弱但自命清高的人。他有一种取得权势的最重要的天赋——信心。他下定决心要挽救他心中理想的共和国，而且他认为除了他自己没人能救得了它。因此保持自己的权力就是拯救共和国。共和国现存的精神，似乎只有对保皇党人的屠杀和对国王执行死刑才能活跃起来。当时有两股叛乱势力：一股在西部的旺代郡，那里的人民在主教和贵族的领导下，反对强行征兵，反对剥夺传统教派的财产；另外一股在南方，由里昂人和马赛人发起，土伦的保皇党人允许英国和西班牙两国在那里驻军。那时，除了继续杀戮保皇党人之外，似乎已没有更有效的回应方式了。

于是，革命的法庭开始运行，持续的屠杀开始了。断头台的发明恰好适合这种氛围。王后被推上断头台，大多数罗伯斯庇尔的反对者也都被推上断头台，连不信上帝存在的无神论者也被推上断头台。日子一天天过去，这种魔鬼似的新机器砍下的人头也越来越多。罗伯斯庇尔的统治似乎是靠鲜血维持的。这种需要越来越多，就像吸鸦片的人需要越来越多的鸦片一样。

公元 1794 年夏天，罗伯斯庇尔终于被推翻，他自己也被送上了断头台。接替他的是由五位成员组成的督政府，他们继续对外进行自卫战争，对内使法国维持了 5 年的统一。这 5 年的统治，构成了激烈变动的历史中一段奇特的插曲。他们很善于随机应变。宣传者的革命热情又把法国军队带到了荷兰、比利时、瑞士、德国南部和意大利北部。他们所到之处，国王被废除，共和政体被建立起来。但是，这种鼓舞了督政府的宣传热情，并没有阻止法国军队通过劫掠被解放民族的财产来减轻法国政府的财政困境。他们的战争越来越不像是为了自由而进行的圣战，越来越像旧制度下的侵略战争。法国所愿意放弃的君主专制的最后一个特征，其实就是它对外一直在执行的政策。人们发现，事实上，督政府的对外政策与革命前一样，毫无改变。

此时法国出现了一位令法国和世界都遭遇不幸的人物。他继承了法国传统的“个人主义精神”，并把它发扬光大；他给法国带来了十年的荣誉，也给法国带来了最后的失败的耻辱。这个人就是曾经为督政府率领军队在意大利取得胜利的拿破仑。

在督政府执政的5年间，拿破仑为自己的升迁进行计划和努力。渐渐地，他登上了权力的顶峰。他的理解力极为有限，但却有着近乎冷酷的直觉和过人的精力。他作为罗伯斯庇尔派中的一个激进分子开始了他的政治生涯，并据此获得了他的第一次升迁，但当时他并没有掌握在欧洲发生作用的新力量。他，最大的政治想象力使他拥有一个不合时宜的愿望，就是恢复伟大的西方帝国。他想方设法破坏旧神圣罗马帝国的残余，试图用一个以巴黎为中心的新帝国来代替它。这样，维也纳的皇帝就不再是神圣罗马帝国的皇帝，而只是奥地利的皇帝了。为了与一位奥地利的公主结婚，他和自己的法国妻子离婚了。

公元1799年，拿破仑就任第一执政官，实际上成为法国的君主。到公元1804年，他效仿查理曼的做法，使自己成为法国的皇帝。教皇在巴黎为他举行了加冕典礼，但他遵照查理曼当年的教导，从教皇手中夺下皇冠，亲手戴到了自己的头上。他的儿子则成了罗马的国王。

在起初的数年中，拿破仑的统治是成功的。他征服了意大利和西班牙的大部分领土，又打败了普鲁士和奥地利，统治了俄罗斯以西的整个欧洲。但是他始终未能从英国人手中夺取海上的支配权。他的军舰曾在特拉法尔加被英国将军纳尔逊彻底击败（公元 1805 年）。西班牙也在公元 1808 年起来反抗拿破仑，而威灵顿所统率的英国军队又渐渐地迫使法国向北退出半岛。公元 1811 年，拿破仑和沙皇亚历山大一世发生冲突，他于公元 1812 年率领 60 万大军侵入俄国，结果被俄国人极其寒冷的冬天所击败，并遭到极大的破坏。德国起来反抗他，瑞典也起兵反抗他。法军被击退后，拿破仑在枫丹白露退位（公元 1814 年）。他被流放到厄尔巴岛。公元 1815 年，他回到法国做最后的努力，但被英国、比利时、普鲁士的联军在滑铁卢打败。公元 1821 年，作为英国俘虏，他在圣赫勒拿岛死去。

由法国革命所释放出来的各种能量，被消耗殆尽了。获得胜利的同盟国在维也纳召开大会，希望尽可能地恢复欧洲因这场革命大风暴而造成的支离破碎的政治局面。从此以后，欧洲维持了近 40 年的和平，这是整个欧洲都筋疲力尽的结果。

# ◆ 第55章　拿破仑失败后欧洲不稳定的和平局面 ◆

公元1854年至公元1871年间，有两个因素阻止了这个时代实现彻底的社会和国际的和平，并为通往战争周期的路做了准备。第一个因素是有些宫廷的王室企图恢复不平等的特权，并且干涉思想、写作和教育的自由；第二个因素则是在维也纳会议上，由各国外交官所划定的国界不可能实现。

君主国为退回到过去做了大量内部安排，而其中最先开始也最明显的是西班牙，它甚至恢复了宗教法庭。公元1810年，当拿破仑任命他的弟弟约瑟夫为西班牙国王时，大西洋彼岸的西班牙殖民地效仿美国，起兵反抗欧洲的大国体系。南美的华盛顿是玻利瓦尔将军。西班牙无力镇压这次起义，这场战争也像美国独立战争一样，持续了很久。最后奥地利提出建议：按照神圣同盟的精神，欧洲各君主国必须在这场战争中协助西班牙。在欧洲，这一提议遭到英国的反对，但是美国总统门罗于公元1823年及时行动，警告并阻止了计划中的君主制的复辟。他宣布：美国将把欧洲在西半球的任何扩张行动视为对美国的敌对行为。这就是门罗主义。它宣布在美洲之上不能有超越美洲的政府，在100年的时间里阻止了欧洲列强对美洲事务的干涉，也使得西属美洲的新兴国家可以沿着自己的设想来安排自己的命运。

即使西班牙君主失去了殖民地，至少他仍能在欧洲协调的保护下在欧洲为所欲为。公元 1823 年西班牙人民的起义被欧洲会议委托的法国军队镇压。与此同时，奥地利也镇压了那不勒斯的一次革命。

公元 1824 年，路易十八去世，查理十世继位。查理十世一心想破坏出版和大学的自由，复辟专制政府。他还准备花 10 亿法郎，赔偿贵族们在公元 1789 年被烧毁的官邸和被没收的财产。公元 1830 年，巴黎市民再一次起义反抗这位旧制度的象征，推举路易·菲利普取代查理。菲利普是恐怖时代被处决的奥尔良公爵菲利普的儿子。欧洲其他的君主国，因为英国公开表示支持这场革命，而德国和奥地利又出现了严重的自由主义动乱，并没有干涉这件事。但是法国毕竟还是君主国，这位年轻的路易·菲利普（公元 1830 年至公元 1848 年在位）当了 18 年的法国立宪国王。

各个专制君主的反动行径，使得维也纳会议所达成的和平陷入了动荡不安。由维也纳会议的外交家们制定的不科学的国界所造成的紧张慢慢聚集为一种更加深思熟虑的力量，但这对人类的和平来说甚至更危险。统一管理说着不同语言、读着不同书籍、有着不同思想的人民的事务（尤其是这些不同还混入宗教的争端），是一件相当困难的事情。除非有一些强烈的共同利益，比如瑞士山区居民由于共同抵御外敌的需要，才能在各种语言不同、信仰不同的人民中间建立起密切的联系，并且即使在瑞士也实行着最大程度的自治。而马其顿由于其居民的居住地和村落混杂在一起，郡县自治仍是必须的。但是读者如果看看维也纳会议所绘制的欧洲地图，就会发现他们似乎是故意要激起当地人民的最大愤怒。

维也纳会议毫不必要地摧毁了荷兰共和国，将崇信新教的荷兰人与讲法语的古老的西班牙（奥地利）尼德兰天主教徒集中在一起，建立了尼德兰王国；不但将原来的威尼斯共和国，而且把直到米兰的北意大利都交给了讲德语的奥地利；讲法语的萨瓦和意大利的部分地区结合在一起，恢复了撒丁王国；奥地利和匈牙利本来就已经是一个不和的各民族的爆炸性的混合体，日耳曼、匈牙利、捷克斯洛伐克、南斯拉夫、罗马尼亚此时又加上了意大利；奥地利于公元1772年与公元1795年获得波兰，并得到了承认。这一切就使得战争更不可避免。信奉天主教而富于共和国精神的波兰人，被交给文明化程度较低的、信奉希腊正教的俄罗斯沙皇统治，但重要的地区却划归信奉新教的普鲁士统治。沙皇所得到的完全异族的芬兰，也得到了人们的承认。存在极大差异的挪威和瑞典，由同一个国王统治。读者将会看到，德意志已经陷入了混乱的非常危险的境地。德意志联邦由许多小邦组成，而奥地利和普鲁士都一半在联邦内，一半在联邦之外。丹麦国王因为在荷尔斯泰因有一些讲德语的人民，加入了德意志联邦。卢森堡也属于德意志联邦，可是他的实际统治者是尼德兰国王，而他的人民大都说法语。

这里，人们完全忽视了这样一个事实：如果让说德语、以德国文学为其思想基础的德国人，说意大利语、以意大利文学为他们思想基础的意大利人以及说波兰语、以波兰文学为他们的思想基础的波兰人分别运用自己的语言在各自的语言所限定的范围内处理自己的事务，情况可能要好得多，也最有益，而且对其他民族来说不愉快也会最少。难怪在德国人中流行的一支歌里唱到：“凡是说德语的地方，就是德国人的故乡！”

公元1830年，说法语的比利时人受到当时法国革命的影响，起而反抗尼德兰王国与荷兰的联合。欧洲列强害怕它建立共和国，又担心它被法国合并，急忙安稳局势，拥立萨克斯·科堡·哥达的列奥波特一世为比利时国王。这一年意大利与德意志也有不少失败了的革命，在俄属的波兰则发生过一次更加重大的起义。一个反抗尼古拉一世（他是从公元 1825 年继亚历山大之位的）的共和政府在华沙坚持了一年多，后来终于被残酷地以武力的方式镇压。从此，波兰语被禁止使用，希腊正教代替罗马教成了波兰国教。

公元 1821 年，希腊人举行反抗土耳其的起义。他们殊死奋战达 6 年之久，但欧洲诸国只是袖手旁观。自由派抗议这种无为，来自欧洲各国的志愿军都加入了起义之中，最终，英、法、俄采取了联合行动。公元 1827 年，英法联军在纳瓦里诺战役中击败土耳其军舰，沙皇俄国也攻入土耳其。依照阿德里安堡条约（公元 1829 年），希腊获得自由，但是不允许它恢复古代的共和传统。他们为希腊找了一位日耳曼国王，即巴伐利亚的奥托亲王。同时，信奉基督教的总督设立在多瑙河诸省（现在的罗马尼亚）和塞尔维亚（现在南斯拉夫的一部分）。然而，要把所有的土耳其人驱逐出这片土地，还需要流很多的鲜血。

# ◆ 第 56 章　物质知识的发展 ◆

从公元 17 世纪到公元 19 世纪初期，正当列强和诸侯之间的纷争仍在继续，《威斯特伐利亚条约》（公元 1648 年）的拼凑物向《维也纳条约》的拼凑物转变；同时，正当远洋航行把欧洲的影响传播到了全世界的时候，人类知识的稳步增长，以及人们对自己所生活世界的理解的全面整理，正在欧洲和欧化的世界中进行着。

这种发展，与政治生活没有什么联系。在整个公元 17 和公元 18 世纪，对政治生活上也没有产生什么显著的直接效果。在这一时期，也没有对民众的思想产生重大影响。这些反应要晚一些才体现，到公元 19 世纪的后半期，才充分显露出来。这个进程主要是在生活富裕、有着独立精神的人的小范围世界中进行。如果没有这些英国人所谓的“绅士”，科学方法就不会在希腊产生，也不会在欧洲得到复兴。大学在这一时期的哲学和科学思想的发展中也扮演了重要的角色，但不是最主要的角色。依靠资助的研究倾向于胆小和保守，除非受到独立精神的鼓舞。它们大多缺少主动性，抵制革新。

我们在前面曾经提及公元 1662 年成立的皇家学会，以及它在实现培根“新大西洋”梦想中所起的重要作用。整个公元 18 世纪，有关物质和运动的一般概念已经很清楚了；数学大有进步；显微镜和望远镜等透视镜片的用途也得到了系统的发展；分类自然史恢复了活力，解剖学也有了巨大的复兴。由亚里士多德设想过，达·芬奇（公元1452年至公元1519年）预示过的地质学也已开始它对“岩石的记录”进行解释的伟大工程。

自然科学的进步，对冶金学也产生了作用。冶金学的进步使得铁和其他原料更大规模的、更大胆的制造成为可能，也对实用性的发明产生影响。机械制造出现了新的领域和新的丰富程度，对工业产生了革新性的影响。

公元1804年，特里维希克把瓦特的蒸汽机应用在运输工具上，制造出了世界上第一辆机车。公元1825年，在斯托克顿和达林顿之间，第一条铁路建成通车，不久斯蒂芬森的“火箭号”火车，已经能够载着13吨的车厢，每小时运行40千米了。公元1830年以后，铁路迅速发展。到公元19世纪中期，铁路网已经遍布欧洲了。

陆上运输的最快速度，在人类生活中很长时间是固定的，这时突然发生了变化。拿破仑在俄罗斯惨败之后，花了312个小时，才从维尔纽斯附近回到巴黎。其旅程约长1400英里。他用尽当时一切便利条件，速度为平均每小时5千米。一个普通的旅行者即使是用两倍的时间也无法走完这么长的距离。这与公元1世纪罗马和高卢之间旅行的最高速度差不多。现在，突然发生了巨大的变化。铁路使任何普通旅客要走这段旅程，都用不了48小时。换句话说，它将主要的欧洲距离，都缩短到了过去的1/10。这就使得行政区域有可能统治的面积比以前一个政府所能统治的最大区域大10倍。不过，这种可能性的丰富意义还有待于人们去实现。在欧洲，以前骑马和公路时代划定的疆界依然可见；而在美洲，这种影响是直接的。对于正在向西扩张的美国来说，这意味着到达华盛顿的一个持续稳定的通道的可能性，即使是穿越大陆的遥远的边境，这意味着在过去不可能的广阔区域里维持统一。

轮船要比蒸汽机车出现得更早一些。公元1802年，“夏洛特·丹尼斯”号蒸汽船已经在克莱德运河口进行了试航；公元1807年，美国人富尔顿用英国制的发动机，制造出“克拉蒙”号蒸汽船，并在纽约附近的哈得孙河上往返航行。最早下海的船，也是美国的，是一艘名叫“菲尼克斯”的蒸汽船。它从纽约出发，航行到了费城。最初横渡大西洋的蒸汽船（也使用风帆）名叫“萨凡纳”，也是一艘美国船。但这些都是明轮轮船，而明轮轮船不适于在海上航行。轮桨太容易破裂，这样船就无法继续前行。过了好久，人们才研究出了螺旋桨轮船。在螺旋桨船付诸使用前遇到过很多的困难。一直到公元19世纪中期，蒸汽船的载重量才超过帆船。从此，海上运输发展迅速。人们第一次能够在海洋航行时大致确定他们到达的时间。原来横渡大西洋是一个要花费几个星期的不确定的冒险——有时甚至几个月的时间——现在加速了，到公元1910年，在使用最快的蒸汽船的情况下，只需5天，而且几乎按照预先通报的时间到达。

与海上、陆上蒸汽机运输工具同时发展起来的，还有另一种新研究为人们带来了便利，即由伏特、伽瓦尼和法拉第等人进行的电力研究。公元1835年，电报出现；公元1851年，最早的海底电缆在法国和英国之间铺设成功。不过几年的时间，电报系统就遍布整个文明世界了。以前从一个点到另一个点缓慢传播的消息，现在可以同时传遍世界了。

铁路和电报，在公元19世纪中期被认为是不可思议的、最革命的发明，但他们只不过是更广泛的发明进程中最简单、最粗糙的成果。与以前任何时期的发展进步相比，技术知识和技能以飞快的速度发展，并达到了非常广泛的领域。在日常生活中，人们将力量扩展到各种结构性的材料上。这种情况最初并不明显，但后来却极为重要。公元 18 世纪中叶以前，人们用木炭把铁从矿石中提炼出来，制成小块，再锻打成一定形状。它只是工匠的材料，其品质和处理方式大大的依赖于铁匠个人的经验和聪明才智。在这种情况下，能够被处理的最大的铁块（公元 16 世纪）最多两三吨（因此，大炮的体积也一定会受到限制）。公元 18 世纪，鼓风炉出现，并随着焦炭的使用而日益改进。在公元 18 世纪以前，我们看不到碾压的铁板（公元 1728 年），以及碾压的铁条和铁杆（公元 1783 年）；奈斯密斯的气锤，直到公元 1838 年才出现。

在古代，因为冶金技术低劣，无法利用蒸汽。在有铁板可用之前，不要说蒸汽机，就是原始的抽水机，都不能发展。早期的发动机在现代人眼里只不过是一堆可怜笨重的铁家伙，但在当时，这是冶金科学所能达到的最高程度。公元 1856 年，出现贝西默冶铁法，不久又出现平炉冶铁法（公元 1864 年）。这些发明使得各种钢铁可以用前所未有的方法和规模进行熔化、提炼和铸造。今天，人们可以看到炙热的钢水在熔炉里沸腾着，就像牛奶在电炉中翻滚。人类以往有各种各样的进步，但就其成果而言，没有什么成果可以比得上现在能够自由制造巨型钢铁和控制钢铁成分了。铁路和初期的机器，还只不过是新的冶金技术的初步使用，随后又出现了各种钢造船只、巨型桥梁、新型钢铁建筑。人们意识到以前修的铁路轨道太窄时已经太晚了，否则，人们就可以在更大的范围里以更加稳定和舒适的方式旅行。

公元 19 世纪以前，世界上没有载重超过 2000 吨的船只，而现在载重 5 万吨的油船已不足为奇。有些人藐视这些进步把它当作是“量变”的过程，但这种藐视，只不过是暴露了那些满足于现状的人知识的有限。当时的巨型轮船和钢骨建筑，并非如他们想象的那样，只是以前小船或小建筑的放大，其实它们是一种完全不同的新生事物。建造得更轻巧、更坚固，使用更好、更坚固的材料。这是经过精细、复杂的计算的，而不是单凭先例和经验。在旧的房屋和船只中，材料是决定性的——人类必须完全服从材料及其要求；而在新式的同类事物中，材料服从于人们的要求，按照人们的需要被任意使用。人们从矿山和海底挖出的煤、铁和沙，经过熔铸锻造，居然被建成辉煌闪亮的钢铁玻璃的大楼，巍然耸立在繁华的都市中，甚至高达 600 英尺！

我们已经通过举例，对钢铁的冶金知识的发展及其成果进行了详细的描述。铜和锡及许多在公元 19 世纪以前人们没有认识的其他的金属，比如镍和铝，关于它们的冶炼过程也有类似的经历。正是通过伟大的、不断增长的对物质（如各种玻璃、岩石和石膏、各种染料与纺织品）的控制，机器革命的主要胜利实现了。然而，我们还处于事件的初级成果阶段。我们有了这种能力，但我们还要学习怎么使用这种能力。第一批接受科学礼物的许多人，都是粗鲁、俗气、愚蠢而可怕的。各行各业的专家，还无法开始处理在他们处置下的无尽的事物多样性。

机器制造能力发展的同时，新的电学也发展起来。直到公元 19 世纪 80 年代，这种新发明才产生出令人印象深刻的结果。此后，电灯和电力牵引突然出现。能量能够转换，并且就像水可以通过水管传送一样。能量可以通过导线传送，并根据人们的选择把它转变为机械运动、光或者热。这样的观念开始传送到普通人的思维中。

英国人和法国人是这场伟大的知识增长时代的最初领导者。后来，在拿破仑的统治下学会谦虚的德国人，在科研方面表现出极大热情和坚忍不拔的精神，最终超过了这两个领导者。英国科学的大部分都是由一些处于学术中心之外的英格兰人和苏格兰人创造出来的。

当时英国的大学正处于教育水平退步的状态，大多只教授死板的拉丁文和希腊古典文学。法国的教育也被耶稣会学者的古典传统所支配。因此，对德国人来说组织一个研究者的团体并不难。它与研究的可能性相比确实很小，但与英法的发明家和研究者的小团体相比已经很大了。科学研究和实验工作使得英法成为当时世界上最富有、最强大的国家，却没有使科学家和发明家变得富有和有权势。真正的科学家有必要远离世俗，他们太关注于自己的研究，而不会计划和安排怎么以此来赚钱。因此，科学家的发明所带来的经济利益，就很容易、很自然地落到了更想获得它的人手中。我们会发现，每一次科学和技术发展的新阶段，都会产生大量的富人。虽然他们不像经院派学者和牧师一样侮辱性的、杀鸡取卵般的对待科学家，却也仍忍心让给他们带来利益的人挨饿。他们认为，发明家和科学家天生就是为让更加聪明的人从他们身上获益的。

在这一点上，德国人要聪明一点。德国的“学者”，并不对新的学说抱强烈的敌视态度。他们允许新学说自由发展。德国的商人和制造家也不像他们的英国竞争者那样藐视科学家。德国人相信科学就像是栽培的农作物一样，需要肥料，所以他们给了科学家大量机会。他们在科学工作上的公共开支是相当大的，这种开支也得到了丰厚的回报。公元 19 世纪后半期，德语已经成为那些想以后在他们部门里工作跟得上的学生必修的语言。在很多学科，尤其是化学，德国已超过它的西方邻国，取得了巨大的成绩。德国科学在公元19世纪六七十年代所做的努力，到了80年代之后就开始显现成效了。德国的工业和技术取得了对英法的稳定优势。

公元19世纪80年代，随着一种新型发动机的使用，开辟了发明史上的新纪元。这种发动机是用爆炸性混合物的膨胀力来代替蒸汽的膨胀力。这种重量轻、效率高的发动机最初被用在汽车上，最后发展到足够轻和有效率到可以使飞行——长久以来就被认为是可能的——成为一个实际的成果。公元1897年，华盛顿史密斯研究所的兰利教授成功发明出飞行器。虽然这种飞行器体积很小，还无法载人。到公元1909年，飞机已经可以载人。在火车和汽车的公路运输完成之后，人类交通的速度似乎已不能再提高，但飞机发明之后，地球上从一个点到另一个点的有效距离又缩短了很多。公元18世纪，从伦敦到爱丁堡需要8天；而到了公元1918年，英国航空运输委员会报告：几年之内，从伦敦到墨尔本之间这样环绕地球半周的旅行，只需要8天就可以完成。

我们不必太强调从一地到另一地时间上的显著缩短。这仅仅是人类能力可以达到的更深远更重大的发展中的一个方面而已。例如，农业科学与农业化学方面，在公元19世纪中也取得了同样的进步。人们学会了使用肥料，在同样大的范围内，农作物的产量比公元17世纪时多了4到5倍。医学方面也有惊人的进步：人类的平均寿命增加了，日常的工作效率也提高了，由病痛引起的生命的浪费也减少了。

总之，在这一时期，人类的生活发生了巨变，开辟了历史的新纪元。人们在100多年的时间里，就完成了机器革命。在这段时期中，人类在其生活的物质条件方面迈出了非常大的一步，远远超过了从旧石器时代到农业时代，或从埃及的斐比时代到乔治三世时代所取得的一切成果。人类事务上一种新的、巨大的物质架构已经出现。很明显，它要求我们在社会、经济及政治方面做出重大改革。不过这种改革，还要等到机器革命的进一步发展才有可能，现在还只是一个开端。

# ◆ 第 57 章　工业革命 ◆

许多历史书籍出现一种倾向，就是将我们此处所称的机器革命和工业革命混为一谈。在人类历史上，机器革命是一个全新的事物，它产生于有组织的科学，就像农业的产生和金属的发现一样，是一个新的阶段。而工业革命却完全不同。它在历史上是有先例的，是一种社会和经济的发展。机器革命和工业革命的进程同步，彼此相互影响，但它们具有完全不同的起源和本质。即使世界上没有煤、没有蒸汽、没有机器，工业革命之类的事也可能会出现。但是如果真的出现这种工业革命，那它可能就与罗马共和国末期的社会经济发展的路径非常相近了，将重新上演失去土地的自由农、集体劳动、庞大的地产和财富，以及破坏经济发展的社会局面。所谓的工厂制的生产方式，其实早在动力和机器出现之前就已经存在了。工厂制不是机器的产物，而是“劳动分工”的结果。甚至在水轮机用于工业以前，那些备受剥削、训练有素的工人就已开始制造诸如妇女装饰品、家具，还有彩色地图和书籍插图等东西了。奥古斯都时代，罗马就有了工厂。例如，在书店老板的工厂里，新书可以通过口述的方式，由工厂的笔录员记录下来编撰而成。对福笛的著作和菲尔丁的政治理论进行研究的学者肯定会注意到，早在公元 17 世纪末，招募贫民，让他们从事集体劳动来谋生的想法就已在英国出现——这最早可在莫尔所著的《乌托邦》（公元 1516 年）中发现这方面的暗示。工厂实际是社会发展的产物，而不是机器发展的产物。

直到公元 18 世纪中叶，西欧的社会史和经济史，实际上都是在重复罗马在公元前最后的 3 个世纪所走的路。不过，由于欧洲的政治分裂，反对君主专制的政治动乱和平民的暴动持续发生，另外西欧知识分子又很容易地接受了机器观念和新发明。这些都使得事态朝着完全不同的一个方向发展。这个过程中，基督教使得人类团结一致的思想在新的欧洲世界得到更广泛的传播，再加上政治权力不再那么集中，使追求财富的人们脑子里不再想着奴隶及其集体劳动，而是主动地将注意力转向机械动力和机器上面。（机器革命，即机器发明和发现的过程，是人类发展的一个新生事物。开始时，人们并没有意识到它将对社会、政治、经济和工业带来什么影响。另一方面，与其他的人类社会事业一样，工业革命无论是过去还是现在，都因机器革命对人类状况持续不断的作用和影响，而深刻地影响了人类生活。这种影响体现在两个方面：一方面，罗马共和国后期，财富聚积，小农和小商人破产，产生大规模的财政阶段；另一方面，公元 18、19 世纪，资本较小规模集中。）

两者虽极为相似，但是却存在着本质上的差别。机器革命之后，劳动者的性质与以前截然不同。旧世界中，所有的动力基本上都是人力，大多数的生产劳动都是依靠被压迫者的体力来完成的，只有很少的牲口劳动，如牛、马等从事运输工作。抬重物、凿岩石需要人来劳动，耕种农田也是靠人和牛一起劳作。在罗马，“轮船”的动力也是靠训练有素的人。在古代文明中，多数的人都是被当作机器来使用的。即使在机器刚出现的时候，它也并未能把人类从繁重的劳动中解放出来。开凿运河、修建铁路或是筑堤坝等，都由大量的劳力来承担。矿工的数量也急剧上升，但是便利的设备和物品增加得更快。到了公元19世纪，形势日渐明朗：人类不再被当作动力资源来使用了，人力工作被机器所代替，而且机器能够做得更快更好。现在，只有在需要选择和运用智慧的情况下才需要人。人类开始只作为一个人而存在。先前那些支撑着古代文明的劳力——只知道服从，从来不懂得用脑的人，对于人类的福祉而言，已经毫无用处了。

这种情况不仅出现在新兴的冶金业中，同时也出现在自古以来就有的行业，如农业和采矿业中。在耕种、播种和收割工作中，便捷的机器代替了人类。罗马文明是建立在廉价的人力基础之上的，而现代的文明则是建立在廉价的机器动力基础上的。100年来，机器动力越来越便宜，而劳动力却越来越昂贵。如果说曾经有段时间采矿业还没有使用机器，那肯定是因为人力比机器动力更加便宜。

这时的人类生活发生了重大的变化。以前，统治阶级与资产阶级最迫切的愿望就是维持苦役劳工的供给。但是到了公元19世纪，有头脑的人越来越清楚，现在平民应该比苦力更值得珍惜。他们认为平民阶级也应该受到教育，哪怕只是为了保障“工业效率”，他们也应该受到教育，了解自己在做什么。自基督教开始传教起，大众教育就开始在欧洲缓慢地发展，就好像伊斯兰教在亚洲传播的时候，走到什么地方就把平民教育带到什么地方一样，因为他们必须既需要使信徒了解拯救他们的基本信仰，也需要使他们能读懂一些使信仰可以得到传播的经书。基督教的教义之争开始后，双方为了吸引信徒，都很重视平民教育。例如，公元1830年至公元1840年间的英格兰，教派纷争。为了吸引青年信徒，竞相创设儿童教育机构，如国家教会学校、非国家教会学校，甚至成立了罗马天主教小学等。

公元 19 世纪后半期，整个西方平民教育发展迅速，不过上层社会的教育发展速度远没有这么快——虽然有所发展，但毫无疑问，不能与平民相提并论。因此，以前社会中存在的读书阶级和非读书阶级的鸿沟，现在只剩下教育程度高低的微小差别。这种变化表面上与社会环境没有多大关系，实际上却是整个世界坚持不懈地从事建立一个没有文盲的国度的伟大事业。

罗马的公民永远无法真正理解罗马共和国的经济变革。普通的罗马公民对自身所处环境变化，远不像我们今天对自己的经历了解得那样清晰、全面。当工业革命进行到公元 19 世纪末期的时候，受其影响的一般大众已经能够把它当成一个整体的过程来理解了。因为现代人都能够读书、讨论，并且有机会到处旅行、观察，见到以前普通人不能见到的东西。

# ◆ 第 58 章　现代政治与社会思想的发展 ◆

古代文明的制度、风俗习惯和政治思想等，都是随着时间的推移慢慢形成的。这一过程既没有人能够设计，也没有人能够预见。直到人类社会发展到青春期，即公元前 6 世纪，人类才开始仔细考虑人与人之间的关系。也是在这一时期，人类第一次质疑固有的信仰、法律以及制度，并决心对它们进行变革和重整。

前面我们已经讲过，希腊和亚历山大城在人类初期曾出现了知识的黎明，之后的奴隶制文明的崩溃，以及宗教迫害与专制政体的乌云。如何遮蔽了黎明的曙光。直到公元 15、16 世纪，自由无畏的思想光芒才最终冲破欧洲的黑暗。我们还曾讲述了阿拉伯的好奇心和蒙古人的远征狂风，吹散了欧洲大陆精神上的云翳。起初，人类增长的知识主要是物质方面的。物质成就和物质力量是人类理性复苏的最早成果。而人际关系学、个体以至社会的心理学、教育学，以及经济学，不但本身微妙复杂，而且还受到了许多情感因素的束缚，所以它们发展得非常缓慢，面临着很大的阻力。人们往往愿意静心聆听对星辰和原子之类的知识，但对于生活方式的理论却常常会恍然而有所触动。

在古希腊，柏拉图大胆的哲学，早在亚里士多德努力去探讨事实之前就产生了。欧洲也是一样，早期的政治研究是以“乌托邦式”的故事形式出现的。那些故事直接模仿了柏拉图的共和国及其法律。托马斯·莫尔爵士的乌托邦思想巧妙模仿柏拉图，在英国的一条新的济贫法上产生了效果。拿波里人康帕内拉的《太阳之城》更富想象力，但却没有产生太多的社会影响。

我们发现，到了公元 17 世纪末，大量的政治和社会科学的研究著作纷纷出现，日益增多。约翰·洛克是这个讨论的先驱之一。他是英国一位共和主义者的儿子，最初在牛津研究化学和医药学。他对政府、宗教自由和教育等方面的论述，表明了他已完全意识到了社会改造的可能性。与英国的约翰·洛克齐名，但稍晚于他的，是法国的孟德斯鸠（公元 1689 年至公元 1755 年）。他研究了社会、政治和宗教制度，并加以研究和进行基本的分析，将法国专制君主政体的虚伪批驳得体无完肤。孟德斯鸠与洛克一起，清扫了那些蓄意阻碍人类社会改造的错误观念。

公元 18 世纪中期和后期，后继者们对孟德斯鸠关于道德和知识的思想进行过更为大胆的探讨。一批来自耶稣会学派，即“百科全书派”的著名作家，立志开拓一个全新的世界（公元 1766 年）。与百科全书派并驾齐驱的，是经济学家或“重农学派”。他们对粮食和商品的生产与分配，有着极为大胆直率的研究。摩莱里是《自然法典》的作者，曾经批判私有制，提倡共产社会的组织体系。他是 19 世纪聚集在共产主义旗帜之下学者中的先驱，他们被统称为“社会主义者”。

什么是社会主义？对于社会主义的定义有上百种，社会主义派别则有上千种。本质上说，社会主义不过是一种基于共同财产观点之上对私有财产权观念的批评。我们将对历代以来的类似思想演变进行简单回顾。社会主义和国际主义是我们大部分政治生活所依赖的两个主要观念。

私有财产的观念源于物种竞争的本能。在人类还未演化成人类，我们的祖先类人猿就已经拥有财产了。最初的所谓财产，就是野兽所争夺的东西。例如狗与狗骨头，虎与虎窝，吼叫的鹿和鹿群，这都是私有财产的原始形态。在社会学里，“原始共产主义”这种表述是毫无意义的。旧石器时代的部落族长坚持占有妻室儿女、工具以及其他见得着的财产。如果有人想抢夺他的财产，他必然会全力斗争，必要时杀死对方。正如阿特金森在其《原始法》中所证实的那样，随着部落不断地壮大起来，族长渐渐容许后辈的生存，容许他们占有从其他部族中俘虏的妇女，容许他们占有自己制作的用品和饰品以及他们猎取的猎物。正是因为有了彼此间财产的通融和相互妥协，人类社会才得以逐渐发展。由于驱逐异族出境是人的本性需要，所以各部落之间必须相互妥协通融。如果山、森林、河流等不属于你或我，那就让它们属于“我们”。我们每个人都想占有一切东西，可惜这是不可能的。因为那样会招致别人对我们的消灭。所以说，社会的原始基础，就是对所有权的调和。与今天的文明世界相比，兽类和原始人类时期对所有权的要求更为强烈。在相当程度上，占有欲源自我们的本性，而非理性。

对于原始的野蛮人和未受过教育的现代人而言，所有权是没有范围界限的。无论是女人、俘虏、猎物、林地、石场，还是别的什么，只要你能抢到，就属于你。随着社会的逐渐发展，开始出现了限制相互残杀的法律。人与人之间，就有了限定所有权关系的粗简方法。谁最先制造、捕获或声明某个东西属于他，谁就可以占有它。当欠债人无法还债时，理所当然应该成为其债权人的财产。同样的，一旦某人宣称对一方土地的所有权，那么可以向使用这块土地的人索取租税，等等，也是非常自然的。但是，随着有组织的生活的出现，人们逐渐意识到无限地拥有财产是一种罪恶，因为人们会发现他们诞生在一个所有东西都被占有和要求得到的世界。不！他们生而被占有和被要求得到。古代文明社会的斗争现在已难以考究，但是，我们前面讲过的罗马共和国的历史表明，已经有人清醒地意识到：债务对社会生活不利，所以应当放弃，对土地的无限制占有也是一种危害。我们发现，后期的巴比伦对奴隶的占有权曾经有过极其严格的限制。最后我们发现，伟大的革命家耶稣对财产权进行了空前的抨击。他说："拥有巨额财产的人进天国，真是太困难了！骆驼穿过针眼，也比有钱人进天国容易呢。"对财产所有权的严厉批评在世界上已持续了 2500 年到 3000 年。我们发现，耶稣诞生后的 1900 年时间里，世界都笼罩在基督教教义之下，该教义认为人类是可以没有财产的。此外，"人们可以自由处置自己的财产"这一观念也随着其他财产制度的产生而开始动摇。

但是直到公元 18 世纪末，这个问题依然只是一种疑问，还没有足够清晰的、更没有能付诸行动的解决办法。人们主要的目的只是想保护财产不被君主贪婪地挥霍或被贵族霸占而已。法国大革命之所以开始，大部分是为了保护私有财产免受税收的剥削。但法国大革命的平等主义原则，却进一步对本来想要保护的财产权进行了批判。若有人还没有住所，没有食物，如何称得上自由平等？不劳动就不能从主人那里得到吃的住的，这又怎么能说是自由平等呢？——"太过分了！"穷人们抱怨道。

对于这一问题，一个重要政治集团的反应是将财产进行平均分配。他们的目的在于使财产平均化。为了通过不同的道路实现同样的目的，出现了最初的社会主义者，或者更准确地说，是共产主义者。他们希望完全“废除”财产私有权，一切归国家（当然民主国家也能接受）所有。

不同的人都在寻求相同的结果，即自由与幸福。一些人主张财产私有化，而另一些人则主张完全放弃财产权。两方显然是矛盾的，但事实就是如此。矛盾的关键是：所有权不是一件简单的事物，而是许多不同事物的集合。

直到公元 19 世纪，人们才开始意识到财产权并不是一件简单事物，而是不同价值和结果的复杂所有权。人们意识到，许多事物（如个人的身体、艺术家的工具、衣服、牙刷等）是显然的、毫无疑义的个人财产。至于其他的许多事物，如铁路、各种机器、住宅、花园、游船等之类的东西，需要确定在多大程度上是私人财产，在多大程度上是公共所有并由国家管理和基于集体利益出让的财产。在实践层面，这些问题进入了政治学范畴。而研究如何创造和维持国家的有效管理，还引出了许多社会心理问题，并涉及教育学。此时，对财产权的批评还只是出于宽泛的、情绪化的躁动，而非科学。一方面是自由主义者，他们要求保护自己已经拥有的财产并获得更大的自由；另一方面是社会主义者，他们力图将国家的财产集中起来而限制个人的财产。事实上，人们可以发现，在甚至不肯纳税的绝对个人主义者和完全反对私产的共产主义者之间，还有各种各样不同思想的人存在着。今天的一般社会主义者其实是集体主义者。他们主张拥有一部分私产，但把诸如教育、交通、采矿、土地和重要物质生产等事情交给组织完善的国家掌控。近来，渐渐出现了一些理智的、主张科学的方法来研究、计划的温和的社会主义者。人类也渐渐了解到，没有受过教育的人在从事宏大的事业中很难合作；

国家在向复合型过渡的过程中和接收私有财产的阶段中，需要相应的教育进步与合理的监督和控制组织。无论是出版物还是政治运动，对于集团式的大规模的计划而言，都显得过于幼稚。

但是，有一段时间，雇主和雇员之间的紧张关系，尤其是刻薄的雇主和具有反抗精神的工人之间的危机，使共产主义以一种特有的基本形式传遍了全世界。共产主义与马克思密不可分。马克思的理论基于一种信念：人们的思想受制于所处的物质环境，上层阶级和贫苦阶级之间必然存在着利益冲突。随着机器革命所需要的教育进程的发展，占多数的工人阶级必将逐渐产生一种明显的阶级意识，日益团结以反抗少数统治阶级。马克思预言，在一定的情形之下，那些阶级意识成熟的工人将要取得政权，并创造一个崭新的世界。

马克思致力于用阶级斗争取代国家间斗争。马克思主义接连创建了第一、第二和第三国际工人协会。但是从近代个人主义思想出发，也同样可以实现国际化的思想。自伟大的英国经济学家亚当•斯密之后，人们越来越认识到，要达到世界繁荣，全球性的自由贸易是必须的。个人主义者不但反对国家，而且还反对关税、国界和一切阻碍自由通行的事物。很有意思的是，马克思主义和自由主义这两种思想路线——马克思主义阶级斗争的社会主义和英国维多利亚时代商人的自由贸易思想在物质和精神层面都截然不同。然而，它们的内容却同是反对国界，希望为全人类从事福利事业。现实中的逻辑终于战胜理论上的逻辑。我们逐渐意识到，出发点相距甚远的个人主义和社会主义，都是源于一种共同的追求，即探索如何实现共同协作的社会政治思想和方法。随着人们对神圣罗马帝国和基督教世界的信心的下降，随着新大陆被发现，人们的视野从地中海拓展到全世界，这种探索在欧洲又重新出现并不断强化。

若把从古到今社会、经济和政治思想的发展与扩大从头到尾地叙述一遍，就会遇到许多与本书范围和目的相矛盾的问题。但是，从学习世界历史的学生们的广泛视野来看，我们必须意识到，在人类的思维中，对这些探索性思想的重构仍是一项没有完成的工作——可以说我们甚至不晓得这工作还有多少没有完成。当然，某些共同的信念确实还在形成中，而且它们的影响也开始在现代的政治事件及公共事业上显露出来。但是，就目前而言，它们还不是很清晰，还不足以服众，还无法使人确切而系统地认识它们。人们的行为，常常徘徊于传统与新思想之间，总体而言，他们还是更倾向于传统思想。然而，即使是相对于前一代人的思想，似乎也看得见其间有一种新思想的轮廓正在形成。这是一种粗略的形态，还有许多模糊不清之处，细节和形状也变幻不定，但却日见清晰，渐渐显露出轮廓并稳定下来。

从许多方面，及日益增多的人类事务中，可以看出人类已逐渐演变为一个统一的社会了。在这种情况下，人类逐渐产生了一种共同管理世界的需要——所有这些都变得越来越清晰。例如，可以明确的是，在全球范围内已经形成了一个经济共同体，对自然资源的合理开发需要整体性规划。发明给人类带来的福利越来越多，而现在利用资源产生分散竞争的管理也越来越浪费和危险。财政金融变成了世界性的利益，只有全世界共同管理才能取得成功。传染性疾病、人口增长与流动等问题日渐引起世界的广泛关注。人类活动的能力和范围越来越大，使得战争也更具毁灭性和无组织性，甚至用战争来解决政治和民族斗争的拙劣方式也变得不再实用。所有这些问题的解决，都需要一种超越现有政府的、范围更大的、更全面的管理和权威。

但这并不意味着解决这些问题的策略在于某种超级政府的出现，即由现在的某个政府征服全世界，或由全世界的现存政府联合起来。从现存制度推而广之，人们的设想可能会有“全人类议会”“世界代表大会”“地球总统”或“地球国王”，等等。人们最初的自然反应就是类似这些的结论。但是，半个世纪的各种争论和经验，使人们对于这种初级肤浅的理想已全然失望，要从这条路走向世界统一的目标，阻力非常大。现在，人的思想似乎发生了转变，倾向于成立一些专门委员会或组织来掌握全世界的权力。它们由各国现有的政府选派代表来参与解决具体问题，如研究自然资源的消耗和发展、劳工平等、世界和平、货币流通、人口和卫生等诸如此类的问题。

人们或许会发现，虽然未能实现建立世界政府的愿望，但全世界的共同利益已正被当成一项集体事业来经营。然而，在相当程度的人类一体化实现之前，在国际意识胜过爱国主义所产生的猜疑与嫉妒之前，全人类有必要将种族的一般思想引向人类一体化思想，有必要让人类一家的思想得到普遍接受和理解。

几个世纪以来，全世界主要的宗教都在极力宣扬四海之内皆兄弟的思想。但直到今天，由部落、国家和种族冲突引发的仇恨、愤怒与猜疑，依然是横亘在更为豁达的观点和更为普遍的冲动之前的有力障碍，正是它致力于使人人都成为全人类的公仆。现在，四海之内皆兄弟的观念正努力占据人的心灵，就像公元 6、7 世纪的战乱时期，基督教的观念正努力渗入人的灵魂一样。这种思想的传播如要达到胜利，必须经过许多忠实无私的传教士的努力。在当今的历史学家中，还没有一个人能够预测这项事业已经达到什么程度，以及能获得多大的成功。

国内社会和经济问题，与国际问题似乎不可分割地纠缠在一起。

这些问题的解决都需要一种深得人心的、令人鼓舞的服务精神。国家间的猜忌、固执和自大，反映出雇主与工人之间的猜忌、固执和自大；同时，也被他们之间的猜忌、顽固和自大所反映。个人占有欲的过度膨胀，就如同国家与帝王的贪得无厌的缩影。它是同一种本能、同一种愚昧和同一种习惯的产物。国际主义即国家间的社会主义。凡是研究这些问题的人都会认为：在现代社会中，还没有完美的心理学、真正完善的教育机制或机构，能真正或最终解决人类交往与合作所产生的问题。就好像公元1820年时的人不可能设计出电气化铁路系统一样，人们现在也不可能设计出一种世界和平的有效组织。但是，所有人都相信它会产生的，也许已经为时不远。

没有人能够超越自己的知识范围而行事，也没有人能够超越同时代的思想。因此，我们还无法去猜想和预见：在所有史书中都提到的伟大的安宁（指心灵安宁、世界安定），结束黑暗、浪费和虚无的生活之前，人类还要忍受多久的战争、疲倦、不安和痛苦。我们设想的所有解决方案仍都是模糊粗糙的，其中充满着各种情绪和猜疑。一种伟大的知识改造任务正在进行，尽管尚未完成，但是人们的概念日渐清晰和明确——缓慢地或迅速地，很难说是以哪种方式。但是，随着这种概念的日渐清晰，它将凝聚超过人们的思想和想象力的力量。由于缺乏肯定性和明确性，所以至今还缺乏这种力量。由于形式的多变和混乱，这种概念常常被误解。不过，随着这种概念的明确和肯定，新的世界性组织将会获得强大的力量，也许立刻就能获得力量。从逻辑上说，如果对概念的理解得以明确，那么教育改革将会随之而来。

# ◆ 第 59 章　美利坚合众国的扩张 ◆

北美是世界上从运输工具的发明中获益最直接、最明显的地区。从政治上说，美国是公元 18 世纪中期的自由思想的具体体现，美国的宪法正是这一思想的结晶。美国没有国家教会和王权，取缔了贵族称号，却把对财产权的严格保护作为实现自由的手段。美国赋予几乎所有成年男子以选举权——尽管最初各州具体做法不尽相同。尽管选举方法的不成熟导致了国家政治生活很快被高度组织化的政党机器所操纵，但这并没有影响刚刚得到解放的美国民众发挥出超过同时代其他任何国家民众的旺盛精力、事业心和公共精神。

此后，出现了我们刚谈到的交通工具速度的提高。奇怪的是，在这种速度提高中受益最多的美国，却极少认识到这一点。美国人把铁路、轮船和电报等视为美国发展的天然组成部分，其实不然。是这些东西的及时产生，挽救了美国的统一。美国之所以能有今天，一靠内河轮船，二靠铁路。如果没有这些东西，现在这样一个地域辽阔的作为整体而存在的合众国，就根本不可能存在，向西移民的浪潮可能会更加缓慢，或许永远不会跨过中部大平原。从东岸到密苏里这段不足大陆一半的路程，在没有这些交通工具之前，花费了能干的殖民者二百多年的时间才通过。公元 1821 年在密西西比河西岸建立的第一个州，是被称为“轮船州”的密苏里州。而从密苏里州到太平洋这一段时间，却只花费了几十年。

如果我们有影像资源，把公元 1600 年以来的北美洲的地图一年一年地展现出来是很有趣的：我们用小黑点表示人口，一个小黑点代表 100 人，星号表示 10 万人口的城市。我们可以看到，200 年中这些小黑点沿着海岸和能航行的河流湖泊缓慢延伸，到了印第安纳和肯塔基等地则更加缓慢。1810 年左右，情况发生了变化：沿河流的地方出现了更为活跃的景象。由于轮船的发明，黑点迅速增多并扩展。那些先前的小黑点从许多沿河的地方蔓延到了堪萨斯和内布拉斯加。

从公元 1830 年起，代表铁路的黑线开始出现。从那以后，小黑点不再是蠕动，而是飞奔了。小黑点的出现更迅速了，就像用喷雾器喷上去一样。突然，代表 10 万人口城市的星号开始出现，先是一两颗，但很快就大量涌现。每个城市的星号都犹如不断延伸中的铁路网上的一个结点。

美国这阶段的发展在世界历史上是史无前例的，这是一个崭新的发展阶段。这样的社会在过去是无法出现的，即使出现了，也会因为没有铁路而四分五裂。如果没有铁路和电报，从北京管辖加利福尼亚可能比从华盛顿管辖更为容易。但是美国不仅人口迅速增加，而且维持着统一，而且越来越统一。今天的旧金山人和纽约人很相似，这远胜过 100 年前的弗吉尼亚人与新英格兰人之间的相似程度。同化的过程顺利地进行着。这个由铁路、电报编织而成的国家，日益形成为一个语言、思想和行动都协调一致的统一体。很快，航空事业也成为这项工作的一部分。

美国这个伟大的国家是历史上一个崭新的事物。以前虽曾有过人口上亿的大帝国，但都是许多不同民族的联合，从未出现过达到如此规模的单一民族的国家。我们想给这个新事物起个新名字。我们就像把美国叫作国家，把法国和荷兰也叫作国家，其实这两者之间的区别，就好像汽车与马车之间的区别一样。它们是不同时代、不同条件的产物，将以不同的步伐沿着完全不同的道路继续向前。就规模和可能性而言，美国介于欧洲式国家和全球性合众国之间。

但是在达到今天的强大和稳定之前，美国人民也经历过激烈冲突的时代。内河轮船、铁路、电报和其他便捷的交通工具都出现得稍晚了些，来不及遏制南北各州在利益和思想上日益深化的冲突。南部实行奴隶制，北部各州都是自由民。铁路和轮船的出现之初，反而使早已存在的南北差异演变为尖锐的冲突。新的交通工具促成的统一，也使南方精神和北方精神谁占优势的问题变得紧迫起来。妥协几乎是不可能的：北方精神强调自由和个人主义，而南方在大土地所有者和贵族的支配下却盛行蓄奴之风。

随着移民潮向西涌去，使每个新地域和新州，每一个加入这个迅速成长的国家的地方，都成了南北思想斗争的场所。是成为自由民的州呢，还是任等级制和奴隶制流行？自公元 1833 年起，美国的反奴隶协会不仅抵制奴隶制的扩展，而且为彻底废除奴隶制在全国进行宣传。是否批准得克萨斯加入合众国问题成了公开冲突的导火索。得克萨斯原来是墨西哥共和国的一部分，但其大部分地区都是由来自美国蓄奴州的移民开辟的。得克萨斯于公元 1835 年脱离墨西哥，宣布独立，公元 1844 年并入美国。原先在墨西哥法律下的得克萨斯禁止使用奴隶，但此时南方却主张得克萨斯实行奴隶制，并付诸实践。

与此同时，航海事业的发展带来了大批的欧洲移民，北方各州人口剧增，爱阿华、威斯康星、明尼苏达、俄勒冈等北方农业地区都成了州。这使得反奴隶制的北方可能在参议院和众议院中获得多数。盛产棉花的南方各州，既对废奴运动声势日益高涨感到愤怒，又害怕北方在国会中占优势，于是开始谋划退出联邦。南方幻想着吞并墨西哥和西印度群岛，建立南到巴拿马的大的奴隶制国家。

公元 1860 年，反奴隶制的亚伯拉罕·林肯当选总统，这促使南方各州决意脱离联邦。南卡罗来纳州通过了“脱离法令”，并准备作战。密西西比、佛罗里达、阿拉巴马、佐治亚、路易斯安那和得克萨斯等州先后响应。他们在阿拉巴马的蒙哥马利召开会议，选举杰斐逊·戴维斯为“美国南方各州联盟”总统，还通过了一部专门维护黑奴制度的宪法。

林肯是独立战争后成长起来的新生代的典型，年轻时是向西移民潮的一分子。他公元 1809 年生于肯塔基，幼年时被带到印第安纳，后来又去了伊利诺斯。当时的印第安纳是半开垦区，生活条件恶劣，房屋就是野地上简单的小木屋。他的学校教育条件很差，时常中断。但是他母亲从小就教他识字，他成为一个热爱读书的人。林肯 17 岁时已是一名身体强壮的运动员，擅长摔跤和赛跑。他后来在商店当过店员和老板，还同酗酒的朋友合伙经商，结果欠了一笔 15 年都未能还清的债。公元 1834 年 25 岁的林肯当选伊里诺斯州众议院议员。伊里诺斯的奴隶制问题非常敏感，因为美国国会中赞成奴隶制的领导人物就是来自这个州的参议员道格拉斯。此人很具才能和威望，林肯通过演讲和宣传册与之斗争了好几年。后来，林肯成了道格拉斯的强硬对手，并最终战胜他。公元 1860 年的总统选举是两人斗争的最激烈时期。公元 1861 年 3 月 4 日，林肯就任总统。这时南方各州已在进行脱离华盛顿联邦政府的活动，并开始付诸军事行动。

美国内战爆发了。双方都用临时招募的军队参战，人员从几万增加到几十万，属于北方的联邦军后来兵力超过百万。战场分布很广，从新墨西哥一直到东海岸，华盛顿和里士满是双方争夺的主要目标。在此，我们无暇叙述这场战争辗转于田纳西、弗吉尼亚和沿密西西比河而下的森林山岭的悲壮情景。人员的消耗和杀戮是可怕的。双方有时进攻，有时反击。人们一会儿充满希望，一会儿感到沮丧。时而华盛顿几乎被南方军拿下，时而北方军又直逼里士满。南方军人少且财力匮乏，但有才能卓越的李将军指挥。北方军统帅能力不佳，也没有最高权力，统帅换了一个又一个，直到谢尔曼和格兰特接替指挥，北方军才战胜了精疲力竭的南方军。公元 1864 年 10 月，谢尔曼率一支联邦军队突破南方军左翼，从田纳西经佐治亚进军海岸，穿过南方联盟全境，然后挥师北上，经卡罗来纳，直袭南方军后方。与此同时，格兰特在里士满附近顶住李将军的进攻，等待谢尔曼部队来合围。公元 1865 年 4 月 9 日，李将军的部队被围困于阿波马托克斯州府，不到一个月，各地的南方军残部都放下了武器，南方联盟宣告解体。

4 年的战争给美国人民带来了物质上和精神上的双重伤害。很多人赞同各州自治的规则，但北方却强制南方废除奴隶制。在南北交界的各州中，亲兄弟间、堂兄弟间，甚至父子之间都会因立场不同而成为敌人。北方人认为自己的行动是正义的，而很多人认为北方的公正并非无可挑剔。面对这些混乱，林肯始终头脑清醒。他站在统一的立场和全美和平的立场之上。他反对奴隶制，但认为这不是主要问题。他旨在维护美国的统一，防止美国分裂成两个对立和相互倾轧的部分。

战争初期，国会和联邦的将军们都主张尽快解放奴隶，林肯却持反对意见，并让他们冷静下来。他主张逐步解放奴隶，并给予奴隶主一定的补偿。直到公元 1865 年 1 月条件成熟时，国会才提出了永久废除奴隶制的宪法修正案。在各州通过这一法案之前，战事就已结束了。

公元 1862 年至公元 1863 年是战争僵持阶段，开始时的热情已经消退，美国陷入了消沉和厌战的状态。总统发现自己身边有很多失败主义者、叛逆者、革职军人和居心叵测的政客。前方是沮丧的将军和士气低下的军队，后方是狐疑而疲惫的人民。林肯最大的慰藉或许是想到里士满的戴维斯处境相同。英国政府做了件愚蠢的事，让海军帮助南方联盟。它派了三艘人员齐备的快船——其中“阿拉巴马”号让人记忆犹新——从海上追击美国的船只。当时法国军队也在墨西哥践踏门罗主义。里士满提出了一份微妙的停战计划，主张将战争问题通过逐步谈判来解决，提议南北军联手对付墨西哥的法军。但林肯声明，除非联邦有统一的最高权力，否则他不会听取这样的建议，美国只能站在民族的立场，作为一个整体而不是分裂的两个部分来对付法国。

经过长年累月的挫折、忙碌和疲惫，经历了分裂和绝望的黑暗，林肯终于维持了美国的统一。战争中，他从没有犹豫、退却的记录。无事可做时，他常常一动不动，默默地坐在白宫里，就像一座坚毅的雕像。他有时也谈笑风生、回忆往事以调整和舒畅心情。

林肯终于看到了联邦的胜利。南方投降的第二天，他来到里士满，接受李将军的投降。4 月 11 日回到华盛顿后，他进行了一次公开演讲。4 月 14 日晚，他去华盛顿的福特剧院观看演出。看戏过程中，一个在政治上对他不满的演员布恩进入包厢，向他开枪，林肯当场身亡。但林肯的工作也已告完成，联邦得到了挽救。

战争初期，美国还没有通往太平洋的铁路。战争结束后，铁路如植物的藤蔓般在美国延伸。铁路网把合众国的辽阔领域组合成了一个精神上物质上都不可分割的统一体，成为普通的中国人学会阅读之前最伟大的共同体。

# ◆ 第 60 章　德国在欧洲的崛起 ◆

前面已经讲过，经过法国大革命和拿破仑远征的动荡之后，欧洲处于不稳定的和平状态，50 年前的政治状况又以现代化的面貌复活了。公元 19 世纪中叶，炼钢技术的掌握、铁路和轮船的使用，还没有导致重大的政治变革。但是城市工业发达后，社会局面更加紧张起来，这时的法国仍动荡不安，危机四伏。公元 1830 年革命之后，随之而来的又是公元 1848 年革命。拿破仑三世，即拿破仑·波拿巴的侄子就任了法国第一任总统，后又于公元 1852 年称帝。

拿破仑三世想重建巴黎，要把到处是绘画，也满是垃圾的公元 17 世纪风格的都市，变成今天这样的满是大理石建筑的拉丁风格的城市。他也想重建法国，要把它变成一个雄壮的现代化帝国。他还试图使欧洲重新卷入公元 17、18 世纪列强纷争的局面。当时，俄罗斯沙皇尼古拉一世（公元 1825 年至公元 1859 年在位）也发动了侵略，向南深入到土耳其，目标直取君士坦丁堡。

公元 19 世纪中后期，欧洲又陷入了新的战争状态，这些战争主要是维持“势力均衡”或争夺霸权的战争。英国、法国和撒丁王国借口援助土耳其在克里米亚击败了俄罗斯；为争夺德国统治权，普鲁士和意大利一起同奥地利开战；意大利以割让萨瓦为代价，请求法国出兵帮助自己从奥地利手中解放出来。意大利渐渐成为一个统一的王国。此后，趁美国内战，拿破仑三世愚蠢地冒险侵略墨西哥，在墨西哥封了一个傀儡皇帝马克西米利安。但当他受到华盛顿政府的威胁时，又抛弃了那个皇帝，任其被墨西哥人民处死。

公元1870年，法国和普鲁士为了争夺长期悬而未决的欧洲霸权，发动了战争。普鲁士早就预料到这场战争，因而准备充分；法国却因财政动荡而力量下降，戏剧般地迅速溃败。时年8月德军侵入法国，9月法皇亲自率领的大军在色当战败并投降，10月另一支法军在梅斯被困而降，翌年1月巴黎在被围困和炮击后，落入德国人手中。两国在法兰克福签订和约，法国将阿尔萨斯和洛林割让给德国。除奥地利外，整个德意志成了统一的帝国，普鲁士国王成了德国皇帝，跻身于欧洲皇帝之列。

此后的43年中，德国成了欧洲大陆最强的国家。除了公元1877年至公元1878年的俄土战争，以及巴尔干地区有局部调整外，欧洲各国边界艰难地维持了约30年的和平。

# ◆ 第 61 章　轮船和铁路的海外新帝国 ◆

公元 18 世纪末是帝国分裂的时代，也是领土扩张主义者梦想破灭的时代。英国和西班牙与其美洲的殖民地旅途遥远而艰苦，这阻碍了宗主国与殖民地的自由往来，其结果是殖民地分离出来，成为思想和感情不同、利益不同，甚至说话方式都不相同的新的独立社会。随着它们的发展，它们越来越拉紧把他们联系在一起的脆弱的、不确定的航运联系。那些设立在荒原的贸易站（如法国在加拿大的）或国外商业团体（如英国在印度的），为了生存，不得不主要依靠为之提供支持和存在依据的东道国。公元 19 世纪初期，许多思想家认为，海外殖民地的开拓已至极限。公元 1820 年后欧洲列强在欧洲之外建立的“帝国”，曾经在公元 18 世纪中叶的地图上仍显得很气派，现在面积已经缩得很小。只有俄罗斯还和以前那样几乎横跨整个亚洲。

公元 1815 年的英帝国版图包括：加拿大人口稀少的沿海，多河流、多湖的区域以及荒凉的内陆（只有属于东印度公司的哈德逊公司的皮货站是唯一的移民点），东印度公司控制的印度半岛约三分之一的土地；黑人和富有反抗精神的荷兰移民居住的好望角沿海一带，西非沿海的几个贸易站，直布罗陀、马耳他岛、牙买加、西印度群岛上几块小领地及南美的英属圭亚那，还有地球另一面的澳大利亚博塔尼湾和在塔斯马尼亚的罪人放逐处。西班牙保留着古巴和菲律宾群岛上的几处殖民地。葡萄牙在非洲仍有一些早年侵占的地盘。荷兰在东印度群岛和荷属圭亚那拥有几个岛屿和部分领地。丹麦则仅有在西印度群岛的一两个岛。法国占有西印度群岛的一两个岛以及法属圭亚那。这些似乎就是欧洲列强所需要的，或是它们从世界的其他地方所能得到的，只有东印度公司还保持着扩张的精神。

当欧洲忙于拿破仑战争时，东印度公司的历任总督领导者正在印度扮演着以前土库曼人及其他北方侵略者扮演过的角色。维也纳和约签订后，东印度公司继续征税、作战、派使节到别的国家，俨然是一个准国家。然而，根据市场的安排，东印度公司还是要把财富输入西方。

这里无法详述东印度公司如何朝秦暮楚地和各种势力勾结和争夺，最终战胜一切对手的过程。东印度公司的势力一直延伸到阿萨姆、信德和奥德。当时的印度版图已类似今日英国学生所用的地图：由几个英国直辖的大省包围的相互连接着的许多零碎土邦。

公元 1859 年，趁着镇压印度土军的大规模叛乱的机会，英国王室把东印度公司建立的“帝国”合并到王权统治之下。根据“印度政府改善条令”，印度总督成为代表英国君主的总督，设立印度事务大臣，代替东印度公司，对英国议会负责。公元 1877 年，贝肯斯菲尔德爵士为贯彻这一条令，拥戴英国维多利亚女王同时兼任印度国王。

英国就是以这样非同寻常的方式把印度和英国结合起来的。印度仍是莫卧儿帝国，但大莫卧儿实际上已为英国的“君主共和国”所取代。印度成了一个没有专制君主的专制国家，既受专制君主政体弊端的统治，又受无视人格和不负责任的民主官僚机构的统治。印度人有很多苦恼，却没有君主可以倾诉，他们的皇帝只是一个金色的标志。他们只能到英国散发宣传册，或向英国下议院提出质询。但是议会越是关注不列颠事务，就越少顾及印度。印度人的命运就越受少数官僚的操纵。

在铁路和轮船发挥功效之前，除在印度之外，欧洲各国都没有什么大规模的扩张。英国一个著名的政治思想学派将国家的衰落归咎于海外殖民事业。直到公元 1842 年发现铜矿，公元 1851 年发现金矿，澳大利亚这一殖民地才日显重要，并很快发展起来。交通工具的进步，也使澳大利亚的羊毛在欧洲市场销路大开。公元 1849 年前的加拿大也没有显著的进展，英国和法国移民经常发生纠纷，还发生过几次动乱，使加拿大很为头痛。直到公元 1867 年加拿大新宪法的颁布和联邦自治政府成立，内乱问题才得以解决。铁路改变了加拿大的形势，使加拿大能够像美国那样向西发展，也使其谷物和其他产品能销往欧洲，同时也使加拿大人在语言、情感和利益上保持一致。铁路、轮船和电缆确实使殖民地的发展状况发生了根本性的改变。

公元 1840 年以前，英国就已开始在新西兰殖民。它成立了一个新西兰土地公司，来开发岛上的一切资源。公元 1840 年，新西兰也沦为英国的殖民地。

如前所述，加拿大是英国属地中第一个采用新交通工具，展现新经济能力的地方。后来，南美的共和国，尤其是阿根廷，在牛羊和咖啡贸易上，日益加强了与欧洲市场的联系。以前吸引欧洲列强到海外野蛮地区去的主要物质是黄金或其他贵重金属、香料、象牙和奴隶。但公元 19 世纪末以后，欧洲人口剧增，迫使各国政府不得不到海外寻找大量的食物。科学工业的发展也需要各种油脂、橡胶和其他一直未受重视的东西作新的原料。英国、荷兰和葡萄牙就是通过大量经营热带和亚热带作物而获得巨额商业利润的。1871 年以后，先是德国，后是法国，再后来是意大利，争先恐后地去寻找未曾被侵占的原料产地或有利可图的有现代化能力的东方国家。

于是，世界又开始了对政治上“未获保护”地区的新一轮争夺。只有美洲借助门罗主义的阻止，才免遭侵略。

非洲大陆紧邻欧洲，欧洲人对它充满着模糊的开发欲望。公元 1850 年时，非洲还是一片黑暗的神秘大陆，欧洲人只对埃及和沿海一带有所了解。鉴于篇幅所限，无法详述探险家们第一次冲破非洲的黑暗的惊人故事，以及政客、官吏、商人、移民和科学家们接踵而至的事迹。这里想要说的是，那里有奇怪的人种（如俾格米人），有珍奇的野兽（如欧卡皮鹿），有罕见的花草树木和昆虫，有可怕的疾病，还有壮观美丽的森林山岭和浩瀚的内海，有巨大的河流和瀑布——这完全是一个新的世界。甚至在津巴布韦还发现了没有留下记载就已消逝的文明遗迹。当欧洲人陆续闯入这片世界时，发现贩奴的阿拉伯商人已经有了来复枪，而黑人的生活则是一片混乱。

到了公元 1900 年，在半个世纪的时间里，整个非洲都已经被欧洲列强测绘、勘探、估计和瓜分。在争夺中全然不顾当地居民的安宁。阿拉伯奴隶贩子只是被禁止，却没有被驱逐。欧洲人需要橡胶，于是强迫刚果人采割野橡胶。贪婪又没经验的欧洲管理者与当地居民的冲突不断，常有惨剧发生。没有一个欧洲列强能从这些罪行中逃脱干系。

在此，我们不能详细叙述英国是怎样无视埃及名义上是土耳其帝国的属地这样一个事实而于 1883 年占领埃及的，我们也不能细说公元 1898 年马尔尚上校如何率军从非洲西海岸经中非，企图在法绍达侵占尼罗河上游，几乎引发英法之间战争的事。

本书不能详述的还有，英国政府怎样在最初允许奥兰治河和德兰士瓦的布尔人（即荷兰移民）在南非建立两个独立的共和国，后又于公元 1877 年毁约，并吞并德兰士瓦共和国；以及德兰士瓦的布尔人怎样为自由而战，并于公元 1881 年在朱巴山战役中战胜英军——由于报纸进行了持久的宣传，这一战给英国人留下了惨痛的记忆。公元 1899 年，英国与这两个国家之间又发生了战争，耗时 3 年，付出了巨大代价，才使这两国战败投降。

然而这次征服是短暂的。公元 1907 年，征服它们的帝国主义政府下台，自由党人负责处理南非问题，于是这两个共和国又重新获得自由。它们和好望角殖民地以及纳塔尔自愿联合，结成了由南非各小国组成的大联邦，成为英王治下的自治共和国。

在短短 25 年的时间里，非洲已被瓜分完毕。未被吞并的只有 3 个相当小的国家：西海岸解放了的黑奴的居住地利比里亚，苏丹统治下的摩洛哥，信仰古老特殊基督教的未开化国家阿比西尼亚——这个国家在公元 1896 年阿杜瓦战役大败了意大利，成功地保持了自己的独立。

# ◆ 第 62 章　欧洲入侵亚洲与日本的崛起 ◆

很难相信大多数人能接受用欧洲色彩轻率地涂抹出来的非洲版图，并以此作为永久解决世界事务的新法则。但是历史学家的责任在于如实地记录它就这样被接受了。公元 19 世纪的欧洲人只有一些十分浅薄的历史知识，并没有深入思考的习惯。机器革命使欧洲人暂时确立了其在世界中的优势，那些面对诸如蒙古大征服之类重大事件的茫然无知的人们认为，似乎这就足以证明欧洲人将永久主导人类世界。他们不明白科学及其成果是可以转移的，也没意识到中国人和印度人也完全能够胜任法国人或英国人所从事的研究工作。他们认为西方具有某些固有的知识原动力，而东方则具有某种保守和懒惰的特性，这将确保欧洲在世界永远处于支配地位。

这种愚昧想法的结果，就是欧洲各国的驻外官员不仅开始积极同英国一起争夺那些野蛮和落后地区，而且开始参与对地广人稀的亚洲文明国家的瓜分。似乎这些国家的人民不过是等待开采的原材料。英国统治阶级在印度看似辉煌实则岌岌可危的帝国主义事业，荷兰在东印度群岛数量庞大的、利润丰厚的产业，使作为竞争对手的其他大国无不梦想在波斯、行将解体的奥斯曼帝国以及印度、中国和日本铸就同样的辉煌。

公元1848年，德国强占胶州湾。作为回应，英国占领威海卫。翌年，俄国夺得旅顺。对欧洲的愤恨很快在中国蔓延开来，不久出现了杀害欧洲人和基督教徒的事件。公元1900年，北京出现了围攻欧洲驻华使领馆事件。欧洲联军攻入北京，营救使领馆人员，并窃取了不计其数价值连城的宝贝。接着俄国占领满洲里。公元1904年，英国入侵西藏。

这时，一个新的强国加入了大国争夺——日本。此前在人类历史上，日本只不过扮演了一个微不足道的角色。封闭的日本文明并未对人类做出多大贡献。它接受的很多，给予的却很少。严格地说，日本人属蒙古人种，其文明、文字、文艺传统都是由中国传入的。其历史奇特而有趣：它在欧洲进入基督教时代早期的几个世纪就发展了封建骑士制度。它对朝鲜和中国的进犯不过是英国对法战争的翻版。日本在公元16世纪开始被动地同欧洲交往。公元1542年，一些葡萄牙人乘一艘中国帆船到达日本。公元1544年，基督教传教士弗朗西斯·泽维尔开始在日本布道。开始时，日本对欧洲的交流表示欢迎。基督教传教士也发展了大批的信徒。一个叫威廉·亚当斯的传教士成了日本最为信赖的欧洲顾问，并教他们如何建造大船。日本建造的船只曾到达印度和秘鲁。然后，西班牙神甫、葡萄牙传教士及英国和荷兰的新教徒间互相争斗，各自提醒日本警惕他国的政治图谋。在其占优势的时期，耶稣会十分苛刻地迫害和侮辱佛教徒。最后日本人终于发现欧洲人极端令人生厌，尤其是天主教不过是教皇和西班牙王室推行政治阴谋的幌子而已——后者已拥有菲律宾群岛。于是，一场针对基督教徒的宗教大迫害开始了。公元1638年，日本彻底对欧洲关闭大门，一关就是200年。在整整2个世纪中，日本完全与外界隔绝，好像他们生活在另一个星球上。日本政府禁止建造大船，只能建造供近海航行的小船，也不准前往他国，而欧洲人也不能进入日本。

整整2个世纪，日本处于世界主潮流之外。它正处于田园诗式的封建时代，占总人口不过5%的武士、贵族及其家族恣意压迫百姓。同一时期，外部的世界却一再拓展，新的力量不断形成。奇形怪状的船只日益频繁地驶经日本的海岛，有些船只触礁沉没，船员被带上岸边。荷兰殖民地马岛成了日本与外界联系的唯一渠道，警示着日本已经跟不上西方列强的步伐了。公元1837年，一艘悬挂着奇怪的星条旗的轮船驶抵江户，载着几名从太平洋救回的日本水手，但这艘船被日本炮台击退。自此，悬挂着这种旗帜的船只反复出现。其中一艘于公元1849年前来，要求日本交出十八名因沉船遇险的美国水手。公元1853年，海军准将佩里率领四艘军舰驶入日本海域并拒绝离去。这些军舰在禁停的海内停泊，并送信给当时的两个统治者。公元1854年佩里率领十艘军舰前来，这些军舰由蒸汽机推进并装备了大炮。佩里要求日本开港通商，日本无力反抗，只好应允。佩里登陆签约时，带着500名卫兵，日本民众则迷惑地看着这些来自外部世界的访客耀武扬威地列队从街上通过。

俄国、荷兰和英国也接踵而来。一个拥有下关海峡的日本贵族出于义愤而向外国船只开炮，结果招致英、法、荷、美联合舰队的炮击。炮台被摧毁，武士也被驱散。公元1865年，停泊在大阪的各国联合舰队终于迫使日本批准开港通商的条约。自此，日本的国门被打开。

一系列的事件给日本人带来的是深刻的耻辱，从此，日本以惊人的意志与智慧在文化与制度上赶上了欧洲列强。在人类历史上，还没有一个国家像当时的日本一样如此大步前进。公元1866年，日本还停留在中世纪阶段，就像一幅极端浪漫的封建主义图景。然而，到公元1899年，日本已是一个完全西化了的民族，能和西方最先进的国家相媲美。日本彻底击穿了亚洲必然落后于欧洲的偏见，并使欧洲的进步历程相形见绌。

本书无法详述公元 1894 年至公元 1895 年的中日战争，尽管这次战争向我们展示了日本西化的程度。当时的日本已有足够强大的西方化的陆军和一支小而精的舰队。日本的兴盛，虽已使英美将其与欧洲列强同等对待，但其他诸强却仍做着寻求另一个印度的好梦，对日本知之甚少。俄国经由“满洲”直取朝鲜。法国早已在东京和安南一带站稳脚跟，而德国则虎视眈眈寻求新的属地。结果是三国联合干涉、阻止日本从中日战争中获益，日本在战争中精疲力竭，三国则用战争相威胁。

日本暂时退让，以积蓄力量。不到十年，日本就恢复了元气，发动了对俄战争。日俄战争开启了亚洲历史的新纪元，标志着欧洲独霸世界的时代已经结束。当然，俄国人在这场离他们半个地球远的战争中是无辜和无知的，有远见卓识的俄国政治家也反对这次愚蠢的出兵。但一批经济冒险家，包括大公，教皇的堂兄，都围绕在沙皇周围。他们已经下了赌注，深信掠夺中国必会成为功臣，因而绝不能忍受从这一地区撤退。于是日本大军不断运抵旅顺和朝鲜，而大量俄国的农民也通过西伯利亚铁路源源不断地开赴前线，战死在遥远的沙场。

俄国不仅仅指挥不利，还克扣军饷、补给不足，造成海上和陆上战争的失败。俄国波罗的海舰队绕半个地球经非洲赶来，却在对马海峡全部被歼灭。俄国人民因这次无理的、遥远的厮杀而掀起革命，迫使沙皇停止战争（公元 1905 年）。俄国把库页岛南部归还给日本，这是俄国 30 年前强占的土地。俄国也从“满洲”退兵，把朝鲜让给了日本。欧洲对亚洲的入侵停止了，其侵略触角也开始收缩。

# ◆ 第 63 章　1914 年的大英帝国 ◆

在这一章中，我们将粗略介绍一下公元 1914 年的英国的各个组成部分，以及由轮船和铁路维系的帝国中各个不同组成部分有怎样的不同性质。英帝国曾是一个十分独特的政治联邦，此前，还从未有过类似的政治形式。

这个联邦中，居于首位和核心的是不列颠联合王国的“君主共和国”，包括爱尔兰（虽然这点违背了相当多的爱尔兰人的意愿）。英国国会由英格兰和威尔士、苏格兰及爱尔兰三个议会联合而成。由国会多数决定内阁首脑的人选、政府的性质及其政策。政府的决策多出于国内政治的考虑。内阁实质上就是帝国最高行政机关，决定战争与和平，凌驾于帝国其他部分之上。

大英帝国中，以政治重要性排序，位于不列颠之后的澳大利亚、加拿大、纽芬兰（英国最早的属地，建立于公元 1583 年）、新西兰和南非的君主共和国。这些国家实际上都是独立自主的自治领，与大不列颠结成联盟，每处都有英国政府派驻的国王代表。

接下来的是印度帝国，它是由大莫卧儿帝国扩展而成。包括其附属和“保护国”，其范围一直从俾路支斯坦延伸至缅甸，包括亚丁在内。在帝国中，英国国王和印度事务部（由国会控制）扮演着原来统治这里的土库曼王朝的角色。

再接下来的是埃及这块关系不明的属地。埃及名义上仍是土耳其帝国的一部分，并且保留了自己的君主加提夫（即埃及王），但实际上却处于英国官吏的专制统治之下。

埃及之后是与英国的关系更加暧昧的“盎格鲁—埃及”的苏丹省，它是由英国政府与英国政府控制的埃及联合治理。

更后边的是一些部分自治的区域。有些原为英国所有，有的则不然。这些地方的立法机构由选举产生，行政长官则由英国政府任命。这类成员有马耳他、牙买加、巴哈马群岛和百慕大群岛。

还有一些属地由英国政府间接统治（通过殖民事务部）。这些统治类似于君主专制政体。这类地方有锡兰、特立尼达、斐洛（这里有一个委任的议会）、直布罗陀和圣赫勒拿（有总督）。

最后是位于热带地区的广大区域及原材料产地。这些地方都是政治上软弱、民智尚未开化的土著部落。名义上是保护地，实则由英高级专员支配当地土著酋长（如巴苏陀兰），或者是由高级专员控制着专利公司（如罗得西亚）。这些地方有时属于外交部、有时属于殖民部、有时属于印度事务部管理，如今大部分由殖民部管辖。

显而易见，没有一个机构，也没有什么个人还会把英国简单地看成一个整体。它实际上是一个经过长期发展和拼凑起来的集合体，完全不同于以前人们所谓的“帝国”。它保证了广泛的和平与稳定，这也是它能为大多数属地所容忍甚至拥护的原因，尽管他的官吏暴虐而无能，尽管本土民众对此漠不关心。正如雅典一样，他是一个庞大的海外帝国，联结帝国的是海上通道，与外界的联系也仰仗不列颠海军。如同所有的帝国，有发达的交通网络将各个部分联合起来。

公元 16 世纪至公元 19 世纪之间，航海技术、造船业和蒸汽轮船的发展，使英国统治下的和平变成可能，然而航空运输和迅捷的陆上交通的新发展，又使帝国的维持变得日益艰难。

# ◆ 第 64 章　欧洲军备竞赛的时代与第一次世界大战 ◆

自然科学的发展，不仅造就了建立于汽船和铁路之上的幅员辽阔的美利坚合众国，也使建立于摇摆不定汽轮之上的不列颠帝国的疆土拓展至全世界。从而给欧洲大陆的其他民族带来了意想不到的影响，他们发现自己局限于马车驿道时代划定的疆界内，想要进行海外扩张，却已被英国占了先机，只有俄国可以自由向东扩展。俄国修建了横贯西伯利亚的大铁路，直到卷入与日本的冲突；俄国又向东南方向进逼波斯和印度边境，引起了英国的不满，而欧洲其他列强又都处于紧张的冲突边缘中。为了实现人类生活的新的机器的全部能力，必须在广阔的基础上进行新的调整。或是进行某种自愿的联合，或是强国支配的强制性的联合。近代政治思想的趋势自然是倾向前者，但强大的政治传统却将欧洲推向后者。

拿破仑三世帝国的覆灭和德意志帝国的兴起，使人们对德国主导欧洲统一的主张反应各异，有的满怀希望，有的则充满恐惧。在德国统一后大约三十年的不稳定的和平中，欧洲政治的焦点始终都集中在一点：德国是否会称霸？宿敌法国自查理曼帝国分裂以来，一直是德国称霸欧洲的障碍。这时法国为了弥补自己实力的不足，寻求与俄国结盟。德国则努力拉拢奥地利帝国（自拿破仑一世起就不再是神圣罗马帝国了）。德国还企图与新成立的意大利五国结盟，但没成功。此时的英国仍恪守历史传统，想要置身于欧洲大陆的事务之外，但随着德国海军日益增加，英国不得不向法俄一边靠拢。德皇威廉二世（公元 1858 年至公元 1918 年在位）野心过大，使得德国过早地卷入争夺海外殖民地的斗争中，不但引起英国的敌视，而且还把日本和美国推向敌对的阵营一边。

所有这些国家都武装起来了。国民生产中机械制造、军用设备和军舰制造等军工业的比例逐年走高，形势变得极其不稳定。战争一会儿似乎要打起来了，一会儿又缓和下来，然而战争终于来临了。德国先是向法国、俄国和塞尔维亚发动进攻，接着入侵比利时。英国立即参战，援助比利时并将日本拉入他们的同盟，不久土耳其加入德国一方参战。意大利于公元 1915 年进攻奥地利，同年 10 月保加利亚加入德奥同盟。罗马尼亚于公元 1916 年，中国和美国于公元 1917 年先后对德宣战。确定这场巨大的灾难应该由哪一方负责，并非本书讨论的范围。本书更关心的不是战争如何酿成而是为何没人预见并防止其发生。对人类而言，更令人沉痛的不是少数人积极策动了战争，而是千百万民众都太“爱国”、太愚蠢、太冷酷，以至于他们不能以更坦诚、更大度的态度促进欧洲走向统一，并以此阻止灾难的发生。

因能力所限，本书无法考证关于战争的复杂细节。本书更关心的是现代科技的发展如何使战争的性质在短短的几个月内就发生了深刻的变化。物理学科的发展给人类以巨大的力量，使之能生产出钢铁，能克服距离，并能战胜疾病，但这种力量用于善还是恶，则取决于全世界的道德和政治智慧。欧洲的各国政府受到了充满仇恨和疑虑的旧式政策的鼓励，日益发现自己手中握有强大的破坏或抵抗力量。战争终于燃烧成一种遍布世界的火焰，要将一切烧为灰烬。参与者不论胜负都将蒙受惨重损失，其损失之大远远超过了政治问题的本身。战争初期，德军猛攻巴黎，俄国入侵普鲁士，两者都因为遭遇顽强的抵抗而减弱攻势，于是防御的力量得到加强，战壕得以迅速改进，不付出巨大牺牲是难以攻破的。双方都在几乎遍布欧洲的战壕中固守。前方是数以万计的大军对峙，后方则是有组织的向前线供给食物和弹药的民众。除去与战争有关的工作，其他生产差不多全部停止了，原来男人的工作也大多由女人接替。在这场战争中竟有一半以上的人改变了职业。这是一种全社会的根本性的职业大转移。教育和科研被用于军事目的，新闻传媒则因受军事管制和影响而发展缓慢。

军事的相持局势，使战场由前线渐渐往后方延伸，或破坏粮食供给或是发动空袭。枪炮的口径和射程都日渐进步，毒气弹和被称作坦克的小型机动炮垒的发明，终于攻破了守在战壕中的军队的防御。空袭是一切新的战争方法中最具革命性的，它使战争从二维平面提升到了三维空间。人类此前的战争都是在两军相遇的地方进行，而现在却随地都可能发生。先是齐柏林式的飞行器，然后是轰炸机，使战争从前线不断扩展至广阔的非战斗区域。区别对待平民和士兵这一古老的文明战争准则不复存在。种植庄稼的人、缝制衣服的人、砍树修屋的人、连同火车站和仓库，全都成了破坏对象。空袭范围日益扩大，空袭引起的恐怖与日俱增，以至于整个欧洲都陷入保卫和昼夜空袭中。伦敦和巴黎这样的大城市夜夜遭袭，炸弹爆炸声，防空炮火的轰轰声，消防车和救护车在黑暗无人的街道上驶过时的声音，使人夜夜难以入睡。这一切对老人和儿童的健康，无论在肉体上还是精神上，都造成了极大地摧残。

历史上，大的战争常常出现流行性瘟疫，但在这场大战中直至公元 1918 年都并未发生。医学的发展使其推迟了四年。到公元 1918 年世界性的流感终于爆发了，几百万人因此失去生命。饥荒也曾一度有所延缓，但是到公元 1918 年初，欧洲大部分地区都陷入饥荒。农民被迫召往前线，使粮食产量大幅减少。加之潜艇攻击，边境封锁，交通阻滞及运输体系紊乱，粮食不能正常供应。各国政府控制了十分短缺的粮食供应，定量配给民众，得以勉强维持。到了战争的第四个年头，世界范围的衣物、住房、生活用品都变得和食物一样短缺，商业和经济生活陷入极度混乱。人们忧虑万分，多数人过着饥寒交迫和居无定所的悲惨生活。

战争真正结束于公元 1918 年 11 月，自从公元 1918 年春季，德军强攻巴黎，并险些攻克这座城市。战争的中心国崩溃了，因为他们已经财穷力竭了。

# ◆ 第 65 章　饥荒与俄国革命 ◆

然而在德奥崩溃的一年多之前，以拜占庭帝国继承者自居的这个东方帝国沙皇俄国已经解体了。大战前的几年，沙皇专制已经显出衰退的迹象。朝廷被一个荒唐的宗教骗子拉斯普丁操纵，内务及军政诸部门效率都很低下，腐败不堪。战争初期，俄罗斯人的爱国热情大大迸发，庞大的军队被征募起来，但既没有足够的装备也缺乏恰当的指挥。这支缺少补给，缺乏能干将领的乌合之众就这样匆匆开赴对德奥作战的前线。

毫无疑问，公元 1914 年 9 月，俄军在东普鲁士的出现，有力地牵制了德军——后者正进攻巴黎并取得了初步胜利。这次出师中，缺乏适当指挥的俄罗斯农民死伤数万人，但拯救了法国，使之免于惨败。这是整个西欧对这个伟大而惨烈的民族欠下的债。但战争的重压使这个庞大而无序的帝国根本无法承担。战场上的俄军普通士兵没有大炮支持，甚至连来复枪的弹药都不够用。他们在疯狂的军国主义欺骗下白白送命。起初士兵们还能像牲畜一样默默忍受，但是就连最愚昧的人的忍耐也是有限度的。不久对于沙皇专制的憎恶就弥漫了整个军营。公元 1915 年年底以后，俄罗斯的西欧盟国已对这个国家深表忧虑。整个公元 1916 年，俄国都处于守势，其中还有俄国将与德国单独讲和的传言。

公元1916年12月19日，僧人拉斯普丁在彼得堡的一个晚宴中遇刺身亡。人们试图对专制制度进行变革。第二年3月，情势急转直下，彼得堡的粮食暴动竟发展成一场革命。起义者试图推翻代议机构国家杜马，逮捕自由党领袖，并拥戴立沃夫亲王成立临时政府。3月15日沙皇被迫退位。一时间，温和而可控的革命似乎是可行的——也许只需换个沙皇而已。但是事态发生了变化，当时的民众已对国家失望透顶，他们绝不能接受此类枝节性的调整。俄罗斯民众已经极度厌恶了欧洲的旧秩序，厌恶沙皇、厌恶战争、厌恶列强，渴望能立即从这不堪忍受的苦难中解脱出来。盟国并不了解俄国的真实情况，其外交官对俄国也知之甚少。这些风度高雅的外交官们只把目光集中在俄罗斯宫廷，而不是俄国社会。这些人完全错估了俄国的形势。盟国的外交官们大多对共和主义不怀好意，所以公然竭力地为新政府制造麻烦。共和政府的首脑是雄辩而风度翩翩的克伦斯基。他在国内受到那些主张“社会革命”的更激进的革命势力的攻击，在外则遭到协约国各政府的排斥。协约国既不允许他在国内分配农民渴望的土地，境外又不许停战。英法的报纸催促精疲力竭的俄军发起新的进攻，然而当德国分陆海两路猛攻里加时，胆怯的英国海军却未能远征波罗的海，错失援助俄军的良机。年轻的共和国只好孤军作战。尽管拥有海军优势，尽管英国海军上将费希尔勋爵频频抗议。英国及其协约国除了发动了几轮潜艇袭击外，任由德军在整个大战期间完全控制波罗的海。

但是俄罗斯民众决心不惜一切代价结束战争。当时彼得堡已成立一种代表工人和普通士兵的团体——苏维埃。这个团体主张在斯德哥尔摩召开社会主义者的国际会议。那时的柏林正发生食物恐慌，厌战情绪在奥地利和德国也进一步高涨。日后各种事实证明，这种国际会议的召开无疑会在公元 1917 年促成依据民主原则而实现的理性的和平，并促成德国革命。克伦斯基邀请西方盟国支持这次会议，但遭到拒绝，各国都害怕世界性的社会主义共和国和共产主义革命爆发。只有英国的工党政府以微弱多数通过决议支持这一要求，但于事无补。这个不幸的“温和的”俄罗斯共和国，虽然得不到盟国任何道义上或物质上的支持，仍然坚持进攻，并于这一年 7 月发动最后的攻势，开始取得了几场胜利，但终于失败。于是另一场针对俄罗斯人的大屠杀开始了。

俄罗斯人的忍耐已经到达极限。军中时有兵变发生，北方北部前线尤其如此。公元 1917 年 11 月 7 日，克伦斯基政府垮台，大权落入列宁领导的布尔什维克社会党苏维埃手中。新政权不顾西方列强强烈反对，坚决要求停战。公元 1918 年 3 月 2 日，俄国和德国在布雷斯特—里托夫斯克签订了单独和约。

事实很快证明，布尔什维克党人和口头上的立宪主义者，即克伦斯基革命党人有本质的不同。他们是狂热的马克思主义者，相信布尔什维克在俄国夺权，仅仅是世界性社会革命的开端。他们要用对真理的坚定信仰在全然没有经验的条件下改变经济和社会制度。西欧各国与美国政府对新政权的错误认识使之无力引导或帮助这个史无前例的试验，而报纸则跟随统治阶级，不惜以任何名义和代价恣意诋毁新政权。一时间，全世界的报纸上充斥着可憎的虚假宣传。布尔什维克领袖被描绘成奇异的怪物，杀人成性，荒淫无度。相比之下，拉斯普丁时代的沙皇朝廷倒显得清白无瑕了。干涉军相继开往这个疲惫而虚弱的国度，叛徒和侵略者受到鼓励，武器和金银源源不断运来。公元 1919 年，已受战火蹂躏五个年头的国家在布尔什维克党的领导下四处苦战：在阿尔汉格尔与英国干涉军作战，在东西伯利亚与入侵的日军激战，在南方抗击法国和希腊支持的罗马尼亚军队，在西伯利亚打败沙俄海军将领高尔察克，在克里米亚粉碎由法国军舰支援的沙俄将军邓尼金，同年 7 月一支由尤登尼奇将军率领的爱沙尼亚军队几乎攻入彼得堡。公元 1920 年，波兰人向俄罗斯发动新的进攻，还有一个反动的军官弗兰格尔，继续邓尼金的工作，侵略和践踏自己的祖国。公元 1921 年，又有喀朗斯塔得的水兵叛乱。俄罗斯政府在列宁的领导下，粉碎了敌人一次又一次的进攻。其坚韧无畏的精神，可歌可泣。俄罗斯民众在极端困难的情势下，依然毫不动摇地支持新政权。到公元 1921 年年底，英国和意大利终于对这个共产主义政权做了某种形式的承认。

如果说布尔什维克政府成功地抵御了外来干涉，肃清了内乱，那么其试图以共产主义思想为指导在俄国建立一个全新社会制度的努力并不成功。俄国的农民满足于获得小块土地，这与列宁的共产主义思想和主张相去甚远。战乱使农民分得了大土地所有者的土地，但他们进行农业生产只不过为了换取可自由兑换的货币，而实质上战乱使货币变得一文不值。而且由于战争的破坏，铁路系统陷入瘫痪，农业生产日益萎缩，农民种植的粮食渐渐只能维持自己的生计了。依据共产主义思想对工业进行改造的努力也因急于求成和计划不周而失败。公元 1920 年的俄国所展示的是一个现代文明中史无前例的衰败景象。铁路锈蚀报废，城镇破败。而此时的苏维埃俄国还在家门口与敌人激战。公元 1921 年东南部刚刚被战争蹂躏过的省份又遭遇旱灾，酿成一场大饥荒，几百万人被迫忍饥挨饿。

面临绝境，俄国是否能够重新复兴？这实在是个未知数，因而我们对此不再详述。

# ◆ 第 66 章　世界政治和社会的重建 ◆

由于篇幅所限，本书不再深入涉及各种条约引起的复杂而激烈的争论，尤其是作为第一次世界大战总结的《凡尔赛和约》所引发的各种错综而尖锐的论争。人们已经开始认识到：这场可怕的巨大的冲突，既没结束什么，也没开始什么，更未解决什么。只不过使数百万人死于非命，使世界荒芜，使俄国破碎，仅此而已。它至多不过是提醒人们：我们正糊里糊涂、浑浑噩噩地生活在一个危险而冷酷的星球上。那些把人类带入悲剧的自我中心主义思潮，国民的狂热和帝国主义的贪婪在战后又死灰复燃，使世界只要从战争的疲惫中稍稍恢复，即有重新走向灾难的可能。战争和革命不能带来什么。它们对人类最大的作用是它们以十分粗暴和悲惨的方式去摧毁那些陈旧的和障碍性的事物。大战消除了德意志帝国对欧洲的威胁，摧毁了俄国帝国主义，排除了不少君主专制王朝。但多国的旗帜仍飘扬于欧洲上空，边境冲突此起彼伏，军队更加庞大且装备更加精良。

《凡尔赛和约》为解决战争冲突和战败国问题做出了某种合乎逻辑的结论，但除此之外也做出了十分不当的安排：德国、奥地利、土耳其和保加利亚等战败国不得参加会议，只能被动接受和会的决议。从全人类的福祉角度来看，会议地点的选择本身就不适宜。公元 1871 年新的德意志帝国的胜利宣言就是在凡尔赛宫发表的，同在明镜大厅，这次剧情却正好颠倒过来，其含义再明晰不过了。

大战中各国的慷慨此时荡然无存。战胜国只关心自己遭受的损失和承受的痛苦，全然不顾战败国亦是同样代价沉重的事实。欧洲各国均遵奉国家主义，列强相互竞争，又缺少一个联邦式的机构加以协调，战争的发生便是在所难免。多个军力十分强大的主权独立国家密布于如此狭小的区域，战争就是再自然不过的事了。如果大战不以这种形式发生，那么它也会以类似的形式发生——正如此后如果没能通过政治统一的方式来预防战争，那么不过二三十年，就有更惨烈的战争发生一样。国家加强军备会引起战争，如同母鸡会下蛋一样自然，然而饱受战争之苦的国家和国民忽略了这一事实。战败国的人民被认为应该为战争造成的一切物质和精神损失负全部责任。正如如果他们获胜，他们会用同样的方式对待战胜国的人民一样。法国人和英国人认为德国是罪魁祸首，而德国人认为俄国、法国和英国应负责任。只有少数有识之士认识到战争是由欧洲分裂的政治结构造成的。《凡尔赛和约》以惩罚和报复为目的，将严厉惩戒强加于战败国，并索取巨额赔款，以便抚慰胜利者的伤痛，从而使这些本已经破产的国家背上了更加沉重的债务。

和约通过建立国际联盟来重塑国际关系从而防止战争的努力也明显缺乏诚意和不够有力。但就欧洲而论，有没有为建立永久和平而改善国际关系的意图就颇令人怀疑。关于国际联盟的提议是由美国总统威尔逊贯彻执行到现实政治中的，联盟的最有力支持者也是美国。这个新兴的现代国家，除了对抗欧洲干涉新大陆的门罗主义之外，还不曾对国际关系有独到的见解，如今却要这个国家做出精神贡献以应付当代广泛的重大问题。它不曾有过任何“精神贡献”。

美国人天性向往永久的世界和平，对旧世界的政治有强烈不信任的传统，并有孤立于旧世界各种纠葛之外的传统。当德国的潜艇战将其拖入战争并站在反德同盟一边的时候，对于世界问题，美国还不曾想过一个美国式的解决方案。威尔逊建立国际联盟的计划是其建立一个独特的美国式世界的尝试，是一个简单的、不完善的、甚至是危险的计划。而欧洲却将其视为美国经过深思熟虑后的意见。公元 1918 年至公元 1919 年，人们极度厌恶战争，为了防止战争的再度发生，人们几乎愿意付出任何代价，但旧世界没有一个政府愿意让渡哪怕一点主权以实现这一目的。威尔逊公布的国际联盟计划越过各国政府而向全世界的民众传播。民众也都认为这是美国成熟的方案而表示欢迎。不幸的是威尔逊必须应付的不是人民，而是各国政府。威尔逊是一位有着巨大智慧和开阔眼界的人，然而其在国际联盟的问题上却表现出利己和褊狭，因而他内心激起的巨大热情，不久便如潮水般退去了。

狄龙博士在《和会》中写道："欧洲在威尔逊总统上岸时，就像是准备加以炮制的陶土。各国人们都满怀希望，想跟摩西到一处没有战争的理想之地。在人们的想象中，威尔逊就是这样一个伟大的摩西。在法国，人们忙着崇敬和热忱地向他敬礼和鞠躬。巴黎的一位工人领袖告诉我，他们看见威尔逊时，快乐得流出了眼泪，而且他们的同志都愿赴汤蹈火去实现威尔逊的计划。意大利的劳动阶级都把威尔逊的名字当成天堂的福音，预示着新世界的来临。德国则把威尔逊和他的主张当作和平的保障。那无畏的米尔伦先生曾说过：'如果威尔逊总统到德国演讲的话，用言词责备德国人，德国人肯定会乐于接受而没有怨言的，并立刻照着去做。'在奥地利，威尔逊的名字成了救世主的名字。只要听到这个名字，受苦的人民就能得到解脱，悲痛的人就能得到安慰……”

这是威尔逊总统激起的热望。然而后来他又是如此的令人失望，其倡导成立的国联又是如此的软弱无能。这其中的故事冗长而又伤怀，故在此不予详述。正是威尔逊本人将人类寻常的悲剧无限地夸张了。他的梦想是那么伟大，而他的实际作为又是如此渺小。美国人反对威尔逊总统的做法，不愿参加按总统意志产生的国联。美国人渐渐意识到自己已被推入一项毫无准备的计划之中。而欧洲人也日益明白，在旧世界遭遇危难时，美国什么都不会给予。国联是一个早产的畸形儿，组织完备然而操作性不强，权力受到明确的限制，这是重塑国际关系的一个严重障碍。如果没有国联，也许问题会更加清楚。然而全世界对国联燃起的热情火焰，世界人民而不是政府要求制止战争的强烈愿望，却是每本历史都应该大书特书的。除了那些目光短浅，无益于人类事业的政府外，这种促进世界大联合世界秩序的真正推动力量始终存在且不断增长。

公元 1918 年后，世界进入了一个会议的时代。在这些会议中最成功和最有建树的当数公元 1921 年由哈定总统召集的华盛顿会议。值得一提的还有公元 1922 年召开的日内瓦会议，德国和苏联的代表分别列席了会议。在此我们不再一一列举各项会议及其有益的尝试。事实越来越清楚地表明：要想避免极具破坏性的大战和世界性屠杀，人类一定要共同致力于世界重建的艰巨工作。诸如国联这样随性草率而成立的机构，这种通过利益各异的国家间的讨价还价和对现有制度的修修补补力图解决所有问题而实际上一无所成的机制，是不能应付新时代世界人民各种复杂的政治需求的。新的时代，人类必须系统地发展和应用人类关系学、个体与社会心理学、金融学、经济学、教育学及其他新兴学科，那些狭隘、陈腐、已经消亡或行将消亡的道德与政治理念，必须为人类同源和共命运这样更清晰、更简洁的思想观念所取代。

如果说人类如今面临着前所未有的危险、混乱和灾难，那是由于科学给了人类前所未有的力量。科学的方法以大胆思考、清晰透彻的语言以供阐述，完备而周密的计划以供实施……它们给人以似乎不可控制的力量，同时也给了人类驾驭这些力量的希望。人类还仅仅处于他的青春期，他的困难不是由于年老和衰颓，而是由于其力量日益增长却未经历练。正如本书中所说的，如果我们把整个人类历史视为一个过程，当我们审视生命不断前行的奋斗历程，我们就会发现在当代我们有多少希望，有多大危险。人类还处于伟大的清晨，但从鲜花和落日的美丽中，从年幼的动物性的欢乐嬉戏中，从万千自然美景中，我们不难领悟生活到底能给我们带来什么。在雕塑与绘画作品中，在伟大的音乐声中，在雄伟的建筑和漂亮的花园中，我们不难领略到：在现有的物质条件下，人类到底能做什么。我们有着梦想，有着未经历练而不断增长的力量，可以相信，人类将会取得比现在最大胆的设想还要辉煌的成就，也终将实现人类的和平与统一。也可以相信，人类必将生生不息地繁衍下去，我们的子孙将会生活在比今天任何宫殿或花园都更加美好、更加可爱的世界里，不断地开拓着更广阔的空间，成就更加辉煌的事业。人类现在已成就的一切事业和已经取得的全部成功，也即我们所讲过的全部历史，只不过是人类伟大事业的开端而已。